复杂金融网络与系统性风险研究

李守伟　何建敏　著

科学出版社
北京

内 容 简 介

本书主要对复杂金融网络与系统性风险进行建模，进而进行仿真或实证分析，通过定性与定量相结合对系统性风险进行剖析，挖掘其形成规律和演化特征。全书分为五个部分。第1部分是研究基础，主要介绍研究背景、相关研究现状与网络理论基础，以及本书研究内容与结构安排。第2部分从单层网络和多层网络视角，对银行系统性风险进行仿真与实证研究。第3部分分别从信用网络和担保网络视角，研究企业系统性风险。第4部分从单层网络和多层网络视角，主要研究银企系统重要性与系统性风险。第5部分是全书的研究总结与展望。

本书可供从事金融学科领域研究的高校教师、研究生、金融监管人员及各类金融机构的决策者和研究人员参考。

图书在版编目（CIP）数据

复杂金融网络与系统性风险研究/李守伟，何建敏著. —北京：科学出版社，2020.8

ISBN 978-7-03-062450-5

Ⅰ. ①复… Ⅱ. ①李… ②何… Ⅲ. ①金融网络-研究-中国②金融风险防范-研究-中国 Ⅳ. ①F832

中国版本图书馆CIP数据核字（2019）第215264号

责任编辑：郝 悦／责任校对：贾娜娜
责任印制：张 伟／封面设计：无极书装

科 学 出 版 社 出版
北京东黄城根北街16号
邮政编码：100717
http://www.sciencep.com

北京虎彩文化传播有限公司 印刷

科学出版社发行 各地新华书店经销

*

2020年8月第 一 版 开本：720×1000 B5
2020年11月第二次印刷 印张：15 1/2
字数：335 000

定价：156.00元

（如有印装质量问题，我社负责调换）

作 者 简 介

李守伟（1984—），男，东南大学经济管理学院教授，博士生导师，东南大学金融复杂性与风险管理研究中心主任。全国优秀博士学位论文提名奖获得者、江苏社科优青入选者、江苏省“333 高层次人才培养工程”培养对象、江苏省“六大人才高峰”高层次人才培养对象、东南大学优秀青年教师教学科研资助对象（A 类）。国家自然科学基金通信评审专家，国家社会科学基金项目成果鉴定专家，美国 *Mathematical Reviews* 评论员，江苏省资本市场研究会理事。主要从事金融复杂性与风险管理领域研究，主持了国家自然科学基金（2 项）、教育部人文社会科学基金（2 项）、江苏省社会科学基金（2 项）和江苏高校哲学社会科学研究重点项目等多项科研项目；在 *Complexity*、*Advances in Complex Systems*、*Finance Research Letters*、*Applied Economics Letters*、《中国管理科学》、《系统工程理论与实践》和《管理工程学报》等权威期刊上发表学术论文 40 多篇；出版学术专著 3 部；荣获教育部第七届高等学校科学研究优秀成果奖（人文社会科学）二等奖、江苏省第十三届哲学社会科学优秀成果奖一等奖等多项奖励。

何建敏（1956—），男，东南大学经济管理学院二级教授，博士生导师。国务院专家特殊津贴获得者，江苏省 333 工程重点培养对象，江苏省一级重点学科管理科学与工程首席学科带头人。曾任东南大学经济管理学院副院长，现兼任江苏省系统科学学会副会长。主要从事应急管理和金融工程方面的教学与科研工作，先后主持完成国家自然科学基金（6 项）、国家重点基础研究发展计划（973 计划）三级课题等科研项目 90 多项；在 *Complexity*、*Advances in Complex Systems*、*International Journal of Intelligent Systems*、《管理科学学报》、《中国管理科学》、《系统工程学报》、《管理工程学报》和《金融研究》等权威期刊上发表学术论文 200 余篇；出版学术专著 5 部。曾获中国高校科技进步奖一等奖、教育部第七届高等学校科学研究优秀成果奖（人文社会科学）二等奖、江苏省第十三届哲学社会科学优秀成果奖一等奖等10多项奖励。从教以来，培养硕士生近120人，培养博士生近90人。指导的研究生学位论文曾被评为全国优秀博士学位论文提名论文、江苏省优秀博士学位论文、江苏省优秀硕士学位论文等。

前　言

银行与企业是构成现代经济金融系统的两大重要的经济主体。随着经济全球化和资本自由化的不断发展，银行与企业通过经济行为形成了一个由资产负债表相互关联的网络，该网络在带来诸多经济效益的同时也为风险传染提供了重要的媒介。而风险传染可能通过经济金融系统中经济主体间错综复杂的关联与作用扩散到整个金融体系与实体经济中，甚至可能演变成金融危机或经济危机。2007年由美国房地产企业价格泡沫破裂而引发的次贷危机以及其后延续的全球性金融危机和欧债危机便是典型的案例。当前我国正处在经济发展转型期，经济发展从追求速度向追求质量转变，但由于资本的逐利性，银行业发展表现出“脱实向虚”的特征，影子银行快速扩张，进而导致深化金融体制改革面临着各种挑战。面对复杂的经济和社会环境，习近平总书记在党的十九大报告中明确强调：守住不发生系统性金融风险的底线。以上分析表明，对复杂金融网络与系统性风险进行系统和深入的研究具备较大的现实意义，也是本书研究的背景和意义所在。

经济主体间高度关联的特征增加了对系统性风险分析的难度，网络理论为此提供了一种新的研究思路。因此，本书主要以不同类型的经济主体为基本出发点，基于单层网络和多层网络对银行与企业系统性风险进行理论结合实际的系统研究。本书主要特点在于：针对银行与企业两类经济主体，将经济主体网络结构的研究由单层扩展到多层，此更能反映现实中经济主体间的复杂关联性；基于银行网络、企业网络和银企网络，通过对系统性风险进行建模，进而进行仿真或实证分析，通过定性与定量相结合对系统性风险进行剖析，揭示了其形成规律和演化特征；上述三种类型网络结构基本概括了目前银行与企业系统性风险研究中的复杂金融网络类型，因此本书基于复杂金融网络对系统性风险进行了系统和深入的研究。当然，上述分类和模型还不足以完全概括目前相关研究。因此，后续研究还得继续，进一步的扩展和完善工作还得加强。

本书的主要内容源自李守伟主持的国家自然科学基金项目“基于金融关联超网络的银企风险传染及其控制研究”（71671037）、教育部人文社会科学研究规划基金项目“基于多层网络的银行业系统性风险演化研究”（16YJA630026）和江苏省高校哲学社会科学重点项目“中国系统性金融风险多层网络传染机制研究”（2018SJZDI046），以及项目直接支持培养的研究生的研究成果。上述一些研究成果已经发表在 *Complexity*、*Advances in Complex Systems*、*Finance Research Letters*、*Physica A：Statistical Mechanics and its Applications*、《中国管理科学》等权威学术期刊上。本书由李守伟和何建敏提出总体写作方案并组织撰稿，主要由李守伟负责执笔，王磊、马钱挺等博士研究生，解一苇、张琰、孙吉兰等硕士研究生参与了部分章节的修编工作，全书最后由何建敏统一审定完成。

在本书的写作过程中，参考了国内外相关文献资料，书后也对应列出了主要参考文献。本书的出版得到了科学出版社的大力支持，在此表示衷心的感谢！尽管我们做了不少的努力，想奉献给读者一本满意的书，但由于水平有限，书中难免有疏漏或不足之处，恳请读者多提宝贵意见，以便今后进一步修改与完善。

本书得到了国家自然科学基金项目“基于金融关联超网络的银企风险传染及其控制研究”（71671037）、教育部人文社会科学研究规划基金项目“基于多层网络的银行业系统性风险演化研究”（16YJA630026）、江苏省高校哲学社会科学重点项目“中国系统性金融风险多层网络传染机制研究”（2018SJZDI046）和江苏省第十六批“六大人才高峰”高层次人才培养项目（JY-004）的资助，在此表示衷心的感谢。

作　者

2020 年 5 月

目　　录

第 1 部分　研究基础

第2部分 基于银行网络的系统性风险研究

第3部分 基于企业网络的系统性风险研究

第 4 部分 基于银企网络的系统性风险研究

第 5 部分 总结与展望

第1部分 研究基础[①]

本部分主要介绍复杂金融网络与系统性风险研究的基础：第1章介绍研究背景、研究现状、本书主要研究内容、篇章结构安排。第2章介绍单层网络理论的发展进程、单层网络拓扑结构测度指标、单层网络的基本分类以及单层网络演化研究。第3章从多层网络的概念、多层网络的结构测度指标和多层网络的形成机制等方面介绍多层网络理论基础。第4章基于我国现实数据分析经济金融系统中多层网络结构特征：一是金融机构多层网络结构研究；二是企业担保多层网络结构研究。

① 本部分主要内容来自何建敏和李守伟（2016）、Li 和 Wen（2017）、龚晨等（2018）、李守伟等（2018；2019c；2020）的相关研究。

第1章 绪　论

1.1 研究背景

目前，我国商业银行是金融体系的主体，实体经济主要以企业的形式表现。据中国人民银行网站统计数据，2017年社会融资规模存量为174.64万亿元。其中，银行业金融机构对实体经济发放的人民币贷款余额为119.03万亿元，占同期社会融资规模存量的68.2%，小微企业贷款余额24.3万亿元。上述数据说明银行信贷是社会融资规模中最重要的组成部分，银行是实体企业融资来源的主体，并且五大国有商业银行和股份制商业银行是贷款的主力军。这意味着我国银行与企业在资金链上存在较强的风险关联性。如何避免银行与企业遭受不利冲击（如2012年浙江大量企业破产和2015年我国股市巨幅波动等），以及不利冲击引发的风险传染显得十分必要。

银行业服务实体经济的前提是自身的稳定，只有稳定的金融体系，才能更有效地服务实体企业。而银行业的风险一方面来源于银行系统内部风险，另一方面来源于银行业信贷主体的实体企业。在当前严峻的外部环境下，经济下行压力增大，企业的经营风险也在逐渐增加，进而增大了实体企业违约对银行系统风险冲击的概率。相反，当银行业遭受风险冲击时，也会对实体企业产生重大影响。

因此，在此背景下如何将防范化解系统性金融风险和更好地服务实体经济有效结合就需要考虑经济主体间关联性及其风险传染效应，而网络理论为刻画经济主体间关联性提供了解决方案。因此本书通过构建复杂金融网络模型，研究银行与企业经济主体的系统性风险特征，挖掘系统性风险现象背后的规律。不仅在学术理论上为研究金融风险传染提供了新的视角，而且对防范金融危机以及维护金融体系与实体经济的稳定均具有实践指导价值。

1.2 研究现状

在 21 世纪的第一个十年，国际著名期刊 *Nature* 和 *Science* 出版了多期与复杂性和网络科学相关的专辑，网络理论的概念开始逐渐进入人们的视野。网络理论是数学领域的一个重要分支，是从图论中演化而来的。所谓网络，就是对系统的一个高度抽象，将系统内部的各个元素作为节点，元素之间的关系视为节点间的连接，那么系统就构成了一个网络。随着信息技术的快速发展，网络理论在计算机科学、社会科学、交通运输、生物学等诸多领域都有广泛的应用。而且近年来网络理论已从单层网络转向多层网络研究，其中单层网络仅考虑节点间单一类型关系，而多层网络刻画节点间多类型关系。现代金融系统一个显著的特征便是其具有高度的关联性。针对金融系统的高度关联性，网络理论逐渐运用于金融领域，网络理论更是被金融机构监管者和学者认为是研究金融风险传染的新的重要工具。目前网络理论在金融领域的运用主要分为两大类：一是对现实金融系统的网络结构特征进行实证研究；二是基于金融网络结构研究金融风险传染。而此领域的研究对象主要集中于银行、企业和股票市场，考虑到本书研究对象，下面主要对银行和企业经济主体相关的金融网络理论与金融风险传染的相关文献进行梳理。

1.2.1 复杂金融网络结构特征研究

1. 银行单层网络结构特征

迄今为止，学者已经对中国、奥地利、日本、美国、英国、巴西、俄罗斯、德国、匈牙利、荷兰、意大利、墨西哥、瑞士等国的银行网络结构特征进行了大量的实证研究，而研究的银行间关系主要是银行间信用拆借关系。现有的实证研究发现，银行网络具有一些典型网络结构特征，如无标度特征、小世界特征等，具体如下。

学者研究发现银行网络结构具有无标度特征。Souma 等（2003）在对日本银行网络结构研究中发现该银行网络具有无标度特征，且度的分布呈现出两段幂律。Boss 等（2004）发现了奥地利银行网络度分布服从双幂律分布，该网络具有无标度性质。Inaoka 等（2004）对日本银行网络中的自适应特征进行分析，研究表明：该银行网络的累积度分布服从幂律分布，银行网络是具有自相似特征的无标度网络。并且在该研究中，建立了银行网络生长模型，解释了实证发现的幂律分布是一种自组织临界现象。Santos 和 Cont（2010）对巴西银行网络结构进行了研究，指出银行度分布具有幂律尾部，显示无标度特征。Leonidov 和 Rumyantsev（2016）对俄罗斯银行间市场进行实证分析，发现其网络出度和入度分布均服从幂律分布，也具有无标度特性。

银行网络结构的实证研究发现其还具有小世界特征。Soramäki 等（2007）在研究美联储电子转移支付系统中银行间债务联系时，发现美国银行网络具有小世界网络特征。Becher 等（2008）发现英国的银行数量远少于美国，但银行间资金网络与美国银行网络的平均路径长度接近，英国的银行网络也属于小世界网络。部分学者还发现银行网络同时具有无标度和小世界双重特征。巴曙松等（2014）基于复杂网络理论，分别对中国不同类别和不同地区银行支付网络的拓扑结构进行实证分析，发现这两类网络不仅具有较小的平均最短距离以及较高的聚集系数，体现其“小世界网络”典型特征，而且网络节点度分布服从幂律分布，具有无标度网络的特性。Kanno（2015）对日本银行间市场实证分析，得到日本银行网络结构同样具有小世界和无标度的双重特征。

多国银行网络结构的实证研究还表明银行网络具有分层结构和货币中心结构。Boss 等（2004）发现奥地利银行网络具有分层结构特征。Upper 和 Worms（2004）揭示德国银行间市场存在货币中心结构，德国银行间市场分为上下两层结构，下层结构中的银行很少与其他类型银行发生连接，而上层银行间暴露较下层银行联系更紧密，更接近完全市场。Lublóy（2006）研究发现匈牙利银行间市场具有多货币中心的网络结构，有 15 个货币中心，且这 15 家银行联系紧密，60%的银行间交易发生在这 15 家银行间。Craig 和 von Peter（2014）对德国中央银行 1999～2012 年银行双边暴露数据的研究表明德国银行系统存在很强的分层特征。van Lelyveld（2014）通过荷兰银行间市场同业数据发现核心外围模型是银行间市场的“程序化事实”，并发现荷兰银行网络中的外围银行通过核心中介银行连接。而对银行网络分层结构和货币中心结构特征，Li 和 He（2012）以及 Li 和 Zhang（2016）分别构建了银行网络模型，解释了它们的形成机制。

学者还发现多国的银行网络存在群聚结构。Boss 等（2004）分析奥地利银行网络结构时，发现其具有群聚结构。Iori 等（2007）研究发现意大利银行网络中具有两个群聚结构，其一由外国银行和大银行构成，其二由小银行组成。Cajueiro

和 Tabak（2008）发现巴西银行网络也具有群聚结构，另外还具有高度的异质性。对于巴西银行系统，Tabak 等（2009）采用最小生成树（minimum spanning tree，MST）方法研究了其拓扑结构，研究发现私有银行和外国银行倾向于形成群聚结构，同时不同规模的银行更易于形成连接进而形成群聚结构。

此外，银行网络还具有其他一些特征。Müller（2006）对瑞士银行网络结构进行实证研究，发现瑞士银行间市场是相当稀疏和高度集中的网络，两家大银行的交易头寸占据非常大的比重，州银行和地区银行形成了清晰的子网络。Finger 等（2013）基于意大利银行间存款电子市场隔夜贷款数据对银行网络进行了研究，研究表明月度和季度网络的集聚系数明显高于随机集聚系数。Finger 和 Lux（2014）对意大利银行网络结构进行了研究，发现该网络并不服从幂律分布，负二项分布对网络连接分布拟合最好。Raddant（2014）利用意大利 1999～2010 年隔夜市场的借贷数据，发现意大利银行网络具有高网络密度，并且存在拆借偏好。Martínez-Jaramillo 等（2014）对墨西哥银行间市场进行实证研究，分析了其网络拓扑特征，通过与其他银行的互联性度量银行的重要性，并发现银行的互联性与其资产规模无关。Leonidov 和 Rumyantsev（2016）利用俄罗斯 2011～2013 年银行间拆借市场的交易数据发现俄罗斯银行系统具有蝴蝶结网络结构并且微观结构随时间不断演化。Silva 等（2016）在对巴西银行网络的研究中发现该网络具有可变多核心结构，同时具有高度的异配性，另外通过聚集系数评估金融机构之间的可替代性，发现在正常时期大银行机构之间是可替代的交易对手。Barucca 和 Lillo（2018）借助银行间数据研究发现，银行网络结构在不同经济运行阶段下由有向双边结构转变为随机结构。

2. 企业单层网络结构特征

大量研究表明企业系统网络结构呈现无标度特征。Watanabe 等（2012）基于 100 万个日本企业的销售额数据构建企业贸易网络，研究显示该网络具有无标度特征。Miura 等（2012）对日本的资金流网络研究发现其入度和出度都显示相同的无标度网络特征。Mizuno 等（2014）基于 2008～2012 年超过 50 万家日本企业构成的消费者–供应商网络研究发现其同样具有无标度网络特征。沙浩伟和曾勇（2014）以中国 2004～2010 年沪深 A 股中交叉持股的上市公司为样本，研究发现：企业交叉持股网络属于典型的无标度网络，网络节点度具有不均匀分布性质，具有较低的网络密度。Golo 等（2015）发现意大利企业商业信用网络也具有无标度网络结构特征。Mizuno 等（2016）分析了由消费者–供应商、被许可方–许可方和战略联盟这三种网络构成的全球企业网络结构特征，研究结果表明：三种企业网络都具有无标度特征。董纪昌等（2016）构建了企业跨国并购网络，由交易数量及交易金额加权的点权分布特征显示，跨国并购网络是无标度网络。

其次，学者研究发现企业系统网络结构还具有小世界特征。Ohnishi 等（2010）对包含 961 318 个节点和 3 667 521 条边的企业交易网络研究发现，该企业网络具有小世界网络特性。吕一博等（2013）构建了企业集群网络演进的多主体仿真模型，分析探讨集群网络化演进的规律和特点，研究结论显示，“资源导向”下的企业集群网络的长期演进与集群的初始网络状态无关，且集群网络内部总会出现主导企业，网络结构演进呈现明显的小世界特征。

此外，也有部分学者研究表明：企业网络结构具有无标度和小世界的双重特征。张燕和徐福缘（2010）基于复杂网络方法分别建立强/弱势关系网的演化模型，并进行了仿真分析，结果表明企业强势关系网既有小世界网络中平均距离小，又有节点度分布接近幂律分布的特征，而企业弱势关系网具有较小的聚集系数，度分布表现出明显的无标度特征。张峰等（2012）针对国内外典型企业协同生产模式的特点，建立了企业协同生产网络的拓扑学模型，研究结果表明企业协同生产网络具备小世界特征和无标度特征。吉艳冰等（2014）基于商业银行的企业担保关系数据构建企业担保网络，研究发现担保网络具有小世界、无标度特征，节点度表现为异配，并且节点的核数和介数与节点的度没有明显的关系。李政等（2016）基于信息溢出的视角，构建了 2008～2015 年我国上市公司关联网络，研究发现我国金融机构的关联网络具有小世界和无标度等网络性质。Wang 等（2016）基于中国汽车供应关系构建企业网络，研究发现企业网络具有无标度和小世界特征。谢逢洁和崔文田（2016）发现陆运快递网络是一个小世界网络，同时度分布形式为无标度分布，存在明显的与地理位置相关的社区结构，并表现出富人俱乐部现象和节点度异配特征。

3. 银企单层网络结构特征

学者对于银企系统网络结构的相关研究较少，主要表现出无标度特征以及社团结构。Souma 等（2003）对由银行和企业组成的商业信贷网络的研究表明，银行入度分布具有双幂律特性，该商业信贷网络为无标度网络。de Masi 等（2011）对由银行和企业组成的日本信贷网络研究发现，银行累积度分布具有幂律尾部特性。de Masi 和 Gallegati（2012）对意大利银企信贷网络的研究表明多边借贷广泛存在，小企业倾向于与小银行相连接，而大企业倾向于与许多银行连接，并且银行的度分布呈现厚尾特征。Miranda 和 Tabak（2013）实证研究了意大利银企信贷网络，发现银行和企业的度分布为厚尾的幂律分布。Iyetomi 和 Matsuura（2014）构建了包含银行和上市企业的信贷网络，研究发现每个社团都有它自己的城市银行。此外，Marotta 等（2015）对日本 1980 ~ 2011 年的银企信贷网络进行的实证研究表明，每一年的银行-企业信贷网络均具有社团结构。He 等（2016）构建了一个银企多主体信贷网络模型，研究表明企业资产上尾分布服从幂律分布，银行资产规模分布是一个带有幂律尾部的对数正态分布，而银行入度分布是一个双幂律分布，具有无标度特征。

4. 金融多层网络结构特征

由于多层网络更能反映经济主体间关联的实际情况，学者开始分析现实中金融多层网络结构特征。León 等（2014）根据哥伦比亚主权债券交易和注册环境不同构建主权债券结算多层网络模型，研究发现该多层网络具有稀疏、异质、无标度等特征。Langfield 等（2014）构建英国银行间市场多层网络模型，研究发现银行间风险暴露网络呈现“核心-外围”结构，而融资网络“核心-外围”结构较弱。Molina-Borboa 等（2015）将墨西哥银行系统抽象为银行间抵押贷款层、新存款与贷款层、证券层、未清存款层以及贷款与衍生产品层五层网络，分析墨西哥银行间的持久性和重叠性关系。Bargigli 等（2015）根据意大利银行间交易类型和期限构建多层网络模型，研究发现不同的层具有不同的拓扑性质以及随着时间变化的持久性。Li 和 Wen（2017）根据担保类型不同将中国担保市场抽象为三层网络，研究发现每个单层网络均呈现无标度特征以及异配特性，而且介数和特征向量中心性的结果反映出一层的核心企业在另一层不一定居于核心地位。Musmeci 等（2017）根据金融时间序列数据的线性、非线性、尾部、偏关联关系将美国股票市场抽象为四层网络，研究发现一些多层网络独有的特征，而此通过单层网络难以发现。Aldasoro 和 Alves（2018）利用欧洲成熟的银行和工具之间的风险敞口数据来描述欧洲大型银行网络的多层结构特征，发现网络与多层性呈现正相关以及每层间具有高度的相似性。

1.2.2 基于网络理论的金融风险传染研究

1. 基于单层网络的银行风险传染研究

1）基于单层网络的银行风险传染机制研究

网络结构在银行风险传染中扮演什么角色呢？学者进行了大量的研究，Nier 等（2007）使用随机网络来揭示银行网络的连通度和集中度对风险传染的影响，研究发现连通度对传染的影响是非单调的，起初连通度的小幅增加能加大传染效应，但是超过某个阈值后连通度的增加能改善银行系统吸收冲击的能力；银行系统的集中度越高，越容易发生大的系统性风险。万阳松（2007）构建了双幂律银行网络结构模型和宏观结构与微观主体相结合的银行风险传染分析框架，并分析了违约冲击和基于分摊初始冲击方式下银行网络的结构特征与银行风险传染效应之间的关系。Haldane（2009）认为连通度在一定范围内为银行网络中的银行提供了相互保险机制进而扮演了冲击吸收器，但是超过该范围时则扮演冲击放大器，加大风险传播和金融系统的脆弱性。Krause 和 Giansante（2012）运用 Logit 回归分析银行危机传染程度决定因素，指出银行网络的拓扑结构是最重要的因素，并且越充分连接和存在越少层级结构的网络越可以减少传染发生的可能性。Tabak 等（2014）研究表明聚集系数可以作为度量系统性风险的方式，并且聚集系数与利率负相关。李江和李红刚（2016）基于银行负债表构建了银行拆借网络，模拟了银行系统在面对储户提款冲击下，由银行间资金挤兑和投资资产打折出售而引发的流动性短缺危机在银行体系中的传播过程，研究发现银行间借贷网络结构在流动性短缺危机传染中起着重要作用。Pichler 等（2018）基于银行共同持有资产风险传染渠道，从投资组合网络结构的角度，对降低银行系统性风险进行了研究，结果表明，通过对重叠投资组合网络的优化，能有效降低银行系统性风险。马钱挺等（2018）构建了内生网络模型研究银行系统性风险，仿真结果表明随着网络节点规模的扩大，银行系统性风险变大，但网络节点异质性有助于抑制银行系统性风险，而且更高的拆借比例和更低的拆借利率，都会引发更大的银行系统性风险。

学者还分析了网络异质性对风险传染的影响。银行网络同质是指银行初始规模相同，而网络异质是指每个银行网络节点初始规模不同。Iori 和 Jafarey（2001）通过对银行主体行为建模，研究了银行初始规模为同质和异质时银行风险传染特征的差异。研究发现，当银行初始规模均同质时，银行失败规模随着市场集中度的降低而降低；但是，当银行初始规模均异质时，银行失败规模与市场集中度的变化没有一致性。Iori 等（2003）进一步分析了银行法定准备金与银行风险传染的关系，当银行均完全同质（即初始净资产额、存款规模和投资机会等都完全相同）时，银行法定准备金额越高越容易导致传染性银行失败，但银行间借贷仍具有保险功能；当银行均异质，且是平均流动性储备有异质性时，传染效应会很强，银行间市场也失去了保险功能。Iori 等（2006）基于随机网络研究发现：在银行同质情况下，银行间市场对银行系统起到稳定的作用；当银行为异质时，银行间传染效应可能发生，银行间市场稳定作用仍然存在但比较模糊不定。

此外，学者比较了不同网络结构下的银行风险传染效应。Allen 和 Gale（2000）的研究结果表明：银行风险传染是一种均衡现象。完全市场结构下可以实现最优风险分担；非完全市场结构下也可以实现最优风险分担，但该市场结构在面临流动性冲击时表现得更脆弱，更容易发生银行风险传染。Cassar 和 Duffy（2002）分别假定银行网络结构为局部网络和全局网络的条件下，当银行网络为局部连接时，风险传染速度慢，且流动性不足；当银行网络为全局连接时，银行风险传染速度快，银行间流动性短缺并不突出。Aleksiejuk 等（2002）基于不同的银行网络结构模型，分析了银行失败时银行风险传染持续时间与银行风险传染程度之间的关系，研究发现，在二维和四维网格的银行网络中，银行失败时风险传染持续时间与风险传染过程中未被传染的银行数目之间分别呈指数衰减分布和幂律分布；而在三维网格的银行网络中，这一关系呈现出从次临界行为到临界行为的连续变化。Degryse 和 Nguyen（2004）研究认为银行系统从完全结构向多重货币中心结构的转变提高了银行系统的集中度，同时降低了风险传染程度。侯明扬（2008）基于双向选择的无标度权重构建了银行网络，研究发现随机网络比无标度网络更容易发生传染，且传染范围更广。Georg（2011）研究了随机网络、无标度网络和小世界网络的稳定性，仿真结果表明：银行网络的稳定性取决于市场拓扑结构和连通度；高连通度的网络，风险冲击速度更快，平均最短路径长度较长的网络更加稳健。Gai 等（2011）研究发现，在随机保证金冲击下，几何分布网络较泊松分布网络稳健；而在目标保证金冲击下，泊松分布网络较几何分布网络更稳健。Chen 和 Ghate（2011）研究表明，对于随机冲击而言，幂律网络比随机网络具有更强的鲁棒性，但对于特定攻击，则表现得更加脆弱。Lenzu 和 Tedeschi（2012）通过主体彼此间的表现信任程度构建银行间的信贷联系，并发现随机网络较无标度网络在面对流动性冲击时具有更好的弹性。李守伟和何建敏（2012）研究了银行随机网络、小世界网络和无标度网络中银行间传染风险特征及其差异，并发现网络结构和遭受冲击银行数目显著影响冲击造成的传染风险效应。Ladley（2013）通过内生的银行网络模型研究发现，不存在一种银行网络结构对所有条件的冲击均最优，当面对大范围冲击时稠密的网络结构较稀疏的网络结构更容易遭受冲击的破坏。Georg（2013）对随机网络、无标度网络、小世界网络中的风险传染进行了研究，研究表明：随机网络和无标度网络中的传染比小世界网络中的更严重，但当不考虑中央银行行动时，小世界网络要比无标度网络和随机网络更加不稳定。隋聪等（2014）研究了不同银行网络结构下银行系统性风险，发现集中度越高的网络由于传染而倒闭的银行数量越多；但是，当基础违约的银行数量不多时，网络集中度越高，由于传染而倒闭的银行的总资产越少。Lux（2016）研究银行网络遭受冲击的传染性问题，结果表明核心边缘结构的银行网络比随机网络更具有潜在传染性。邓超和陈学军（2016）基于多主体建模分析了银行核心-边缘网络的系统性风险，研究发现核心-边缘网络比无标度网络更易遭受共同冲击和传染风险，但在一定条件下核心-边缘网络比其他结构网络表现出更强的恢复力特性。

Duffy 等（2019）研究在完全网络和非完全网络下银行间发生风险传染的可能性，研究显示：这两种网络结构下都会发生风险传染，但在非完全网络状态下更容易发生风险传染。

2）基于单层网络的银行风险传染控制研究

部分学者从网络结构优化的角度对银行风险传染进行控制策略设计。如Leitner 等（2002）对金融网络中的风险传染、私人部门援助及最优网络规模设计等问题进行了研究，认为风险传染的存在使得金融网络最优设计成为可能，研究结果表明：第一，风险传染的存在使一些银行在没有事先签订援助合约的前提下仍会对其他银行进行援助，因此金融连接最优设计成为可能；第二，金融连接的存在可以实现风险分担，但也可能导致金融系统的崩溃，而最优网络设计可以在两者之间取得一个平衡；第三，即使银行间没有签订正式的援助合约，通过金融连接实现的自发自愿的私人部门援助也是实现共同保险的一种形式。Webber 和Willison（2011）用网络法测算了银行系统性风险后，通过改变银行系统的结构来观察是否能有效防范风险，分别从扩大银行的规模、改变银行同业网络结构、提高传染破产的成本等方面来优化。

从银行间市场流动性的角度，学者研究了相应的风险控制策略。Gai 等（2011）对银行间市场风险免疫控制策略进行了政策模拟，研究发现：提高银行网络中重要银行流动性资产比例，提高网络中所有银行的平均流动性资产比例能更有效地抑制流动性危机的发生；将银行的流动性资产提高到一定比例，即使保证金顺周期下降到零，也几乎不会发生流动性危机。Georg（2013）基于包含中央银行的银行网络，研究了流动性供给对于银行风险传染的控制问题。研究表明，当银行的流动性供给超过一定阈值时，银行系统稳定性明显提升；且稳定性提升的效果是非线性的，即在阈值附近，即使很小的流动性供给变化仍会有较大的稳定系统效果，但当远离阈值时，即使流动性供给变化较大，其稳定系统效果亦没有发生较大的变化。Capponi 和 Chen（2015）分析了银行流动性救助对减少系统性风险的作用，发现对于“核心-外围”结构的银行间市场，流动性救助重要银行对降低系统性风险更有效；对于随机网络最大化银行系统的总流动性是降低系统风险的有效方法。

此外，学者还从银行主体行为决策视角给出了相应的风险控制策略。Thurner 和 Poledna（2013）引入债务排行来判定银企主体关联网络中节点的系统性风险。其试图通过在模型中设置规则来减少银企风险传染：基于银行债务从小到大的原则将银行主体进行排序，借款主体优先向系统风险小的主体借款。当系统风险小的主体流动性不足时，才能向系统风险大的主体发出借款申请。此规则能够有效地降低银企间的风险溢出，说明债务的透明化有利于银企间风险溢出的控制。Riccetti 等（2013）构建了基于金融加速器的杠杆网络，研究表明中央银行如果提高利率必须谨慎考量银行系统是否已经很好地完成资本化，存款准备金提升改善了银行体系对于冲击的弹性。Ladley（2013）通过一个计算模型来对内生银行的行为及其利率进行分析研究，得出在确定条件下不同银行间的贷款通过对风险的共同承担形成了一个失败传播的渠道，这增加了系统稳定性。但是在面对相关银行较多的大型金融系统的冲击时，银行间贷款的数量越多反而会使问题越恶化。同时对于没有银行间系统的市场的稳定性最大化问题，保险存款成本的提高可以减少大规模银行间贷款活动的规模，进而提高系统的稳定性，降低风险。Catullo等（2015）在其所构建的银企网络模型中设置干预政策，即不允许被政策干预的银行主体向风险水平超过某一标准值的企业主体发放贷款，研究表明该政策的使用可有效降低危机发生的可能性。

2. 基于单层网络的企业风险传染研究

目前基于网络视角的企业风险传染研究相对较少，主要包括外生冲击、网络结构以及企业主体微观行为对风险传染的影响。Boissay（2006）通过构建企业商业信用网络模型，研究了遭受冲击时企业间财务风险传染问题，并利用美国1986～2004年的数据对模型进行校正与仿真分析。Battiston等（2007）基于企业间供给消费关系构建企业间贸易信贷网络，研究网络结构是否具有稳定性从而防止多米诺骨牌效应的发生，发现商业信用是导致破产由下游企业向上游企业传染的主要原因。Barro和Basso（2010）研究了具有空间交互作用的企业业务关联网络中信用风险的传染问题。张乐才（2011）对企业间资金担保网络研究发现，只有当整体经济环境有利时，资金担保网络是有益的，否则会引发企业间风险传染，导致企业全部陷入困境。Henriet等（2012）构造了一个基于投入产出关系的企业生产网络进而研究外生冲击对系统稳定性的影响，研究显示自然灾害相关的外部损失取决于直接损失异质性以及经济系统的网络结构，构造的模型可以再现灾害引发的经济崩溃。张泽旭等（2012）基于企业间资金担保网络分析了风险传染过程，研究发现担保链危机发生一级近邻传染、二级近邻传染、停止传染的临界条件与企业担保调整后的资产负债率有关。Hou等（2014）构建了上下游企业的生产网络，企业彼此间由商业信贷连接，其在研究中设置了三种主体间交易对手选择机制：价格优先连接、信用优先连接及随机连接。研究表明随机连接情况下的风险传染效应最小，价格优先连接的风险传染效应最大，信用优先连接则居于二者之间。苟文均等（2016）以未定权益分析模型为基础，分析债务杠杆与系统性风险传染之间的关系。结果表明债务杠杆攀升能够通过推升国民经济各部门风险水平，并使风险积聚于占据网络结构中心的金融部门，进而通过债务和股权两个渠道显著影响系统性风险的生成与传递。Cao 和 Han（2016）基于参数调整网络结构构建企业网络，研究风险厌恶行为与风险传染的关系，研究表明集体风险厌恶将对风险传染起到放大效应，当风险厌恶行为存在时异质网络具有稳健性。Goto等（2017）根据对日本2006～2015年企业连锁反应破产案例的实证分析和数值分析，认为第一家破产企业规模越大，贸易企业规模越小，违约级联发生的概率越大。Kwon 等（2018）对企业间信用网络中的系统性风险进行了研究，发现企业的信贷网络具有无标度网络的特征，流动性风险更容易在系统中传播，应关注在网络中具有中心地位的企业。

3. 基于单层网络的银企风险传染研究

目前学者基于网络视角对银企间风险传染也展开了一定的分析，主要从杠杆率、网络结构、债务排行等角度进行相关风险研究。Gatti 等（2010）基于上游企业、下游企业以及银行间的信贷关系构建信贷网络，信贷网络的结构基于交易对手选择机制随时间动态演化，研究显示如果杠杆率在一个很高的水平则经济系统可能遭受冲击或导致重要的网络节点主体破产。Riccetti 等（2013）构建了基于金融加速器的杠杆网络，研究了不同参数变化下的银企间风险传染。Aoyama（2014）重新定义了债务排行的概念，并通过对银行施加额外冲击，探测银行的违约对经济产生的影响。研究发现，不仅大的银行对整体经济产生影响，即使是小的区域银行亦会通过与局部的重要企业的连接而对经济产生较大影响。Grilli 等（2015）基于信贷关联构建了银企主体模型，研究了信贷和金融系统的不稳定性来源及银行信贷连接对宏观经济活动的影响。Catullo 等（2015）构建了银企主体模型，通过仿真研究指出银企风险传染与信贷网络结构和主体杠杆率相关，当网络连接较高且主体杠杆率亦较高时，即使很小的冲击亦可能具有较强的系统性效果。Miranda 和 Tabak（2013）利用实际数据构建了银行信贷网络、银企二分信贷网络，采用压力测试，研究了风险经由银行-企业二分信贷网络向银行信贷网络传染的机制。Thurner 和 Poledna（2013）在研究债务排行透明度对金融风险传染的影响时，利用计算机仿真构建银行信贷网络、银企间信贷网络，但忽略了企业与企业间的商业信贷网络。Li 和 Sui（2016）基于上下游企业间、银行间以及银企间的信贷关系，构造一个内生的金融网络研究了相关风险传染问题，结果表明增加潜在拆借对象的数量会导致银行破产的增加，而破产企业数呈现先增后减的趋势；当密度选择参数超过一定阈值时，三个行业的破产数不断增加并且维持在一个相对较高的水平；随着拆借利率的改变，不同行业破产数表现出不同的趋势。Lux（2016）构建了一个银企信贷网络随机模型，研究显示单个个体的违约几乎不会产生连锁反应，但在一定条件下则会导致整个系统的崩溃。总体结果对企业特征（如贷款规模或数量）的依赖似乎是模糊的，与银行间信贷风险相比，企业间风险暴露对于系统崩溃更重要。Silva 等（2018）构建了基于债务排序的银企网络风险反馈模型，研究了金融加速器机制对银企间风险反馈的影响，提出忽视银企间的风险反馈效应会严重低估银行系统风险，并且网络结构可以减弱或放大来自实体部门的冲击，从而在传染过程中发挥重要作用。

4. 基于多层网络的金融风险传染研究

基于单层网络，学者对金融风险传染进行了大量的研究。而基于多层网络研究的相对较少，尚处于初步阶段。Montagna 和 Kok（2013）在同时考虑短期借贷、长期借贷和共有金融资产敞口三个传染渠道重要性的多层网络中，对欧洲银行间传染风险展开评估，不同于以往过度低估系统性风险的结果，在金融多层网络中得到的系统性风险评估结果更接近于欧洲实际。利用同样的方法，Caccioli 等（2012）发现银行间直接风险敞口并不会对金融风险产生重大影响，但通过将交易对手风险与重叠的投资组合风险相结合，可能导致更大的金融系统性风险。总之，单层网络低估了整个网络的系统性风险，在金融多层网络中，系统性风险的阈值更小（Poledna et al.，2015）。借助多层网络方法，Peralta 和 Crisóstomo（2016）基于溢出效应和担保交易研究了包含直接或间接传染渠道的金融风险传染综合模型，发现金融多层网络下的金融风险传染更为迅速。Brummitt 和 Kobayashi（2015）研究了多层网络中不同等级债务的破产偿还制度的级联风险传染问题，得到不同等级的借贷债务能够缩小银行网络密度并促使系统中破产损失的范围广泛分散，从而使得整个银行系统更趋向稳定的结论。因此，相较于单层网络，金融多层网络既有利于系统稳定又易引发风险传染而且传染速度较快（Poledna et al.，2015）。

1.2.3 需要进一步研究的问题

网络理论为刻画经济主体间复杂关联性提供了一种新的思路方法，进而为研究金融风险传染提供一种新的工具。目前学者对复杂金融网络与金融风险传染进行了较为丰富的研究，但仍存在以下几个方面的问题需要进一步深入研究。

（1）目前网络理论研究重点已从单层网络转向多层网络，而多层网络理论研究的主要内容之一便是分析复杂系统的多层网络结构特征。目前对金融系统多层网络结构特征的实证分析比较少，需要进一步加强此方面的研究，特别是对我国经济金融系统的研究。

（2）网络理论在金融领域的应用主要集中于银行系统。虽然在此方面取得了丰富的成果，但是如何同时分析多种风险传染渠道研究银行系统性风险？如何构建银行多层网络模型研究银行系统性风险特征？多层网络结构对银行系统性风险有何影响？上述这些问题有待进一步研究。

（3）目前基于网络理论研究企业网络结构以及企业系统性风险的比较少，因此有待从信用关联和担保关联等视角构建企业网络模型，进一步研究企业系统性风险。

（4）银行与企业作为两大经济主体，它们之间存在较为复杂的债权债务关系。目前学者采用网络理论对银企系统性风险进行了一定的研究。但是鲜有同时分析银行与企业系统重要性，以及构建多层网络模型研究银企系统性风险的。

1.3　本书主要研究内容

在上述相关研究的基础上，针对现有研究中需要进一步研究的问题，本书主要从以下四个方面研究复杂金融网络与系统性风险。其中，复杂金融网络是指以经济主体（如银行和企业）为网络节点，经济主体间关联性（如债权债务关系）为节点间边；系统性风险是指初始冲击造成经济主体遭受风险，进而通过风险传染渠道对经济金融系统中其他经济主体产生影响，甚至造成整个系统崩溃的风险。

（1）经济金融系统中多层网络结构研究：①基于金融机构股票收益率间多种相关性，构建金融机构多层网络模型，进而基于我国实际数据分析金融机构多层网络结构特征。②根据企业间担保期限差异和担保类型，构建企业担保多层网络模型，并基于我国企业担保数据进行实证分析。

（2）基于银行网络的系统性风险研究：①构建银行单层网络模型，从多风险传染渠道研究系统性风险特征，以及投资组合多元化策略对银行系统性风险的影响。②分别从同业拆借期限结构和是否存在担保视角，构建银行多层网络模型研究系统性风险特征。③基于我国实际数据，实证研究银行多层网络结构对系统性风险的影响机制。

（3）基于企业网络的系统性风险研究：①从企业间信用关联视角，构建企业内生信用网络模型，揭示企业网络结构形成的微观基础，进而研究内生信用网络中企业系统性风险特征。②基于企业间担保关联，构建担保网络模型研究企业系统性风险特征。

（4）基于银企网络的系统性风险研究：①基于银行与企业信贷关联，构建银企单层网络模型，进而实证分析网络结构特征。②基于单层网络分析我国银行与企业的系统重要性。③通过构建银行与企业多层网络模型，基于我国实际数据分析跨银行与企业部门的系统性风险。

1.4　篇章结构安排

根据上述主要研究内容，本书内容分为五个部分，具体篇章结构安排如图 1-1 所示。

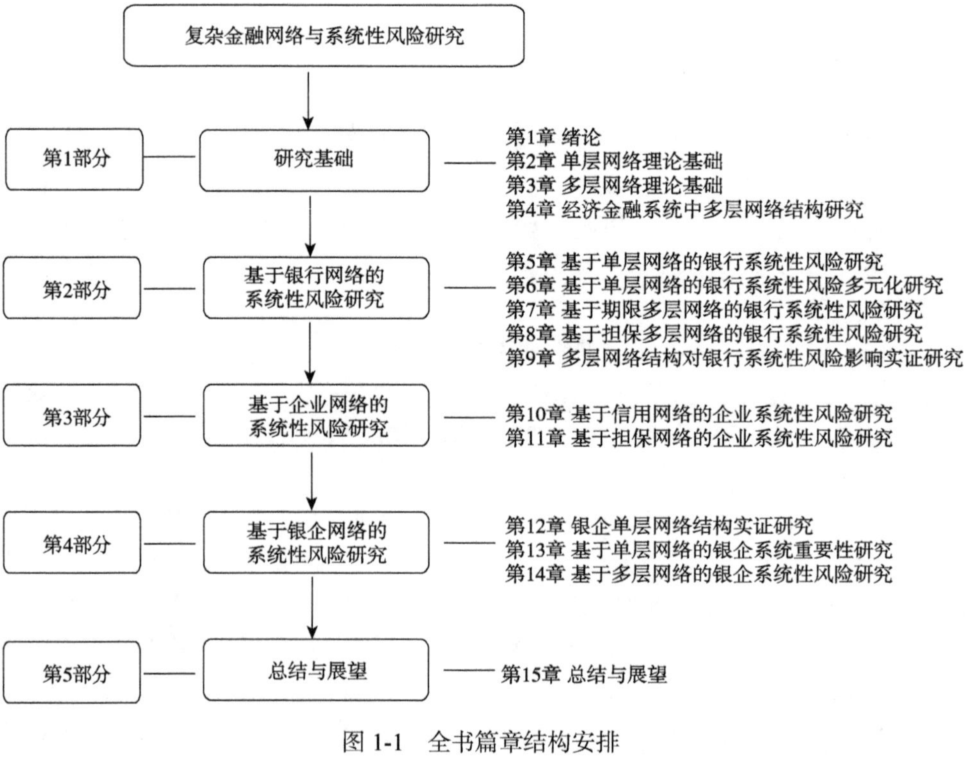

图 1-1　全书篇章结构安排

第 2 章　单层网络理论基础①

所谓网络，就是由节点和边构成的集合。随着社会的快速发展，我们现在生活在一个复杂的社会环境中，现实生活中几乎所有的系统都可以抽象为由节点和边组成的网络。网络既是实际系统的一种模型，又是系统存在的普遍形式。人类社会的网络化一方面给人们的生产活动带来了极大的便利，提高了人类的生产效率和生活质量，另一方面也给人们的生产活动带来了一定的负面影响，如传染病的流行、计算机病毒在 Internet 上的快速传播，以及由美国次贷危机引发的全球金融风暴等。针对这些复杂现象，对复杂大规模网络系统的研究，已经成为学术界关注的热点和国际研究的前沿领域，网络理论在这样的背景下应运而生。网络为研究复杂性提供了全新的视角，极大地改变了人们对复杂外部世界的认识，推动了学科之间界限的打破进程，推动了统计物理、非线性动力学、应用数学、信息工程、社会学、生物学、管理科学等多学科的交叉和发展。网络理论早期的研究主要是单层网络。本章从单层网络理论的发展进程、单层网络拓扑结构测度指标、单层网络的基本分类、单层网络演化研究等方面对现有的相关研究进行梳理和回顾，为后续研究提供相应的理论背景支撑。因此，本章提到的网络是指单层网络。

2.1　单层网络理论的发展进程

在最初的一百多年里，科学家认为传统的对网络的研究中真实系统要素之间

① 本章内容主要来自李守伟等（2015）的相关研究。

的关系可以用一些规则的结构表示，如二维平面上的欧几里得格网。从 20 世纪 50 年代末到 90 年代末，无明确设计原则的大规模网络主要用简单而易于被多数人接受的随机网络来描述，随机网络的思想主宰网络研究达 40 年之久。随着近年来计算机存储能力和数据处理能力的增强，以及一些大规模系统的数据库的建立，人们重新获得了真实网络的特征数据，发现真实网络既不是规则的，也不是随机的，而是呈现一定规律的复杂网络。复杂网络之所以复杂，不仅在于网络规模的巨大，网络结构的复杂，而且网络在时间、空间上都具有动态复杂性，网络行为也具有复杂性。复杂网络是对复杂系统和复杂现象的高度概括与抽象。任何一个复杂网络都是由数目众多的节点以及表示节点间复杂关系的边组成的。相对于一般网络而言，复杂网络是高度复杂的网络。其复杂性主要体现在以下几个方面（石建军，2009）。

（1）结构复杂：表现在节点数目巨大，网络结构呈现多种不同特征。

（2）网络进化：表现在节点或连接的产生与消失。

（3）连接多样性：节点之间的连接权重存在差异，且有可能存在方向性。

（4）动力学复杂性：节点集可能属于非线性动力学系统。

（5）节点多样性：复杂网络中的节点可以代表任何事物。

（6）多重复杂性融合：即以上多重复杂性相互影响，导致更为难以预料的结果。

随着社会的不断进步和科学技术的快速发展，现实世界中存在很多复杂系统和复杂性现象，如万维网、国际互联网、航空网、蛋白质网以及科研合作关系等。在这些复杂系统和复杂性现象中存在着多种相互作用、相互制约的因素，动力学行为极其复杂，而传统的规则网络和随机网络无法对现实中复杂系统和复杂性现象进行描述，从而推动着非线性动力学研究从规则网络向复杂网络转变。这促使来自不同学科领域的科学家共同致力于复杂网络的研究，这些学科领域包括复杂性科学、数学、物理、生物、计算机等。20 世纪末，Watts 和 Strogatz（1998）提出的小世界网络和 Barabási 和 Albert（1999）提出的无标度网络，是复杂网络研究开创新纪元的标志。目前，复杂网络作为研究现实世界中的各种复杂系统之间的共同属性的一般方法，已经渗透到统计物理、社会科学、生物科学等众多不同的领域的研究之中，复杂网络研究已经成为科学界关注的热点之一。特别是对复杂网络的定量与定性特征的科学理解，已经成为网络时代科学研究中一个极其重要的挑战性课题，被称为“网络的新科学”（Barabási，2002；Watts，2004）。

2.2　单层网络拓扑结构测度指标

网络研究是从统计角度考察网络中大规模节点及其连接之间的性质，这些性质的不同意味着不同的网络内部结构，而网络内部结构的不同导致系统功能有所差异。人们通过对网络的研究，提出许多表征网络中节点及其连接之间的性质的参量，即网络拓扑结构测度指标。网络理论的第一大研究内容就是实证研究网络的拓扑结构测度指标，根据测度指标统计特征可对网络进行分类，研究不同类型网络的不同性质。网络拓扑结构测度指标的统计性质给定了网络的微观量的统计分布或者宏观统计平均值，如度分布、度与度的相关性、聚集系数等统计指标。学者根据这些统计特征把网络分类成规则网络、随机网络、小世界网络、无标度网络等不同类型。下面介绍几个比较重要的网络拓扑结构测度指标，其他一些重要网络结构测度指标在此不再一一介绍。

1. 节点度与度分布

节点度和度分布是描述网络性质的两个重要统计指标。节点 i 的度 k_i 定义为与节点 i 连接的边的数目。度在不同的网络中所代表的含义也不同。如在社会网络中，度可以用来表示个体的影响力和重要程度，度越大的个体，其影响力就越大，在整个组织中的作用也就越大，反之亦然。度分布 $p(k)$ 定义为随机选择一个节点，其度为 k 的概率，或者等价地描述为网络中度为 k 的节点数占网络节点总数的比例。当然，对于有向网络，节点度分为入度和出度，相应的度分布还可细分为网络的入度分布和出度分布。为了减少统计误差、提高拟合精度，对网络度分布一般采用累积分布函数。度累积分布 $P(k)$ 定义为

$$P(k)=\sum_{k'\geqslant k}p(k') \tag{2-1}$$

其中，$P(k)$ 为节点度大于等于 k 的概率。

近年来大量的实证研究表明，许多真实网络的度分布都遵循幂律分布，数学形式为 $p(k)\sim k^{-r}$，其中 r 一般为 $2\sim3$。研究发现，除了幂律分布，真实网络中还存在其他形式的度分布，如电力网络的度分布服从指数分布，表现形式为 $p(k)\sim \mathrm{e}^{-k/\gamma}$（Watts and Strogatz，1998），在单对数坐标系下是一条下降的直线；

也存在幂律加指数截断的度分布的网络，如电影演员合作网络，其表现形式为 $p(k) \sim k^{-r} \mathrm{e}^{-k/\gamma}$（Barabási and Albert，1999）。

2. 聚集系数与层次指数

网络的聚集系数是衡量网络集团化程度的重要测度指标，是一个局部特征量。通俗来说，就是你的朋友的朋友也可能是你的朋友。在网络的结构分析中，计算聚集系数通常采用两种定义。一种定义即为传统社会学文献中定义的传递性，即传递型三元组的比例。数学和物理学文献中有关的讨论始于 Barrat 和 Weigt（2000），他们提出聚集系数的定义为

$$C = \frac{3N_{\nabla}}{N_3} \qquad (2\text{-}2)$$

其中，N_{∇} 为网络中三角形的个数；N_3 为网络中连通三点组的个数。连通三点组是指一个由三个节点构成的集合，此三个节点中的任意两个节点之间都存在路径，使得两个节点被直接或间接地相连接。

另一种定义是由 Watts 和 Strogatz（1998）提出的。首先定义节点的局部聚集系数，节点 i 的聚集系数 C_i 定义为节点 i 的邻接点之间实际存在的边数与所有可能的边数的比值，数学表达式为

$$C_i = 2e_i / \left[k_i(k_i - 1)\right] \qquad (2\text{-}3)$$

其中，k_i 为节点 i 的度；e_i 为节点 i 的邻接点之间实际存在的边数。在此基础上，将网络的聚集系数 C 定义为对所有节点的聚集系数做和求平均，即

$$C = \frac{1}{N}\sum_i C_i \qquad (2\text{-}4)$$

网络的聚集系数除了可以用来测度网络中三角形结构存在的情况，还可以在其基础上测度网络中是否存在层次结构。对于网络的层次结构，直观来说就是，在网络中有很多小规模节点组，它们各自的内部存在密集的边，而这些小规模节点组之间又松散地连接，从而形成更大规模的节点组，进而这些节点组之间又以更为松散的形式连接，形成再大规模的节点组。如果网络存在层次结构，则下面的关系成立（Ravasz and Barabási，2003）：

$$C(k) \sim k^{-\beta} \qquad (2\text{-}5)$$

其中，$C(k)$ 为网络中所有度为 k 的节点的局部聚集系数的平均值，也称为层次聚集函数；β 为层次指数。Ravasz 和 Barabási（2003）在对电影演员合作网络的实证研究中发现，网络呈现层次结构，层次指数约为 1。

3. 平均最短距离

首先定义网络中两个节点 i 、 j 之间的距离 d_{ij} 为：连接这两个节点的最短路径包含的边的数目。网络中任意两个节点之间的距离的最大值定义为网络的直径 D 。网络的平均最短距离 L 定义为任意两个节点之间的距离的平均值，具体表达式如下：

$$L = \frac{2}{N(N-1)} \sum_{i>j} d_{ij} \tag{2-6}$$

如果网络是非连通网络（即包含互不连通的子图），那么该定义是有问题的，因为在这种情况下，有些节点对之间根本就没有通路存在。此时可以采取另一种方法来对网络的平均最短距离进行定义，即定义为所有节点对之间的“调和平均”距离，具体如下（Newman，2003）：

$$L = \left[\frac{2}{N(N-1)} \sum_{i>j} d_{ij}^{-1} \right]^{-1} \tag{2-7}$$

以上介绍的网络的度分布、聚集系数和平均最短距离是测度网络拓扑结构的最基本指标。其中，聚集系数和平均最短距离在网络研究中得到普遍的关注，因为在这两种测度指标下，研究者通过大量的经验研究发现实际网络普遍呈现出小世界的结构特征，即具有短的平均最短距离以及高的聚集系数。直观而言，对于具有小世界特征的网络，任意两个节点之间存在一条相当短的路径，并且你朋友的朋友很可能也是你的朋友。

4. 度相关性与同型系数

网络节点的度相关性可以看作网络协调混合特性的一个特殊而重要的情形，这时节点按照度特性分类。问题是，度不同的节点之间的连接趋向如何？度大的节点更趋向于连接其他度大的节点，还是度小的节点？实际网络中发现两种情况都存在。而度相关性就是在统计意义上刻画网络中度大的节点是偏向于连接度大的节点还是度小的节点。如果度大的节点倾向于连接度大的节点，则称网络是正相关的；反之，如果度大的节点倾向于连接度小的节点，则称网络是负相关的。

对于度相关性的量化目前主要有两种方法。其中一种是 Pastor-Satorras 和 Vespignani（2002）提出的，是通过绘图分析度为 k 的节点的邻接点的平均度数 $<k_{nn}>$ 随 k 变化的情况。其中，网络是负相关的体现为 $<k_{nn}>$ 随 k 增大而递减，网络是正相关的体现为 $<k_{nn}>$ 随 k 增大而递增。另一种是 Newman 等（2002）提出的，是通过计算网络中所有边的两个节点度数的 Pearson 相关系数进行度量的，

具体计算公式为

$$r=\frac{M^{-1}\sum_{i=1}^{M}j_ik_i-\left[M^{-1}\sum_{i=1}^{M}\frac{1}{2}(j_i+k_i)\right]^2}{M^{-1}\sum_{i=1}^{M}\frac{1}{2}(j_i^2+k_i^2)-\left[M^{-1}\sum_{i=1}^{M}\frac{1}{2}(j_i+k_i)\right]^2} \tag{2-8}$$

当 $r>0$ 时，网络是正相关的；当 $r<0$ 时，网络是负相关的。

网络的同型系数是用来测度包含多种类型节点的网络中，同种类型的节点之间有边连接的可能性更大的“同型混配”的网络结构特征。显然，网络的正相关性是同型混配的一个特例，因为此时节点的类型是由度数来区分的。对于网络的同型系数的度量，目前有两种方法。一种方法是由 Gupta 等（1989）提出的。对于一个具有 N 个节点的网络，假设其节点具有 T 种不同的类型。首先定义网络的类型混配矩阵 $M=(m_{st})_{T\times T}$，其中矩阵的元素是网络中连接类型为 s 的节点和类型为 t 的节点的边数目。其次，将矩阵 M 标准化为 $\overline{M}=M/\|M\|$，其中 $\|M\|$ 表示的是矩阵 M 的所有元素之和。由此，得到类型为 s 的节点，其邻接点属于类型 t 的概率为

$$p(t\mid s)=\frac{\overline{m}_{st}}{\sum_{u}\overline{m}_{su}} \tag{2-9}$$

其中，u 代表类型。

进而可以定义网络的同型系数为

$$Q=\frac{\sum_{s}p(t\mid s)-1}{T-1} \tag{2-10}$$

显然，网络的同型系数值在 0 和 1 之间。同型系数为 1，对应的网络为完全同型混配，此时网络中只有同种类型的节点之间存在连接；而同型系数为 0，对应的网络为随机混配的情况，此时网络中节点之间的连接与节点所属的类型无关。

度量网络同型系数的另一种方法是 Newman（2003）针对更一般的网络提出的，其计算的表达式为

$$Q=\frac{\mathrm{Tr}(\bar{M})-\|\bar{M}^2\|}{1-\|\bar{M}^2\|} \tag{2-11}$$

其中，$\mathrm{Tr}(\bar{M})=\sum\bar{M}_{ss}$。

5. 网络互惠性

网络互惠性是指有向网络中存在的双向边数占总边数的比例。Newman 等

（2002）、Serrano 和 Boguñá（2003）分别在对 Email 联系网络和国际贸易网络的研究中，采用网络中双向边边数与网络总边数之比计算网络的互惠性 R 。Garlaschelli 和 Loffredo（2004）认为此互惠性计算式存在不足，主要在于它仅为相对值故而不能对不同网络进行比较，并且未排除自环存在的影响。为此他们定义新的有向网络互惠性如下：

$$R=\frac{\sum_{i\neq j}(a_{ij}-\overline{a})(a_{ji}-\overline{a})}{\sum_{i\neq j}(a_{ij}-\overline{a})^2} \tag{2-12}$$

其中，$\overline{a}$ 为有向边的密度。若 $R>0$ ，网络具有互惠性；若 $R<0$ ，网络具有反互惠性；若 $R=0$ ，网络具有非互惠性。

6. 派系结构

对于不同性质的网络的派系定义是不同的。对于无向网络，派系是最大的完全子图，也就是说一个派系就是一个点的子集，其中任何一对点都存在边直接连接，并且该派系不被其他派系包含。从此定义可知一个包含 n 个节点的派系中，任何一个节点都与其他 $n-1$ 个节点相连；派系中任意两个节点之间的距离都是 1。对于有向网络，派系的概念与无向网络中派系的概念稍有不同，因为在无向网络中节点之间的关系都是相互的，所以考察派系要用到所有的连接线。而在有向网络中，只有互惠的关系才能纳入派系之中。因此，常将有向网络中区分出来的派系称为强派系，而将无向网络中分析得到的派系称为弱派系（刘军，2009）。

7. 全局效率与局部效率

网络效率是用来度量网络连通性的一个有效的指标，Latora 和 Marchiori（2004）对网络中各种效率进行了详细的定义。对于网络中节点 i 与 j 的效率 ε_{ij} 可以用节点 i 与节点 j 之间的距离 d_{ij} 的倒数表示：

$$\varepsilon_{ij}=1/d_{ij} \tag{2-13}$$

其中，当 $d_{ij}=+\infty$ 时，用 $\varepsilon_{ij}=0$ 表示节点 i 与 j 的效率。进而对于整个网络而言，定义网络全局效率 E_{glob} 为

$$E_{\text{glob}}=\frac{1}{N(N-1)}\sum_{i\neq j}\varepsilon_{ij}=\frac{1}{N(N-1)}\sum_{i\neq j}\frac{1}{d_{ij}} \tag{2-14}$$

定义网络的局部效率 E_{loc} 为

$$E_{\text{loc}}(G_i)=\frac{1}{k_i(k_i-1)}\sum_{l\neq m\in G_i}\varepsilon_{lm}=\frac{1}{k_i(k_i-1)}\sum_{l\neq m\in G_i}\frac{1}{d_{lm}} \tag{2-15}$$

其中，G_i 为节点 i 相邻 k_i 个节点形成的子图。通过网络的全局效率与局部效率的定义可知，全局效率与局部效率取值范围为 0 ~ 1。当 $E_{\text{glob}}=1$（$E_{\text{loc}}=1$）时，表明整体网络（局部网络）是全连通的，也就是任意两个节点都是连接的；当 $E_{\text{glob}}=0$（$E_{\text{loc}}=0$）时，表明整体网络（局部网络）中节点是孤立的，也就是任意两个节点都不存在连接。

2.3 单层网络的基本分类

人们对实际网络的研究发现，现实网络系统往往表现出小世界性、无标度性及高聚集性等现象，从而促使人们从理论上构造网络模型来解释这些网络的统计特性，揭示网络形成的微观动力学机制。因此，引发和推动了网络新模型的引入，其中具有代表性的网络模型包括规则网络、随机网络、小世界网络、无标度网络、层次网络等。

1. 规则网络

通常把具有规则形状的网络称为规则网络，常见的规则网络模型有三种：全局耦合网络模型、最近邻耦合网络模型以及星形网络模型。在全局耦合网络模型中，任意两个节点之间都是有边直接相连的。全局耦合网络模型最小的平均最短距离和最大聚集系数均为 1，其度分布是以 $N-1$ 为中心的 δ 函数。在最近邻耦合网络模型中，每个节点只与它周围的 k 个邻居节点相连，其聚集系数为 $\frac{3(k-2)}{4(k-1)}$，平均最短距离为 $N/2k$，度分布为以 k 为中心的 δ 函数。在星形网络模型中，所有的点都只与一个中心点连接而彼此之间不连接。星形网络的平均最短距离为 $2-\frac{2(N-1)}{N(N-1)}$，聚集系数为 $\frac{N-1}{N}$，度分布为

$$p(k)=\begin{cases}1-1/N, & k=1\\ 1/N, & k=N-1\\ 0, & 其他\end{cases} \qquad (2\text{-}16)$$

三种规则网络的图形见图 2-1，图 2-1(a)是全局耦合网络图，图 2-1(b)是最近邻耦合网络图，图 2-1(c)是星形网络图。

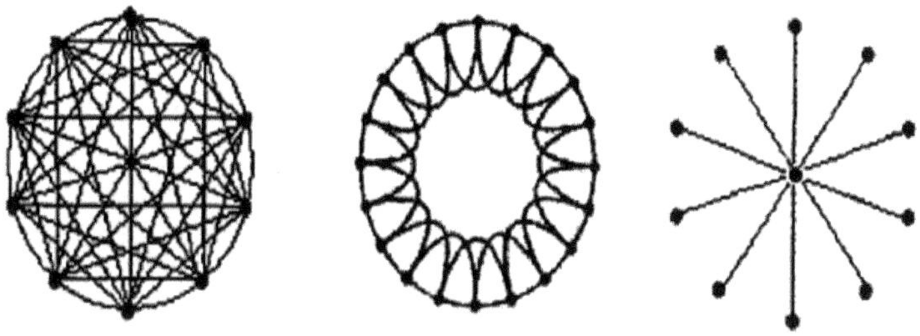

（a）　　（b）　　（c）

图 2-1　三种规则网络图形

资料来源：汪小帆等（2006）的相关研究

2. 随机网络

Erdős 和 Rényi（1959，1960，1961）将随机性引入网络的研究，提出了著名的随机网络模型，简称 ER 模型。他们指出可以用两种方法构建随机网络，一种方法是给定 N 个节点，从 $N(N-1)/2$ 条可能的边中连接 E 条边，忽略重边情况；另一种方法是给定 N 个节点，每一对节点以概率 p 进行连接，所得到的就是一个随机网络。

随机网络的基本特性可以归结如下。

随机网络的平均度为

$$<k>=2E/N=p(N-1)\approx pN$$

聚集系数：由于网络中任何两个节点之间的连接都是等概率的，因此对于某个节点 i，其邻接点之间连接的概率也是 p，所以随机网络的聚集系数 $C\approx p$。

平均最短距离：考虑随机网络的平均度 $<k>$，对于任意一个节点，其一阶邻接点的数目为 $<k>$，二阶邻接点的数目为 $<k>^2$，以此类推，当 l 步后达到网络的总节点数目 N，有 $N=<k>^l$，从而可得到随机网络的平均最短距离：

$$L=\frac{\ln N}{\ln <k>} \qquad (2\text{-}17)$$

可以看出，随机网络的平均最短距离随网络规模的增加呈对数增长。然而，因为 $\ln N$ 的值随 N 增长得很慢，所以规模很大的随机网络也可以具有很小的平均最短距离。随机网络的直径也具有类似的性质。

度分布：给定一个连接概率为 p 的随机网络，对于任意节点 i，其度 k_i 遵循二项式分布：

$$p_i(k) = C_{N-1}^{k} p^k (1-p)^{N-1-k} \tag{2-18}$$

当网络规模 N 很大时，网络的度分布接近泊松分布，即

$$p(k) = \mathrm{e}^{-pN}\frac{(pN)^k}{k!} = \mathrm{e}^{-<k>}\frac{<k>^k}{k!} \tag{2-19}$$

由于随机网络中节点之间的连接是等概率的，因此大多数节点的度都在均值 $<k>$ 附近，网络中没有度特别大的节点，如图 2-2 所示。

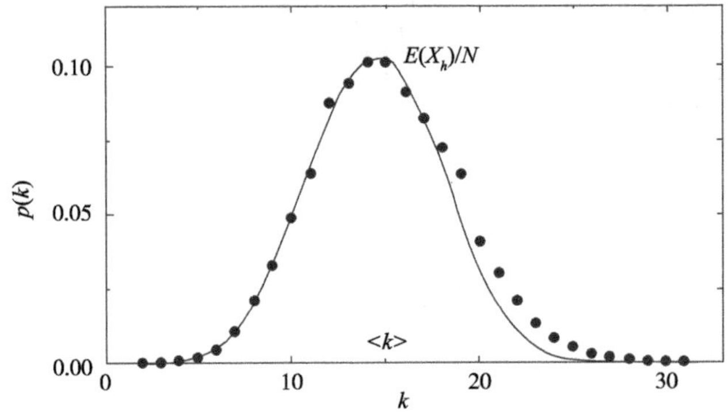

图 2-2　随机网络度分布图

资料来源：Albert 和 Barabási（2002）的相关研究

通过上述分析可知，随机网络具有网络节点度服从泊松分布、较小的平均最短距离和较小的聚集系数等基本性质。从 20 世纪 50 年代末到 90 年代末，有很多科学家对随机网络的结构和演化特征进行了更加细致的研究，在这期间，随机网络模型一直支配着人们研究复杂网络，大规模网络主要是用这种简单而易于被多数人接受的随机网络的拓扑结构来描述的。直到最近几年，由于计算机数据处理能力和运算能力的飞速发展，科学家发现大量的现实网络不是完全随机的网络，而是具有其他统计特征的网络。

3. 小世界网络

随着计算机存储能力与数据处理能力的增强，人们对大量的现实网络的数据进行了统计分析，发现现实网络具有较大的聚集系数和较小的平均最短距离，即小世界网络。前面的规则网络中的最近邻耦合网络具有高聚集特性，但是却不具有小世界特性，而随机网络虽然具有小的平均最短距离但是没有高的聚集特性。因此，这两类网络模型都不能作为现实网络的研究载体，因为大部分现实网络既不是完全规

则的，也不是完全随机的。为了再现现实网络的基本特性，Watts 和 Strogatz（1998）提出了小世界网络模型，简称为 WS 网络模型。其构建方法如下。

（1）首先构造一个一维的具有 N 个节点，每个节点具有 k 个近邻的最近邻耦合网络。为了使网络连接具有稀疏性，要满足 $N >> k$。其次，令这条直线首尾相连形成一个环。这样构造的图就具备了高聚集系数的特征。

（2）以概率 p 重新随机连接每条边的其中一端节点，重连时保证没有自环和重边产生。重连是指断开某一条边，使边的一端节点与网络中的其他节点连接。这些重连的边为长程连接，长程连接大大减小了网络的平均最短距离，而对网络的聚集系数影响较小。

实际上小世界网络是在完全规则网络的基础上，以概率 p 随机地重连网络中的每个边。$p=0$ 时对应规则网络，$p=1$ 时得到完全随机网络。因此，Watts 和 Strogatz 提出的小世界网络模型是由规则网络向完全随机网络过渡的网络模型，研究结果显示，小世界网络在边的重连概率 p 较小的范围具备小世界效应，可以用以解释实际网络的这一结构特征。小世界网络模型如图 2-3 所示。

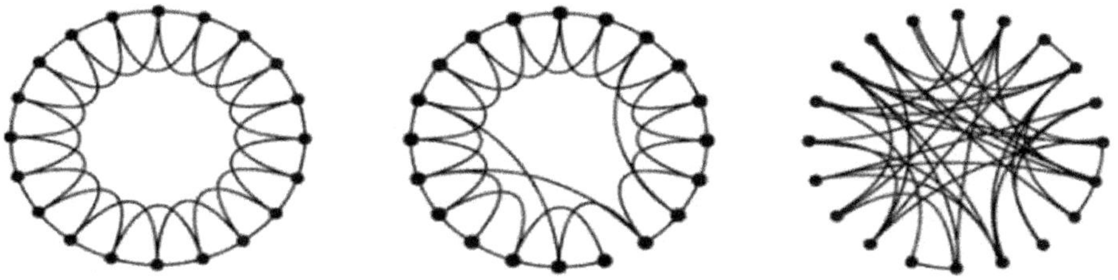

（a）规则网络（p=0）　（b）小世界网络（边重连概率 p）　（c）完全随机网络（p=1）

图 2-3　小世界网络模型

资料来源：Watts 和 Strogatz（1998）的相关研究

小世界网络的度分布和随机网络一样也服从泊松分布，分别用 $C(p)$、$L(p)$ 表示以重连概率 p 得到的小世界网络模型的聚集系数和平均最短距离，从而可以得到聚集系数的表达式：

$$C(p)=\frac{3(k-1)}{2(2k-1)}(1-p)^3 \tag{2-20}$$

小世界网络的平均最短距离没有精确的表达式，利用 Newman 和 Watts（1999）采用重正化群方法可以得到：

$$L(p)=\frac{2N}{k}f(NKp/2) \tag{2-21}$$

其中，$f(x)=\begin{cases} a, & x<1 \\ \ln x/x, & x\geqslant 1 \end{cases}$，$a$ 为常数。

Watts 和 Strogatz（1998）开创性论文的发表掀起了小世界网络和小世界网络

模型的研究高潮。由于在小世界网络模型随机构造过程中有可能破坏网络的连通性，所以为了避免出现因重连而造成的孤立的簇，Newman 和 Watts（1999）提出了一个改进模型，称为 NW 小世界网络模型。该模型用“随机化加边”取代“随机化重连”，以概率 p 在随机选定的一对网络节点间增加新的连接。同样，也要保证节点没有自连接以及两个节点间没有重复连接。当 $p=0$ 时，NW 小世界网络就是原来的规则最近邻耦合网络；当 $p=1$ 时，网络变成规则的全局耦合网络。当 p 较小时，NW 小世界网络模型具有和 WS 小世界网络模型类似的特性。Kasturirangan（1999）提出了 WS 小世界网络模型的一个替代模型，该模型同样始于环状格，然后在格中间增加节点并与格上的节点随机进行连接，这些随机连接的边充当了 WS 小世界网络模型中“长程连接”的角色。其实只要在网格中间增加一个新节点并连接到网格边缘足够多的节点上，网络就呈现出小世界特性。为进一步研究小世界特性，在二维方格的基础上，Kleinberg（2000）提出了 WS 小世界网络的一般化模型，其中 Kleinberg 模型的平均最短距离是可调的。

上述构建小世界网络方法中概率分析方法和边的随机连接不适合具有固定节点连通度的通信网络，如神经网络、计算机网络和电路网等。因此，学者开始以确定的方式构造小世界网络。Comellas 等（2000）使用图论的方法，首次以确定的方式构建了小世界网络模型。Comellas 和 Samples（2002）给出两种生成确定性小世界网络的方法，其中一种是网络的节点具有常数连通度，而另一种网络的节点度是可变的。Corso（2004）基于质因数分解方法构建了一个节点为自然数的确定性小世界网络；Xiao 和 Parhami（2006）利用 Cayley 图给出了一个确定性小世界网络构建方法。章忠志（2006）通过边迭代的方法生成了一个简单的确定性小世界网络模型，给予小世界网络的形成以及不同节点间的相互作用一个直观形象的理解，揭开了小世界效应形成机制，并解析计算了模型的主要特性：度分布、聚集系数和直径，这些统计特性与现实网络相同。该网络模型可以为通信网络、神经网络等具有固定节点度的现实网络的建模提供依据。

4. 无标度网络

小世界网络再现了现实网络大的聚集系数和小的平均最短距离特征，但是小世界网络的度分布是指数分布的，然而许多现实网络度分布是幂律分布的。最早发现网络的度分布服从幂律分布的学者是 Price。Price（1965）在研究科学引文网络时发现了网络的度分布服从幂律分布，但是当时这一结果并没有引起国际学术界的重视。直到 Barabási 和 Albert（1999）对万维网的数据进行统计分析，发现万维网的度分布服从幂律分布：$p(k)\sim k^{-r}$，这种度分布区别于小世界网络和随机网络的泊松分布的度分布。由于幂函数具有标度不变性，这种度分布服从幂律分布的网络称为无标度网络。

对于网络度分布是幂律分布的形成机制，Barabási 和 Albert（1999）提出了一个无标度网络模型，称为 BA 无标度网络模型。BA 无标度网络模型的演化生成主要有两个基本机制：增长和择优连接。无标度网络与随机网络和小世界网络的不同之处在于：无标度网络是一种动态的网络结构，网络大小 N 和网络中的连线都将随着时间的变化而变化。BA 无标度网络构建算法如下。

（1）增长：从一个具有 m_0 个节点的网络开始，每次引入一个新的节点，并且连接到 m 个已经存在的节点上，其中 $m \leqslant m_0$。

（2）择优连接：一个新节点与一个已经存在的节点 i 相连的概率 p_i 与节点 i 的度 k_i 具有如下关系：

$$p_i = \frac{k_i}{\sum_j k_j} \tag{2-22}$$

因为每个新节点都有 m 个连接，经过 t 步之后，就生成了一个具有 $N = t + m_0$ 个节点和 mt 条边的网络。相应地，网络平均度 $<k>=2m$。同时，数值模拟仿真发现，BA 无标度网络最终演化成标度不变的状态，即节点度服从度指数 $\gamma = 3$ 的幂律分布。

对于 BA 无标度网络的拓扑结构特性，其平均最短距离与聚集系数分别为

$$L \propto \frac{\log N}{\log\log N}, \quad C = \frac{m^2(m+1)^2}{4(m-1)}\left[\ln\left(\frac{m+1}{m}\right) - \frac{1}{m+1}\right]\frac{[\ln(t)]^2}{t} \tag{2-23}$$

对于 BA 无标度网络的度分布可通过三种方法求得：平均场理论（Barabási，2005）、主方程法（Dorogovtsev et al.，2000）、速率方程法（Krapivsky and Redner，2005），三种方法得到的最终结果是相同的。

平均场理论：假设第 i 步加入节点在第 t 步的度为 $k_i(t)$，因为到第 t 步网络共增加了 mt 条边，每条边连接两个节点，因此 $\sum_j k_j = 2mt$。此外，每一步新增的 m 条连线在选择旧节点的过程中，有一次被选择的概率为 $m[p_i(1-p)]^{m-1} \approx mp$，根据连续性定理，可得

$$\frac{\partial k_i}{\partial t} = mp_i = m\frac{k_i}{\sum_j k_j} \approx \frac{k_i}{2t} \tag{2-24}$$

于是根据初始条件 $k_i(i) = m$，可得 $k_i(t) = m(t/i)^{1/2}$。另外，由于连线过程中旧节点是随机连接的，所以随机连接的节点 i 在 t 个节点中服从均匀分布，也就是 $p(i) = 1/t$。假设初始时刻有 n_0 个节点，于是 $p(i) = 1/(t+n_0)$，进一步可得网络度

分布为

$$p(k_i(t)<k)=p\left(i>\frac{m^2t}{k^2}\right)=1-\frac{m^2t}{k^2(n_0+t)} \tag{2-25}$$

$$p(k,t)=\frac{\partial p(k_i(t)<k)}{\partial k}=2m^2k^{-3}\frac{t}{t+n_0} \tag{2-26}$$

当$t\to\infty$时，可以得到稳定度分布：

$$p(k)=\lim_{t\to\infty}p(k,t)=2m^2k^{-3} \tag{2-27}$$

主方程法：假设$p(k,i,t)$表示节点i在t时刻有k条边的概率，由于一个带m条连接的新点的加入将使得节点i的度增加 1 的概率为$mp_i\approx k/2t$，从而可以得到如下的主方程：

$$p(k,i,t+1)=\frac{k-1}{2t}p(k-1,i,t)+(1-\frac{k}{2t})p(k,i,t) \tag{2-28}$$

该主方程的边界条件为$p(k,t,t)=\delta_{km}$，进而对上述主方程求解，便可得到网络度分布。

速率方程法：假设$N_k(t)$表示t时刻网络度为k的节点数目，根据 BA 无标度网络生成机制，可知$\sum_k kN_k(t)=2mt$。根据连续性理论，同时考虑节点数的变化率，主要来源于三种情况：对于原来有$k-1$条连线的节点，由于新连线的加入而变成了有k条连线的节点；排除原来有k条连线的节点，由于新连线的加入而变成了有$k+1$条连线的节点；保留刚好有m条连线的新节点，其中$k=m$。由于旧节点被新连线连接的概率为$mp_i\approx k/2t$，转换为$N_k(t)$，于是就可以得到速率方程：

$$\frac{\mathrm{d}N_k(t)}{\mathrm{d}t}=m\frac{(k-1)N_{k-1}(t)-kN_k(t)}{\sum_k kN_k(t)}+\delta_{km} \tag{2-29}$$

进而对上述速率方程求解，便可得到网络度分布。

上述经典的 BA 无标度网络模型根据增长和选择连接机制构造了一个度分布是幂律分布的动态网络，但是该网络的幂律指数为恒定的，而现实中的网络实证发现，幂律指数大多数会有一个变化范围。针对此，Newman（2003）和 Dorogovtsev 等（2002）在经典的 BA 无标度网络模型的基础上，通过改变连接概率，构造出幂律指数非恒定的无标度网络。其中 Newman（2003）将 BA 无标度网络模型中线性选择连接的机制引入偏移参数，也就是将 BA 无标度网络模型中线性择优连接概率改为非线性择优连接概率：

$$p_i=\frac{k_i}{\sum_j k_j^{\alpha}} \tag{2-30}$$

Dorogovtsev 等（2002）将线性择优连接概率改为

$$p_i = \frac{k_i + A}{\sum_j k_j + A} \tag{2-31}$$

其中，A 为常数，称为原始吸引强度。调节 A 值，可得到具有不同度指数的无标度网络，其度分布指数满足：

$$\gamma = 3 + A / m \tag{2-32}$$

然而 BA 无标度网络模型中的“择优连接”原则并不适用于所有出现幂律分布的情况，即便是对于某些无标度网络，用它解释幂律的成因也显得很不合理。这样就促使更多解释幂律分布形成机制的理论形成，如自组织临界理论、最优抗干扰理论、渗流模型及一些随机过程等（胡海波和王林，2005）。

对于确定性的无标度网络，Barabási 等（2001）首次给出了迭代构造方法。随后，许多学者对其进行了深入的研究，提出了许多不同的构造方法。例如，Dorogovtsev 等（2002）通过简单的机制构造了伪分形无标度网络，并分析了网络的度分布、聚集系数、度相关性、平均最短距离等网络特性；Comellas 等（2004）提出了一类具有小世界效应和无标度特性的递归图，这类图的度分布、聚集系数和直径可以通过一个参数进行调节；Jung 等（2002）提出了无标度网络的一个分形几何增长模型；Andrade 等（2005）根据古希腊数学家提出的阿波罗填充问题构造了确定性无标度网络，该网络的性质与许多真实世界网络相似；章忠志（2006）也以阿波罗填充问题为基础，对确定性无标度网络模型进行了深入的研究。

5. 层次网络

Ravasz 等（2002）针对现实网络中所观测到的层次结构，提出了一种结合无标度特征和高聚集性的网络模型，模型是一个模块不断复杂的过程，如图 2-4 所示。

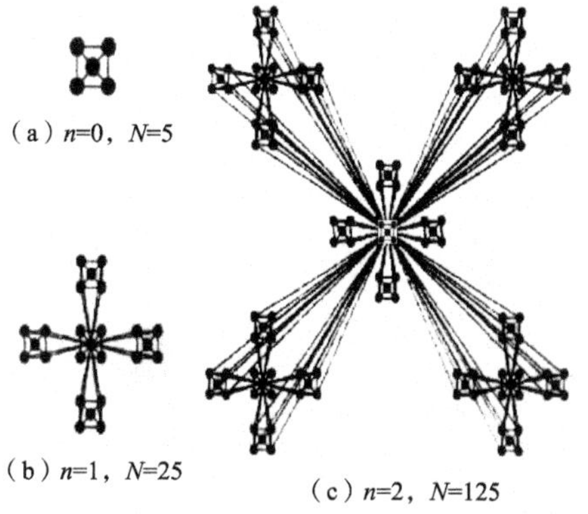

图 2-4 层次网络构造方法

资料来源：Ravasz 等（2002）的相关研究

在现实世界中有许多网络是由模块结构组成的，如代谢网络，而层次网络模型对这些现实中网络的模块特性的形成机制给予了很好的解释。层次网络模型中节点的度分布是幂律分布，并且节点的聚集系数与其度成反比，即满足关系：$C(k) \sim k^{-1}$。

6. 具有社团结构的网络

许多现实网络中呈现出社团结构，对此 Yan 等（2007）提出了一种具有社团结构的网络模型，并且可以调节社团紧密程度。模型的构建方法如下。

首先，建立多个社团，每个社团具有 m_0 个节点，初始时 $m_0 \times c$ 个节点是完全连接的。然后，每一个时间步长每个社团都加入一个节点和 $m(m < m_0)$ 条边。对于每个新增加的节点具有 n 条边连接到指定的社团，其余的 $m-n$ 条边加入随机选取的其他社团中。其中每条边加入都遵循 BA 无标度模型中的择优连接原则，而社团内部成员连接的紧密程度可以用社团强度 Q 表示，在上述模型的构建中通过调节 n/m 的比例可以生成具有不同社团强度的网络结构。同时，Q、c、n、m 之间满足下面的关系式：

$$Q = \frac{n}{m} - \frac{1}{c} \tag{2-33}$$

7. 双幂律网络

现实网络中，网络度分布除了具有幂律分布、幂律加指数截断、指数分布形式外，还具有双幂律分布特征，如 Boguná 等（2004）发现信用网络明显呈现出双幂律分布特征，另外在银行系统中，Boss 等（2004）分析发现奥地利银行网络中度分布是双幂律分布，同样 Souma 等（2003）研究证实日本的商业网络（由日本的公司和银行构成）度分布也是双幂律分布。

对度服从双幂律分布现象，万阳松（2007）构建了一个银行网络生长模型，其度分布具有双幂律特征（图 2-5），他提出的银行网络生长模型中，有两个基本假定：第一，银行间同业拆借能力假定，即每个节点（即银行）都具有一定的初始同业拆借能力，新加入节点只与一个旧节点相连，并继承该旧节点的部分初始同业拆借能力；第二，非线性偏好连接假定，即在网络中每次增加一个新节点并产生一条新连接的同时，所有旧节点中按非线性偏好连接增加一定数量的新连接。基于以上两个基本假定，给出具体网络生长模型如下。

（1）给定一个初始节点，即 $m_0 = 1$，其初始同业拆借能力为 $A(1,1) = A$，其中 A 为与网络特征有关的常数。

（2）每次增加一个新的节点 i，且它通过一条边与一个旧节点 j 相连，即 $m=1$。新加入节点的初始同业拆借能力为其所连向的旧节点的初始同业拆借能力的一半，即 $A(i,i)=A(j,j)/2$。

（3）每次增加一个新的节点到网络中并产生一条新连接的同时，在所有旧节点之间增加 $c\times t$ 条边，其中 t 为时间。

（4）每个节点 i 当前（t 时刻）的同业拆借能力为 $A(i,t)=A(i,i)+k(i,t)$，其中 $k(i,t)$ 为节点 i 在时刻 t 的度，则新节点的线性偏好连接概率为

$$\frac{A(i,t)}{\sum_i A(i,t)} \tag{2-34}$$

旧节点之间的非线性偏好连接概率为

$$\frac{A(i,t)^{\alpha} A(j,t)^{\beta}}{\sum_{i\neq j} A(i,t)^{\alpha} A(j,t)^{\beta}} \tag{2-35}$$

其中，$A(i,t)\geqslant A(j,t), 0<\alpha<1, 1<\beta<+\infty$。

基于上述网络构建方法，就可以产生双幂律分布，如图 2-5 所示。

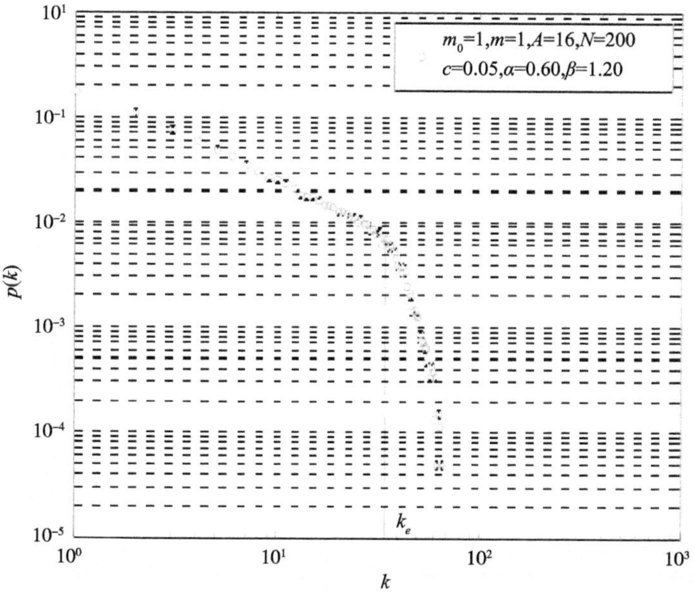

图 2-5　银行网络的双幂律度分布

资料来源：万阳松（2007）的相关研究

2.4 单层网络演化研究

网络不是固定不变的，而是随着时间的迁移在变化，同时一些网络因素的微小变化都会导致网络结构发生巨大的变化，也就是说网络是一直处于演化过程中的。在演化过程中，各种精微的变化都有可能影响网络的拓扑结构，而且不同的现实网络受不同因素的影响，演化差异很大。于是网络演化成为近年来网络研究的热点之一。

针对网络演化，学者提出了不同的模型，主要是建立动态模型发掘对网络结构形成起重要作用的因素。Dorogovtsev 等（2000）使用主方程法给出了一类网络模型的精确解；Krapivsky 等（2000）提出并利用速率方程法研究了非线性择优连接对网络动态性及拓扑结构的影响。自从 BA 无标度网络模型问世以来，择优连接是网络演化的一个重要的机制，是形成网络幂律的关键。为此，学者提出了其他的机制，如 Kleinberg（1999）提出了拷贝机制解释了万维网的幂律形成过程；Krapivsky 和 Redner（2001）提出了边的重定向机制，并建立相应的网络模型。许多网络中，节点获得新连线的能力除了与节点度相关外，还与其固有的竞争能力（适应度）有关。针对此，Bianconi 和 Barabas（2001）提出了简单的适应度模型，在该模型中对每个节点都赋予服从一定分布的适应度，并假定节点与节点连接的概率与其适应度和节点度的乘积成正比，研究发现，网络节点的度分布与适应度的分布有关。然而在现实网络中，加点、加边、去点、去边、边的重连、边的权重等一系列基本的细微事件也是形成网络演化的根源。Albert 和 Barabási（2000）提出了扩展的 BA 无标度网络，并分析了加边及边的重连对网络拓扑结构的影响；Dorogovtsev 等（2000）在加边和去边两种情况下，研究了不同的加边和去边方式对网络拓扑结构的影响；Chen 和 Shi（2004）研究了以反择优连接形式删边对网络拓扑结构的影响；Yook 等（2001）首次对加权的演化网络理论进行了探讨，提出一个初步的加权网络理论模型，它是在无权网络的基础上，按照节点度之间的关系给边赋上权值而形成的加权网络。

另外，许多研究者利用博弈论来研究网络的演化机制。Zimmermann 等（2004）、Zimmermann 和 Eguiluz（2005）研究了一个动态网络演化博弈模型，该模型是从一个 ER 随机网络开始，个体与邻居进行囚徒困境博弈并累计收益，策略演化时它们会学习邻居中受益最高者的策略；如果一个背叛者发现它模仿的背叛邻居的收益比自己高，则此个体会以概率移走与被模仿的背叛者之间的边，重新在网络中随机选择一个节点连接，这样网络中的边数保持不变。对此模型，他们研究表明，只需要一个小概率就可以使动态网络中合作频率达到一个高值，此时网络呈现等级结构，且随着重连概率的增加，网络的聚集系数增加，网络异质性增强。同时合作者占据中心节点具有很强的鲁棒性：当网络演化到稳定状态时强行把网络中收益最高的合作者变为背叛者，会使网络合作频率出现短暂震荡，然而经过一段暂态过程后，网络将演化为一个新的等级网络，合作者重新占据中心节点，动态网络的合作水平与震荡前相比没有明显变化。Ren 等（2006）提出了一个生长的动态网络博弈模型，在模型中初始化时存在少量个体，它们进行雪堆博弈并累计收益，更新演化策略；每个新加入的个体与 m 个老个体连接，选择老个体的概率正比于这个个体的收益与一个可调参数 w 之和。研究表明，通过调节 w 可以使网络出现无标度特性和同配特性。Pacheco 等（2006，2008）进一步提出了一个策略与结构协同演化的网络模型：结构演化时，持不同策略的个体拥有不同的增/减边速率；个体使用的是与频率相关的 Moran 过程进行策略演化，理论和实验研究都表明，当个体通过加速结构演化时，会使原始收益矩阵发生改变，囚徒困境博弈可以转变为猎鹿问题，而雪堆博弈可以转变为合作占主导的情况。Li 等（2007）提出了一个可以动态演化生成无标度网络的博弈模型，在模型中个体被分配在一个方格网络上，每个节点拥有一个活动的长程边——个体可以控制活动长程边的另一端指向期望的节点。个体按照囚徒困境博弈交互，累计收益，更新策略，通过增加“背叛者的诱惑”，动态网络度分布可以由均匀分布逐渐向无标度转变。Biely 等（2007）提出了一个可以增/减边的动态网络博弈模型，在这个模型中个体按照囚徒困境规则交互，累计收益。研究表明，随着个体被选中的概率增加，动态网络中的合作频率和平均度随着时间演化会由平稳转向震荡，而动态网络的度分布趋向于幂律。Fu 等（2008）提出了网络动态演化博弈模型，该模型中每个个体进行 n 轮囚徒困境博弈后才进行结构演化，m 个被随机选中的个体允许移走它邻居中背叛次数最高的边，在被重连个体的邻居中随机选择一个连接，研究表明稳定演化的网络呈现异配性。Liu 等（2013）在方格网络下建立了一个模型，通过社会选择来决定博弈的组织者，发现适当的选择参数可以促进合作，而随机选择组织者则没有那么明显的促进作用。

上述研究表明通过建立网络演化模型，可以揭示自然界中广泛存在的无标度、小世界和度相关等特性。而借助博弈论的网络演化模型，将网络结构、演化规则和博弈模型三者密切联系在一起，个体有效的结构组织和使用合理的演化规则可以维持合作，抵御背叛入侵，同时演化博弈动力学又可以驱动个体达到合理的组织结构。基于博弈论的演化模型，考虑节点主体的行为特征，这样建立的模型才能更加符合实际情况，更有利于解释现实中复杂系统内部的网络结构。

2.5 本章小结

本章对单层网络理论相关基础进行了较为全面的归纳和梳理，为后面的研究奠定坚实的理论基础。为了从统计角度对网络中大规模节点及其连接性质进行研究，目前学者提出了许多度量单层网络拓扑结构指标，如节点度、度分布、聚集系数、层次指数、度相关性、同型系数、网络互惠性以及派系结构等。而根据对网络的拓扑结构指标分析可将单层网络进行分类，如小世界网络、无标度网络、层次网络以及双幂律网络等。然而，随着时间的变迁，单层网络结构是在演化的，目前许多学者致力于网络演化的研究，如结合博弈论研究网络的演化机制。

第 3 章 多层网络理论基础

在现实复杂系统中主体之间往往表现出多类型关联关系，并在不同关联关系相互作用下形成彼此依赖、性质各异的各层子网络（Bargigli et al.，2015）。同时，层与层之间存在相互影响、相互依赖关系（Buldyrev et al.，2010；Gao et al.，2014；Boccaletti et al.，2014；刘权辉等，2016），呈现出多属性、多类型连接的多层网络特征。那么，借助单层网络方法已无法有效解决此复杂系统的多属性关联问题，而多层网络理论在描述和分析多属性关联的复杂系统时更具优势，正被逐步应用于研究金融、交通运输、信息通信等众多复杂系统（Morris，2012；Visheratin，2017；李丹丹和马静，2017）。本章系统梳理多层网络的概念、结构测度指标和形成机制，为后续研究奠定理论基础。

3.1 多层网络的概念

对于多层网络的概念，可以用以下数学形式进行表达（Boccaletti et al.，2014）。可用 $\mathcal{M}=(\mathcal{G},\mathcal{C})$ 表示多层网络，其中 $\mathcal{G}$ 和 $\mathcal{C}$ 分别表示单层网络集合和交叉层网络集合。

$\mathcal{G}=\{G_\alpha;\alpha\in\{1,\cdots,M\}\}$ 是单层网络（有向或无向；加权或非加权）$G_\alpha=(X_\alpha,E_\alpha)$（或称为 $\mathcal{M}$ 的 α 层网络）的集合。α 层网络 G_α 刻画的是复杂系统中主体间某一种关联网络，$X_\alpha=\{x_1^\alpha,\cdots,x_{N_\alpha}^\alpha\}$ 表示 α 层网络 N_α 个节点集合，$E_\alpha\subseteq X_\alpha\times X_\alpha$ 为 α 层网络边的集合。α 层网络 G_α 的邻接矩阵可表示为

$A^{|\alpha|}=\left(\alpha_{ij}^{\alpha}\right)\in\mathbb{R}^{N_\alpha\times N_\alpha}$，其中

$$\alpha_{ij}^{\alpha}=\begin{cases}1,(x_i^{\alpha},x_j^{\alpha})\in E_\alpha\\0,\text{其他}\end{cases},1\leqslant i,j\leqslant N_\alpha,1\leqslant\alpha\leqslant M \tag{3-1}$$

$\mathcal{C}=\left\{E_\alpha\subseteq X_\alpha\times X_\alpha;\alpha,\beta\in\{1,\cdots,M\},\alpha\neq\beta\right\}$ 是不同层 G_α 和 G_β 的节点间关联集合，其元素称为交叉层。对应于 $E_{\alpha\beta}$ 的交叉层邻接矩阵 $A^{|\alpha,\beta|}=\left(\alpha_{ij}^{\alpha\beta}\right)\in\mathbb{R}^{N_\alpha\times N_\beta}$，其中

$$\alpha_{ij}^{\alpha\beta}=\begin{cases}1,(x_i^{\alpha},x_j^{\alpha})\in E_{\alpha\beta}\\0,\text{其他}\end{cases} \tag{3-2}$$

根据上述对多层网络的刻画，进一步可以获得多层网络 $\mathcal{M}$ 的投影网络 $\left(X_{\mathcal{M}},E_{\mathcal{M}}\right)$，其中

$$X_{\mathcal{M}}=\bigcup_{\alpha=1}^{M}X_\alpha \tag{3-3}$$

$$E_{\mathcal{M}}=\left(\bigcup_{\alpha=1}^{M}E_\alpha\right)\bigcup\left(\bigcup_{\substack{\alpha,\beta=1\\\alpha\neq\beta}}^{M}E_\alpha\right) \tag{3-4}$$

3.2 多层网络的结构测度指标

1. 节点测度指标

（1）节点度。在传统单层网络中节点度表示该节点连接其他节点的数目，但是在多层网络中，节点间关联涉及跨层连接。因此，表示多层网络节点度采用向量形式。在多层网络 $\mathcal{M}=(\mathcal{G},\ \mathcal{C})$ 中节点 $i\in X$ 的度是向量（Battiston et al.，2014；Berlingerio et al.，2011）：

$$k_i=(k_i^{[1]},\cdots,k_i^{[M]}) \tag{3-5}$$

其中，$k_i^{[\alpha]}$ 为 α 层节点 i 的度且 $k_i^{[\alpha]}=\sum_{j\neq i}\alpha_{ij}^{[\alpha]}$。显然，在多层网络中节点 i 总的度数为 $o_i=\sum_{\alpha}k_i^{[\alpha]}$。

（2）节点活跃性。实证研究表明在大多数多层网络中并不是所有节点在所有

层中均具有连接，如果 $k_i^{[\alpha]}>0$ 则称节点 i 在 α 层是活跃的（Battiston et al.，2017）。进而多层网络中节点 M_j 的活跃模式可以通过向量 b_i 表示（Battiston et al.，2017；Nicosia and Latora，2015）：

$$b_i=(b_i^{[1]},\cdots,b_i^{M}) \tag{3-6}$$

其中，$b_i^{[1]}=1-\delta_{0,k_j^{[\alpha]}}$。如果节点 i 在 α 层是活跃的（即 $k_i^{[\alpha]}>0$），则 $b_i^{[\alpha]}=1$；否则，$b_i^{[\alpha]}=0$。另外，节点 i 总的活跃程度 B_i 为节点 i 处于活跃状态的层数，即

$$B_i=\sum_{\alpha=1}^{M}b_i^{[\alpha]} \tag{3-7}$$

其中，$0\leqslant B_i\leqslant M$。

（3）多层参与系数。在多层网络中会出现这样的情况（Berlingerio et al.，2011），如节点 i 在每一层网络中均有 m 条边，而节点 j 只在某一层是活跃的且具有 mM 条边。显然，节点 i 与节点 j 的总的度数是相同的。但是两者在多层网络中的作用是有显著差异的，移除节点 i 将对所有层产生潜在影响，而移除节点 j 只会直接对其活跃层产生影响。针对此，可以利用节点多层参与系数 P_i 刻画节点在各层边的异质性，具体如下（Battiston et al.，2014）：

$$P_i=\frac{M}{M-1}\left[1-\sum_{\alpha=1}^{M}\left(\frac{k_i^{[\alpha]}}{o_i}\right)^2\right] \tag{3-8}$$

其中，$P_i\in[0,1]$。当且仅当节点 i 的连接是等可能地分布在 M 层时，$P_i=1$；当节点 i 仅在一层上活跃时，$P_i=0$。另外，整个多层网络的多层参与系数可以用 P_i 的平均数表示：

$$P=\sum_i P_i/N \tag{3-9}$$

（4）聚集系数。传统单层网络中聚集系数是用来描述节点间结集成团的程度的系数，即一个节点的邻接节点间相互连接的程度。Criado 等（2012）将单层网络的聚集系数推广到多层网络中。在多层网络 M 中，节点 i 的聚集系数的数学表达式为

$$C_{\mathcal{M}}(i)=\frac{2\sum_{\alpha=1}^{M}\left|\overline{E_\alpha}(i)\right|}{\sum_{\alpha=1}^{M}\left|\mathcal{N}_\alpha(i)\right|\left(\left|\mathcal{N}_\alpha(i)\right|-1\right)} \tag{3-10}$$

其中，$\mathcal{N}(i)$ 为投影网络 $\operatorname{proj}(M)$ 中节点 i 的所有邻接节点集合且 $\mathcal{N}_\alpha(i)=\mathcal{N}(i)\cap X_\alpha$，$\overline{E_\alpha}(i)=\{(k,j)\in E_\alpha;k,j\in\mathcal{N}_\alpha(i)\}$。进而，多层网络 M 的聚集系数是所有节点聚集系数 $C_{\mathcal{M}}(i)$ 的平均值。

2. 边测度指标

（1）边重叠。在多层网络中，两个节点可以通过不同层进行连接。可以采用边重叠刻画两个节点间在不同层网络连接情况。对于层 α 和 β，节点对 (i,j) 的边重叠定义为（Battiston et al.，2014；Bianconi，2013）：

$$o_{ij}^{[\alpha,\beta]}=(\alpha_{ij}^{[\alpha]}+\alpha_{ij}^{[\beta]})/2 \tag{3-11}$$

显然，如果节点 i 和节点 j 在 α 层与 β 层均具有连接，则 $o_{ij}^{[\alpha,\beta]}=1$；如果仅在两层中的一层具有连接，则 $o_{ij}^{[\alpha,\beta]}=1/2$；否则 $o_{ij}^{[\alpha,\beta]}=0$。进而节点对 (i,j) 的边重叠可定义为

$$o_{ij}=\sum_{\alpha}\alpha_{ij}^{[\alpha]} \tag{3-12}$$

其中，$0\leqslant o_{ij}\leqslant M$。

（2）边交叉指数。在多层网络中可以利用边交叉指数（INT）度量存在一对节点被所有单层中的一条边连接的概率，具体计算方法如下（Battiston et al.，2017）：

$$\text{INT}=M\frac{\sum_{i,j=1}^{N}\min_{\alpha}\left\{\alpha_{ij}^{[1]},\alpha_{ij}^{[2]},\cdots,\alpha_{ij}^{[M]}\right\}}{\sum_{\alpha=1}^{M}\sum_{i,j=1}^{N}\alpha_{ij}^{[\alpha]}} \tag{3-13}$$

（3）路径长度。传统单层网络最短路径长度是研究网络结构的最基本的测度指标之一，而路径长度是指路径中边的数目。但是在多层网络中包含至少两种类型的边：层内的边和层间的边。因此，这种定义的改变取决于我们是否等价考虑层内的边和层间的边。Criado 等（2012）给出了多层网络路径及其长度定义，具体如下。在多层网络 $\mathcal{M}=(\mathcal{G},\mathcal{C})$ 中路径 w 是这样的集合 $w=\left\{(l_1,l_2,\cdots,l_q),(G_1,G_2,\cdots,G_q)\right\}$，其中 $(l_1,l_2,\cdots,l_q)$ 是 $\mathcal{M}=(\mathcal{G},\mathcal{C})$ 投影网络中的路径且 l_j 是单层网络 $G_j\,(j\leqslant q)$ 中的边。因此，可以按照下面的公式定义路径 w 的长度：

$$l(w)=q+\beta\sum_{j=2}^{q}\Delta(j) \tag{3-14}$$

其中，参数 $\beta\geqslant 0$。当 $G_j\neq G_{j-1}$ 时，$\Delta(j)=1$；否则，$\Delta(j)=0$。进而在多层网络中两个节点间距离为所有可能路径中的最小长度。显然当 $\beta=0$ 时，式（3-14）便是投影网络中传统意思的路径长度。当 $\beta>0$ 时，式（3-14）不仅考虑投影网络的全局结构，而且考虑了多层网络中单层网络间的交互作用。此外，根据路径长度可以将多层网络 $X=(x_{ij})_{N\times N}$ 的效率定义为（Criado et al.，2012）

$$E(\mathcal{M})=\frac{1}{N(N-1)}\sum_{\substack{u,v\in\mathcal{M}\\u\neq v}}\frac{1}{d_{uv}} \tag{3-15}$$

其中，d_{uv} 为多层网络中节点 i 与 j 之间的距离。

3. 层测度指标

（1）层间度相关性。层间度相关性表示多层网络中不同层上的度之间的相关性（Battiston et al.，2014）。一个量化层间度相关性的简洁方式是利用一个标准的相关系数来衡量两层度序列相关性，最简单的方法是计算度序列间 Pearson 相关系数。除此，亦可采用 Spearman 秩相关系数（Battiston et al.，2017；Nicosia and Latora，2015）：

$$\rho^{[\alpha,\beta]}=\frac{\sum_i\left(R_i^{[\alpha]}-\overline{R^{[\alpha]}}\right)\left(R_i^{[\beta]}-\overline{R^{[\beta]}}\right)}{\sqrt{\sum_i\left(R_i^{[\alpha]}-\overline{R^{[\alpha]}}\right)^2\sum_j\left(R_j^{[\beta]}-\overline{R^{[\beta]}}\right)^2}} \tag{3-16}$$

其中，$R_i^{[\alpha]}$ 为节点 i 在 α 层中度的秩；$\overline{R^{[\alpha]}}$ 和 $\overline{R^{[\beta]}}$ 分别为在 α 层和 β 层中节点的平均秩。

（2）网络相似性。网络相似性可用于度量多层网络中一个网络替代另一个网络的程度，对其度量采用 Jaccard 相似度 J 进行。Jaccard 相似度可以理解为一个网络的边也是另外一个网络的边的概率。网络可以看作有序的向量，对于两个向量 A 和 B，Jaccard 相似度 J 为它们交集规模与并集规模之比，具体计算方法如下（Aldasoro and Alves，2018）：

$$J(A,B)=\frac{|A\cap B|}{|A\cup B|} \tag{3-17}$$

3.3　多层网络的形成机制

过去十几年，有学者对传统单层网络形成机制进行了大量的研究。经典的研究是 Watts 和 Strogatz（1998）给出了小世界网络形成机制，Barabási 和 Albert（1999）解释了无标度网络形成机制。目前对多层网络形成机制研究主要分为两类（Battiston et al.，2014）：一是增长的多层网络模型。该类模型中网络节点数目是增加的，存在广义择优连接规则，用简单和基本规则解释了多层网络的演化。二是多层网络复合模型。该类模型主要基于具有一定数目节点的单层网络，通过满足一定的结构限制得到多层网络；该类模型能够生成度相关性和重叠完全可控的多层网络。本书主要介绍第一类多层网络模型，其他的模型具体可见 Battiston 等（2014；2017）的研究。

1. 度正相关的增长模型

增长的多层网络模型初始时刻 $t=0$ 从一个双层网络开始，在每一层网络中具有 n_0 个节点和 $m_0>m$ 条边。模型的形成过程如下。

增长：在每个时刻 $t\geqslant 1$，在每一层网络中增加一个节点和一个复制节点。任一个新增加的复制节点通过 m 条边与同层的其他节点连接。

广义优先连接：两层中与节点 i 建立新连接的概率为 π_i^α，其中概率 π_i^α 是与在层 1 中节点 i 的度 $k_i^{[1]}$ 以及在层 2 中节点 i 的度 $k_i^{[2]}$ 成比例的线性组合，即

$$\begin{cases}\Pi_i^{[1]}\propto c_{1,1}k_i^{[1]}+c_{1,2}k_i^{[2]}\\ \Pi_i^{[2]}\propto c_{2,1}k_i^{[1]}+c_{2,2}k_i^{[2]}\end{cases} \tag{3-18}$$

其中，$c_{\alpha,\beta}\in[0,1]$ 且 $c_{1,1}+c_{1,2}=c_{2,1}+c_{2,2}=1$。当模型中 $c_{1,1}=c_{2,2}=1$ 时，多层网络模型便简化为两个明显不相关的无标度网络。此时通过主方程法可求解出一个节点在第 1 层中度为 $k^{[1]}=k$ 和在第 2 层中度为 $k^{[2]}=q$ 的联合度分布 $P(k,q)$（Aldasoro and Alves，2018）：

$$P(k,q)=\frac{2\Gamma(2+2m)\Gamma(k)\Gamma(q)\Gamma(k+q-2m+1)}{\Gamma(m)\Gamma(m)\Gamma(k+q+3)\Gamma(k-m+1)\Gamma(q-m+1)} \tag{3-19}$$

此时，平均度 $\bar{k}(q)$ 可表述为

$$\bar{k}(q)=\sum_{k^{[1]}}k^{[1]}P(k^{[1]}\,|\,k^{[2]}=q)=\frac{m(q+2)}{1+m} \tag{3-20}$$

因此，两层具有正的度相关性。

2. 度负相关的增长模型

上述增长的多层网络模型中两层具有正的度相关性，与此不同的是 Nicosia 等（2014）给出了可以生成具有负的度相关性多层网络模型。该模型中包含增长机制和非线性优先连接，具体的生成机制如下。

模型初始时刻 $t=0$ 从一个双层网络开始，在每一层网络中具有 n_0 个节点和 $m_0>m$ 条边。

增长：在每个时刻 $t\geqslant 1$，在每一层网络中增加一个节点和一个复制节点。任一个新增加的复制节点通过 m 条边与同层的其他节点连接。

广义非线性优先连接：在层 1 和层 2 中与节点 i 建立新连接的概率分别为 $\Pi_i^{[1]}$ 和 $\Pi_i^{[2]}$：

$$\begin{cases}\Pi_i^{[1]} \propto k_i^{[\alpha]} q_i^{[\beta]} \\ \Pi_i^{[2]} \propto q_i^{[\alpha]} k_i^{[\beta]}\end{cases} \tag{3-21}$$

其中，k_i 和 q_i 分别为节点 i 是层 1 和层 2 中的度。注意，此处的 α 和 β 是取实数的模型参数。

3.4 本章小结

在现实世界中，复杂系统内部往往相互联系、相互依赖，呈现出多属性、多类型连接的多层网络特征，多层网络理论的出现有助于更好地描述与分析现实复杂系统。目前在经典复杂网络（单层网络）研究的基础上，多层网络理论得到较为深入的研究，并应用于不同领域。金融系统是个典型的复杂系统，由于经济主体间往往具有多种类型关联，金融系统具有多层网络特征。针对此，本章从多层网络的概念、拓扑结构指标和形成机制梳理了多层网络理论基础。

第 4 章　经济金融系统中多层网络结构研究

目前多层网络理论的研究尚处于起步阶段，而且在国内鲜有将其应用到我国社会经济系统的研究。本章基于股票收益率间 Pearson 相关性、Kendall 秩相关性以及 Tail 相关性，构建了金融机构多层网络模型，并根据 2010 年 10 月 1 日至 2018 年 3 月 30 日期间我国上市金融机构的数据，实证研究金融机构多层网络结构演化特征。另外，以中国上市企业为研究对象，根据担保关系期限和类型不同实证研究企业担保多层网络结构，并深入分析其所具有的经济价值。

4.1　金融机构多层网络结构研究

4.1.1　金融机构多层网络模型

本章的金融机构多层网络模型是指以金融机构的股票为节点，以股票收益率间不同类型关联性为边。其中，主要考虑股票间三种关联性：Pearson 相关性、Kendall 秩相关性以及 Tail 相关性。因此，构建的金融机构网络模型是三层的，分别为 Pearson 层、Kendall 层和 Tail 层，具体的构建方法如下所示。

1. 关联性计算

Pearson 相关系数可以刻画股票间是否具有线性相关性。对于变量 X 与 Y，两者的 Pearson 相关系数可以表示为

$$\rho_{ij}=\frac{E(XY)-E(X)E(Y)}{\sigma(X)\sigma(Y)} \tag{4-1}$$

其中，$E(\cdot)$ 和 $\sigma(\cdot)$ 分别为均值和标准方差。

Kendall 秩相关系数能够度量股票间变化的一致性。设 (X,Y) 为随机变量，(X_1,Y_1) 和 (X_2,Y_2) 为 (X,Y) 的两组独立的观测值，则 X 和 Y 的 Kendall 秩相关系数 τ 定义为（陈蓉和陈妙琼，2012）

$$\tau=P[(X_1-X_2)(Y_1-Y_2)>0]-P[(X_1-X_2)(Y_1-Y_2)<0] \tag{4-2}$$

其中，$P[(X_1-X_2)(Y_1-Y_2)>0]$ 表示 x 与 y 变化方向相同时的概率，$P[(X_1-X_2)(Y_1-Y_2)<0]$ 表示 X 与 Y 变化方向相反时的概率。

Tail 相关性可用来衡量股票市场中股票出现极值的相关性。设 X 和 Y 为两个连续的随机变量，具有边缘分布函数 $F(x)$、$G(y)$ 以及 Copula 函数 C，则可以定义 X 和 Y 的上 Tail 相关系数 λ^{up} 和下 Tail 相关系数 λ^{down}，分别可表示为（Cherubini et al.，2004）

$$\lambda^{\text{up}}=\lim_{u\to 0}P[Y>G^{-1}(u)\,|\,X>F^{-1}(u)]=\lim_{u\to 1}\frac{1-2u+C(u,u)}{1-u} \tag{4-3}$$

$$\lambda^{\text{down}}=\lim_{u\to 0}P[Y<G^{-1}(u)\,|\,X<F^{-1}(u)]=\lim_{u\to 0}\frac{C(u,u)}{u} \tag{4-4}$$

其中，u 为概率值；$F^{-1}(u)$ 和 $G^{-1}(u)$ 为其相应的分位数。

2. 多层网络构建

借助上市金融机构的股票数据，根据上述 Pearson 相关系数、Kendall 秩相关系数和 Tail 相关系数公式可计算股票收益率时间序列的相关系数，衡量各股间的关联性。同时，引入“距离”的概念，当给定股票 i 和股票 j 收益率的相关系数时，两者距离的计算方法为（Mantegna，1999）

$$d(i,j)=\sqrt{2[1-C(i,j)]} \tag{4-5}$$

其中，$C(i,j)$ 为两点的相关系数。

根据式（4-5）可得到股票间任意一种关联性的相应距离，进而得到相应的金融机构加权网络，本书均采用最小生成树对其进行过滤。最小生成树是一种常用的数据过滤方法，能够过滤掉相关性弱的数据同时保留相关性强的数据。该方法

的主要思想是（谢赤等，2017）：将距离计算结果从小到大进行排序，首先将距离最短的两个节点进行连接；依次选择剩余的数据中距离最小的节点，用线段进行连接，连接过程中不能形成环；上述过程直至所选择的边数比节点数少 1，则形成了一个连通图，即最小生成树。

由式（4-5）可知，两点之间的相关性系数越大，两点间距离越小。那么在建立最小生成树的过程中，这样的边越不可能被筛选出去。因此，可以将相关系数矩阵转换为距离矩阵，以距离矩阵来建立最小生成树，筛选出关联性强的相关关系，进而可以得到金融机构多层网络。

4.1.2 金融机构多层网络结构的实证分析

1. 样本数据

从沪深市场选取 2010 年 10 月 1 日至 2018 年 3 月 30 日期间金融类股票作为研究对象，剔除了其中停牌的股票。采用移动窗口法来研究金融机构多层网络结构的动态演化特征。确定某一个时间 t 后，利用 t 时刻前 T 个交易日的收益率数据来计算出各种相关系数，以此建立动态网络。随着时间的推进，每经过 ΔT 个交易日，生成一次网络。称 T 为时间跨度，ΔT 为步长。设置时间跨度 T 为 200 个交易日，ΔT 为 1 个交易日。在所确定的样本期内，Pearson 相关系数、Kendall 秩相关系数和 Tail 相关系数的每一种算法可以生成 1622 个关联网络。其中，采用 T-Copula 函数计算 Tail 相关系数。对所有的关联网络采用最小生成树法来剔除关联性较弱的连接，筛选出关联性较强的连接，进而得到包含 Pearson 层、Kendall 层和 Tail 层的金融机构多层网络。整个样本期的金融机构多层网络结构如图 4-1 所示，其中自上而下分别为 Pearson 层、Kendall 层和 Tail 层。

2. 金融机构多层网络的结构演化特征

通过多层网络的结构特征分析，可以挖掘金融机构间的关联性特征。而描述金融机构多层网络的结构特征可以从节点、边和网络层三个角度分析，相应的结构特征较多。同时由于多层网络比单层网络更加复杂，有些多层网络结构指标并没有统一的定义。而本章重点是分析金融机构间关联程度，以及不同类型关联间的异同。鉴于此，重点分析多层网络的平均权重、边独特性、度相关性和层相似性四个指标。其中，平均权重用于刻画金融机构间关联程度，而边独特性、度相

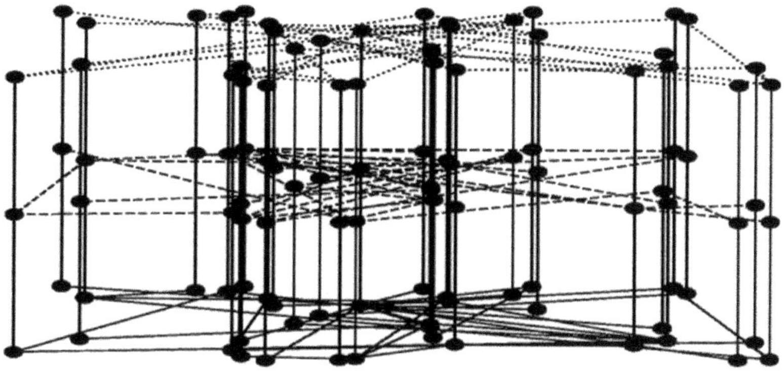

图 4-1　金融机构多层网络结构图

关性和层相似性用于分析不同类型关联间的异同。

1）平均权重

图 4-2 为金融机构多层网络中各层平均权重随着时间变化的曲线。由图 4-2 可知，随着时间的变化，Kendall 层和 Tail 层的平均权重相对于 Pearson 层处于较高水平。其中，Pearson 层的平均权重在 0.45 ~ 0.8 大幅波动，Kendall 层的平均权重在 0.75 ~ 0.98 波动，Tail 层的平均权重在 0.8 ~ 0.9 小幅波动。在三层网络中，Pearson 层和 Kendall 层的平均权重变化趋势比较相似，但 Pearson 层波动幅度明显大于 Kendall 层。在 2015 年 6 月至 2016 年 5 月期间，中国股市处于不稳定时期。从图4-2 可以发现，Pearson 层和 Kendall 层的平均权重整体上处于上升趋势，而 Tail 层整体上处于下降趋势。这意味着在股市危机期间，股票间 Pearson 相关性和 Kendall 相关性整体在降低，而股票间 Tail 相关性在增加。总而言之，金融机构多层网络中各层平均权重与股市行情密切相关，特别是 Pearson 层受其影响最大。

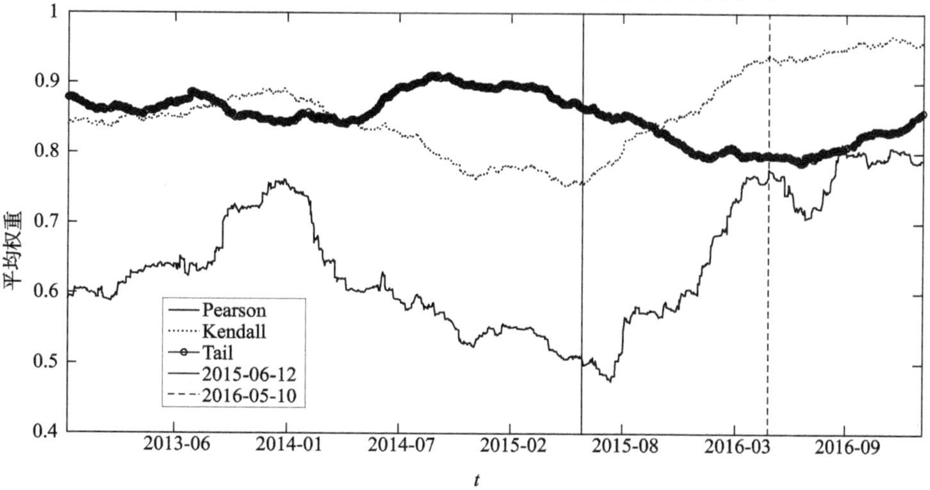

图 4-2　金融机构多层网络的平均权重

2）边独特性

金融机构多层网络的边独特性用于衡量 α 层中没有出现在其他层的边数占 α 层边数的比例，具体计算方法如下（Musmeci et al.，2017）：

$$U^{[\alpha]}=\frac{1}{2K^{[\alpha]}}\sum_{i,j}\alpha_{ij}^{[\alpha]}\prod_{\beta\neq\alpha}(1-\alpha_{ij}^{[\beta]}) \tag{4-6}$$

其中，$K^{[\alpha]}$ 为 α 层网络中边的总数。边独特性 $U^{[\alpha]}$ 趋近于 0 时，意味着几乎所有的 α 层的边至少在其他一层网络中存在。在金融机构多层网络中，不同层的边独特性变化趋势如图 4-3 所示，其中（a）、（b）和（c）分别为 Pearson 层、Kendall 层和 Tail 层相应的结果。由图 4-3 可知，Tail 层中大约 50%的边是独特的，而 Pearson 层和 Kendall 层的边独特性程度整体上低于 50%。这意味着在三层网络中 Tail 层与其他两层的差异性较大。而从变化趋势来看，Pearson 层与 Kendall 层的边独特性变化趋势非常相似，而 Tail 层与它们有较大的差别。此外，Pearson 层与 Kendall 层的边独特性易受到市场行情的影响，特别是在 2015 年 6 月至 2016 年 5 月期间，它们的边独特性波动较为剧烈，而 Tail 层的波动相对较小。

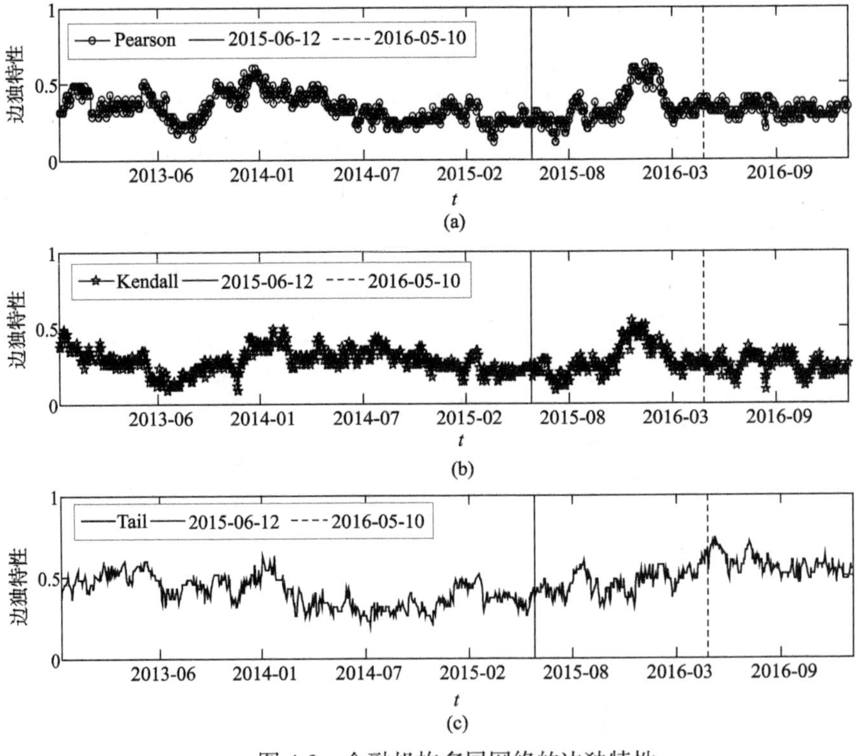

图 4-3 金融机构多层网络的边独特性

3）度相关性

在金融机构多层网络中，研究层间的度相关性是分析网络结构特征非常重要的部分（Battiston et al.，2014）。金融机构多层网络的度相关性衡量了同一个节点在金融机构多层网络的不同层中度数变化的相关性。层间度相关性计算如下（Nicosia and Latora，2015；Battiston et al.，2017）：

$$\rho^{[\alpha,\beta]}=\frac{\sum_i (R_i^{[\alpha]}-\overline{R^{[\alpha]}})(R_i^{[\beta]}-\overline{R^{[\beta]}})}{\sqrt{\sum_i (R_i^{[\alpha]}-\overline{R^{[\alpha]}})^2\sum_j (R_j^{[\beta]}-\overline{R^{[\beta]}})^2}} \tag{4-7}$$

其中，$R_i^{[\alpha]}$ 为节点 i 在 α 层中度的秩；$\overline{R^{[\alpha]}}$ 和 $\overline{R^{[\beta]}}$ 分别为在 α 层和 β 层中节点的平均秩。一般来说，度相关性系数介于−1～1，当该值接近 1 或者−1 时，说明两层的度数有着较强的正相关性或者负相关性，而当该值约等于 0 时，说明这两层的度数没有明显的秩相关性。

图 4-4 描述了金融机构多层网络中任意两层的度相关性随时间变化的曲线，其中图 4-4(a)、(b)和(c)分别为 Pearson-Kendall 层、Pearson-Tail 层和 Kendall-Tail 层对应的结果。由图 4-4 可知，三条度相关性曲线均为正值。其中，Pearson-Kendall 层的度相关性曲线大部分处于 0.5 以上，Pearson-Tail 层和 Kendall-Tail 层的度相关性均围绕 0.5 波动。这意味着在一层中的中心节点，在其他层中也有较高可能居于重要地位。同时可以发现，金融机构多层网络的层间度相关性波动较为明显，说明市场行情对其有显著的影响。特别是在 2015 年 6 月至 2016 年 5 月期间，Pearson 层和 Kendall 层间度相关性波动更明显。

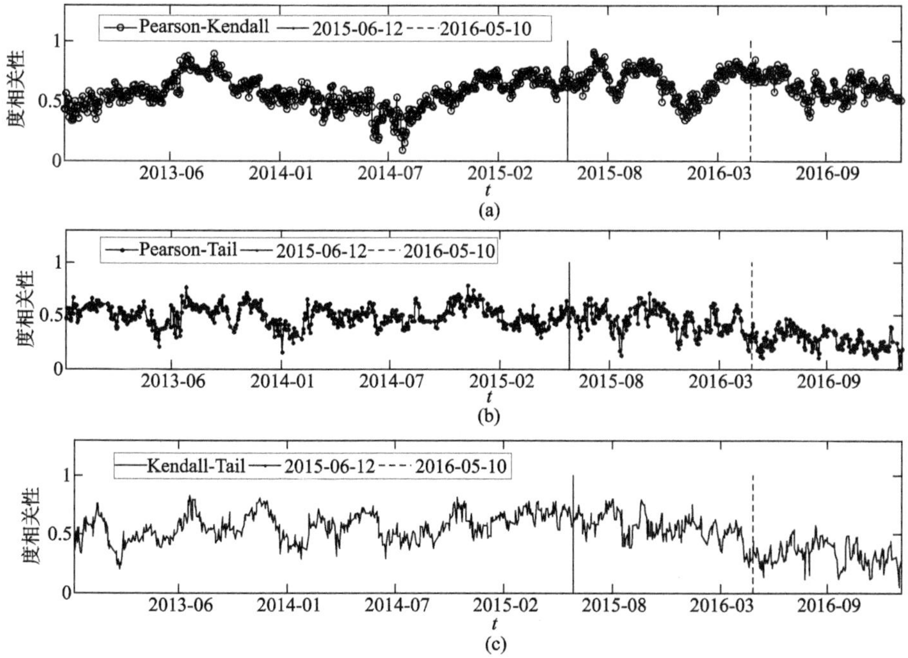

图 4-4　金融机构多层网络的度相关性

4）层相似性

在金融机构多层网络中层间层相似性可以衡量两层网络间相互代表的程度，本书使用 Jaccard 相似性方法进行度量，其定义为

$$J(A,B)=\frac{\left|A\bigcap B\right|}{\left|A\bigcup B\right|} \tag{4-8}$$

其中，A 和 B 为所研究的两个集合，该相似性的值即为 A 和 B 交集大小与 A 和 B 并集大小的比值。这里研究的集合是网络中边的集合。图 4-5 为金融机构多层网络的任意两层的层相似性随着时间变化的曲线，其中图 4-5(a)、(b)和(c)分别为 Pearson-Kendall 层、Pearson-Tail 层和 Kendall-Tail 层相应的结果。由图 4-5 可知，Pearson-Kendall 层的相似度在 0.1 ~ 0.7 大幅波动，Pearson-Tail 层和 Kendall-Tail 层的相似度值均在 0.1 ~ 0.5 小幅波动。这说明：Pearson-Kendall 层的相似度极易受市场行情影响，而且两层间互为代表程度在整体上较高；Pearson-Tail 层和 Kendall-Tail 层的相似性受市场行情的影响均相对较小，而且两层间互为代表程度在整体上较低。此外，在 2015 年 6 月至 2016 年 5 月期间，Pearson-Kendall 层的相似性受不稳定的市场行情影响最大。

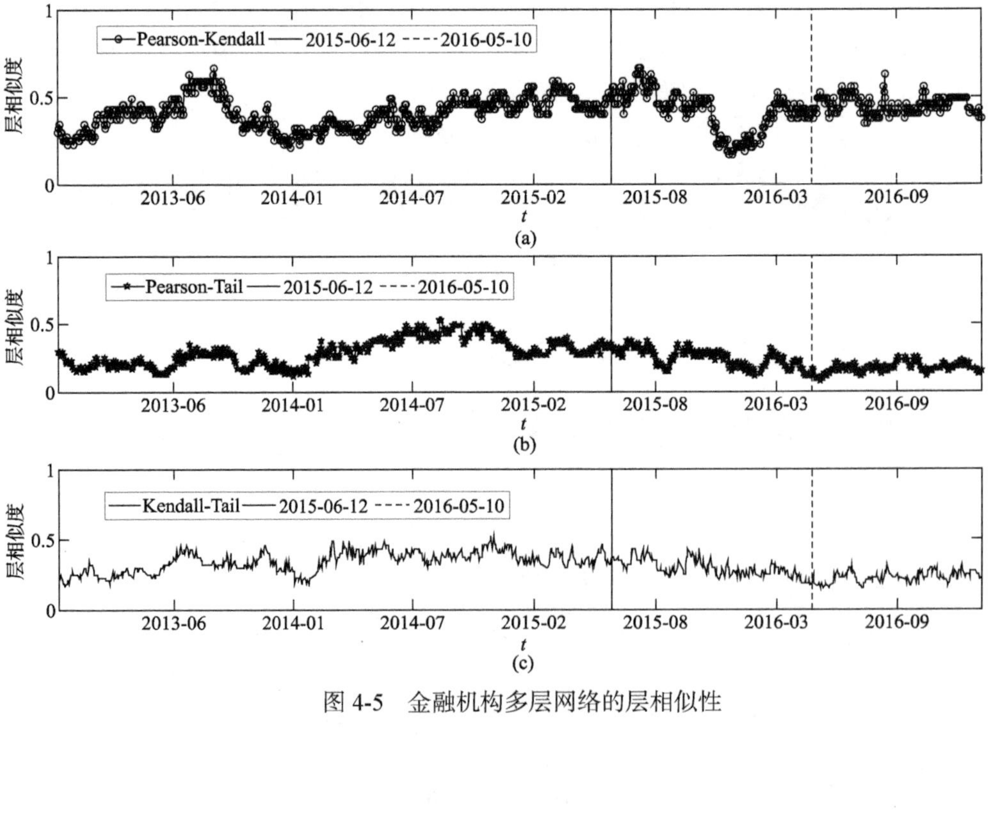

图 4-5 金融机构多层网络的层相似性

4.2　企业担保多层网络结构研究

4.2.1　担保多层网络模型

经典的网络理论在刻画复杂系统的网络结构时，往往只考虑网络节点间单一的某种关联。而在实际中网络节点间很可能具有多种关联。而近年来形成的多层网络理论可以对具有多种关联的复杂系统进行全面刻画，Boccaletti 等（2014）对多层网络结构与演化进行了全面阐述。基于 Boccaletti 等（2014）的研究，假设企业间具有 M 种类型的担保关系，则企业担保多层网络模型可进行如下刻画。

简单地讲，企业担保多层网络是由单层网络集合 G 与跨层网络 C 两个部分构成的，因此企业担保多层网络可以视为一个集合 $M=(G,C)$。它不仅考虑了企业和企业间的担保关系，还有代表不同类型担保的网络单层，以及整个网络体系内部各种结构特征等问题。G 表示不同类型担保单层网络构成的集合，其中 $G=\{G_\alpha;\alpha\in(1,\cdots,M)\}$ 是 $G_\alpha=(X_\alpha,E_\alpha)$ 的集合。G_α 表示担保多层网络的 α 层网络，$X_\alpha=\{x_1^\alpha,\cdots,x_{N_\alpha}^\alpha\}$ 表示 α 层的企业节点集合且共有 N_α 个企业节点，$E_\alpha\subseteq X_\alpha\times X_\alpha$ 表示 α 层网络的层内第 α 种类型担保连接。如果存在 E_α 的元素 (x_i^α,x_j^α)，则表示 α 层网络 G_α 中企业节点 i 与企业节点 j 存在层内第 α 种类型担保关系。α 层网络 G_α 的邻接矩阵表示为 $A^{[\alpha]}=(a_{ij}^\alpha)\in R^{N_\alpha\times N_\alpha}$，其中

$$a_{ij}^\alpha=\begin{cases}1, & (x_i^\alpha,x_j^\alpha)\in E_\alpha\\ 0, & \text{其他}\end{cases}\tag{4-9}$$

跨层网络 $C=\{G_{\alpha\beta}\subseteq X_\alpha\times X_\beta;\alpha,\beta\in\{1,2,\cdots,M\},\alpha\neq\beta\}$ 是 $G_{\alpha\beta}=(X_{\alpha\beta},E_{\alpha\beta})$ 的集合，表示层和层之间的跨层网络。$X_{\alpha\beta}=\{x_1^{\alpha\beta},\cdots,x_{N_{\alpha\beta}}^{\alpha\beta}\}$ 表示 α 层和 β 层之间跨层网络的企业节点集合且共有 $N_{\alpha\beta}$ 个节点，$E_{\alpha\beta}$ 表示 α 层和 β 层之间跨层连接，并且 $E_{\alpha\beta}\subseteq X_\alpha\times X_\beta$。如果存在 $E_{\alpha\beta}$ 的元素 $(x_i^{\alpha\beta},x_j^{\alpha\beta})$，则表示跨层网络 $G_{\alpha\beta}$ 中企业节点 i 与企业节点 j 存在跨层担保关系。跨层网络 $G_{\alpha\beta}$ 的邻接矩阵表示为

$A^{[\alpha,\beta]}=(a_{ij}^{\alpha\beta})\in R^{N_\alpha\times N_\beta}$，其中

$$a_{ij}^{\alpha\beta}=\begin{cases}1,(x_i^\alpha,x_j^\beta)\in E_{\alpha\beta}\\0,\text{其他}\end{cases} \tag{4-10}$$

4.2.2 担保期限多层网络结构特征实证分析

由于企业间担保具有不同的期限，因此基于担保期限结构视角构建企业担保多层网络模型。将企业间担保关系分为两类：短期担保和长期担保。其中，将担保期限不超过 5 年的视为短期担保关系，而将担保期限高于 5 年的视为长期担保关系。因此，根据前面担保多层网络模型，可知 $M=2$。本章的担保数据来源于 Wind 数据库中 2014 ~ 2016 年中国上市企业担保数据，对于数据进行如下处理：当担保方为子公司时，统一使用母公司的名称；若两家企业之间有多笔同类型担保合约，假设它们之间只存在一条边相连。由于最大连通子图对于全网络都具有相当的代表性，并且网络的很多性质都依赖于网络的连通性，所以本书的大部分分析都是基于无向网络最大连通子图进行的，而且 2014 年短期和长期企业间担保网络的节点数量、最大节点度数、节点平均度数分别为 55 与 16、54 与 15、1.964 与 1.875；2015 年分别为 84 与 33、83 与 32、1.976 与 1.939；2016 年分别为 116 与 30、115 与 29、1.983 与 1.933。

1. 多层网络总度分布

与传统单层网络节点度表示不同，多层网络节点度采用向量形式。在多层网络 $\mathcal{M}=(\mathcal{G},\mathcal{C})$ 中节点 $i\in X$ 的度是向量（Boccaletti et al.，2014）：

$$k_i=(k_i^{[1]},\cdots,k_i^{[M]}) \tag{4-11}$$

其中，$k_i^{[\alpha]}$ 为 α 层节点 i 的度且 $k_i^{[\alpha]}=\sum_{j\neq i}a_{ij}^{[\alpha]}$。显然，在多层网络中节点 i 总度数为 $o_i=\sum_\alpha k_i^\alpha$。进而可以得到 2014 ~ 2016 年多层网络总度分布，如图 4-6 所示。由图 4-6 可知，三年的多层网络总度均服从幂律分布。这意味着从总度视角来看，企业间具有异质性：少数企业具有较多的担保关系，而大部分企业具有较少的担保关系。结合中国企业规模与资质的实际情况可知，虽然中国企业众多，但是能够提供有效担保的企业往往集中于大中型企业以及资质优良的企业，因此担保关系往往围绕少数企业展开，而大部分企业具有较少的担保关系。这样的担保关系

结构特征在中国经济稳定向好时，可以有效缓解企业融资难等问题。然而，一旦经济形势出现下行，将极易诱发资产损失甚至破产传染的连锁效应，增加企业担保系统的脆弱性。这便是 2012 年以来浙江、上海、山东等地爆发多起担保圈问题的一个重要诱因。

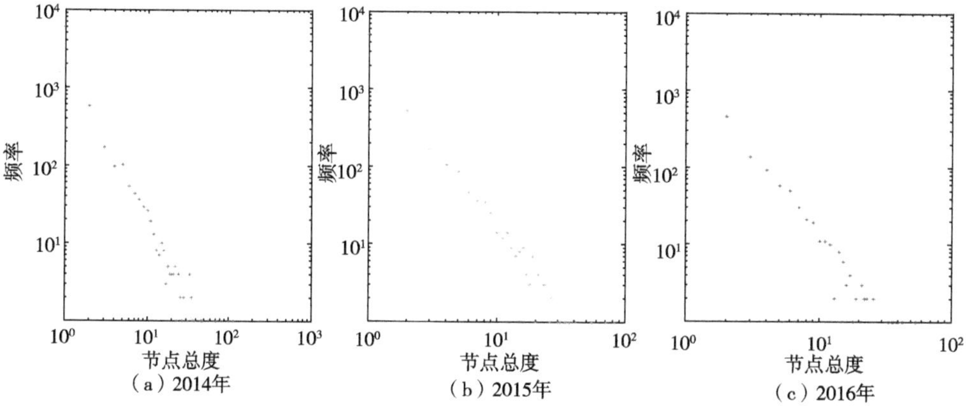

图 4-6　2014～2016 年担保多层网络总度分布

2. 多层网络度相关性

根据式（4-7）计算可得到，2014～2016 年企业担保多层网络度相关性分别为 0.5026、0.5101 和 0.5242。可见，随着时间的推移，担保多层网络度相关性在增加；具有较多短期担保关系的企业往往具有较多长期担保关系。这反映了企业间合作关系保持越久，企业间信任度越高，彼此间建立担保关系的意愿越强，进而促使企业间由短期较低风险的担保关系演变为长期较高风险的担保关系。同时，随着企业间合作的深入，促使彼此有业务往来的其他企业加入，进而提高了企业间供应链关联的紧密度，引发网络度相关性提高。然而，也正是长期高风险担保关系的不断增加以及新企业的不断加入，引发整个网络的担保风险积聚。一旦个别企业担保违约，将可能随着企业间供应链关联扩散到整个担保网络。这也是中国近些年担保圈问题频发的重要原因。

3. 多层网络相似性

首先分析短期担保网络和长期担保网络度分布特征，其结果如图 4-7 所示，其中图 4-7(a)、(b)和(c)分别对应于 2014～2016 年的结果。由图 4-7 可知，2014～2016 年短期担保网络和长期担保网络的度分布服从幂律分布，这意味着不同年份的短期担保网络和长期担保网络均具有无标度特征。即存在少数的企业具有较多的担保关系，而大多数企业具有较少的担保关系。

既然不同年份的短期担保网络和长期担保网络具有相同的性质，它们间是否具有很强的替代性呢？首先分析同一年度中短期担保网络与长期担保网络之间的相似度，根据式（4-8）Jaccard 相似度 J 计算方法可得到，2014～2016 年的相似度分别为 0.054、0.053 和 0.051。因此，同一年度的短期担保网络和长期担保网络之间的相似度都比较低。该结果说明短期担保网络与长期担保网络相互之间不能够很好地替代。进而意味着从担保期限角度来看，担保市场结构具有显著的差异。结合前面的分析结果可以发现，由于短期担保网络和长期担保网络的构成是根据企业间合作持久度以及信任度而形成的，因此这两类网络结构可能存在较大的差异。因此，短期担保网络和长期担保网络相似度低，而且整个担保市场结构存在显著差异。这样的结构特征也进一步印证了前面提到的担保圈风险累积与扩散的原因。

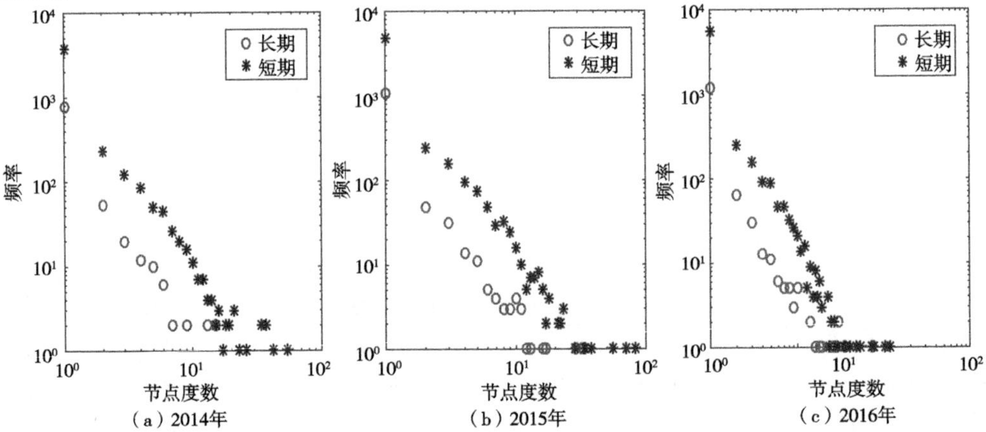

图 4-7　2014～2016 年担保网络度分布

其次，分析随时间变化单层担保网络间相似度。对于短期担保网络而言，可以得到：2014 年与 2015 年的网络间相似度为 0.441，而与 2016 年的网络间相似度为 0.252；而 2015 年与 2016 年的网络间相似度为 0.422。对于长期担保网络，计算结果为：2014 年与 2015 年的网络间相似度为 0.434，而与 2016 年的网络间相似度为 0.236；而 2015 年与 2016 年的网络间相似度为 0.431。基于上述计算结果可知：相邻两年的单层担保网络结构相对稳定，但网络间相似度随着时间滞后期增加而减少。这种随时间变化单层担保网络间相似度的形成原因与短期担保网络和长期担保网络相似度低的原因类似。

4. 多层网络中心度

网络中心度是用来刻画企业在担保网络中的重要性的，本书采用中介中心度进行刻画。中心度越高，代表该节点在网络中的重要性越大。中介中心度计算方法如下（Bargigli et al.，2015）：

$$C_B(v)=\frac{1}{(N-1)(N-2)}\sum_{i,j\neq v}\frac{N_{ij}(v)}{N_{ij}} \tag{4-12}$$

其中，$C_B(v)$ 为节点 v 的中介中心度；N_{ij} 为节点 i 与节点 j 之间的最短路径的数目；$N_{ij}(v)$ 为节点 i 与节点 j 之间的最短路径中经过节点 v 的最短路径的数目；N 为网络节点数目。

首先分析多层网络的中介中心度，结果如图 4-8 所示，其中图 4-8(a)、(b)和(c)分别是 2014～2016 年的计算结果。由图 4-8(a)可知：在短期担保网络中具有最高中介中心度的节点，其在长期担保网络中反而是中介中心度最低的节点；在长期担保网络中具有最高中介中心度的节点，其在短期担保网络中并不是中介中心度最高的节点。通过图 4-8(b)和(c)，亦可得到类似的结论。可见，在两个不同担保网络中，一个网络的最高中心度节点并不是另外一个网络的最高中心度节点。因此，在短期担保市场中处于核心地位的上市企业，在长期担保市场中不一定也处于核心地位；反之亦然。进而对中介中心度的相关性进行分析，结果显示 2014～2016 年两个网络中介中心度相关性分别为 0.112、0.024 和 0.031。虽然两个网络的中介中心度呈现正相关关系，但是相关性比较弱。这同样意味着在短期担保市场中处于核心地位的上市企业，在长期担保市场中不一定处于核心地位。分析其中原因可以发现，提供短期与长期担保的企业之间存在差异，尤其是提供长期担保的企业需要具备更高的资质与认可度。同样，这样的中介中心度结构特征，也造成短期与长期担保网络风险累积程度与脆弱性的差异。

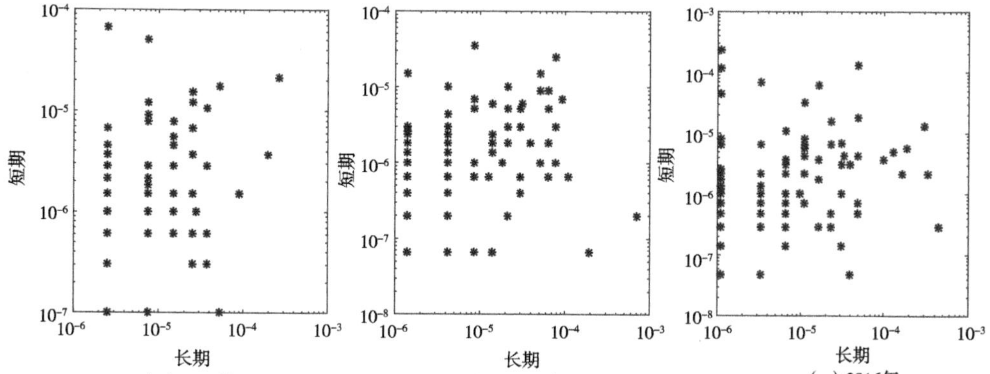

（a）2014年　（b）2015年　（c）2016年

图 4-8　担保多层网络中介中心度

图 4-9 揭示了 2014～2016 年担保网络中介中心度的演变结果，其中图 4-9(a ）和（ b ）分别是短期担保网络和长期担保网络的结果。从图 4-9（ a ）可以看出：2014 年短期担保网络中具有最高中介中心度的节点，并不是 2015 年和 2016 年网络中的最高中介中心度节点。通过图 4-9（ b ）亦可以得到类似的结论。因此，无论是短期担保网络还是长期担保网络，其最高中介中心度节点随着时间是在变化的。这意味着在短期担保市场或者长期担保市场中处于核心地位的上市企业是随时间变化的。

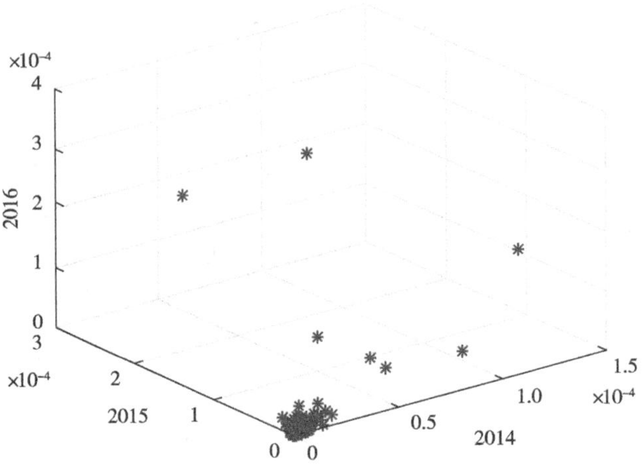

（a）短期

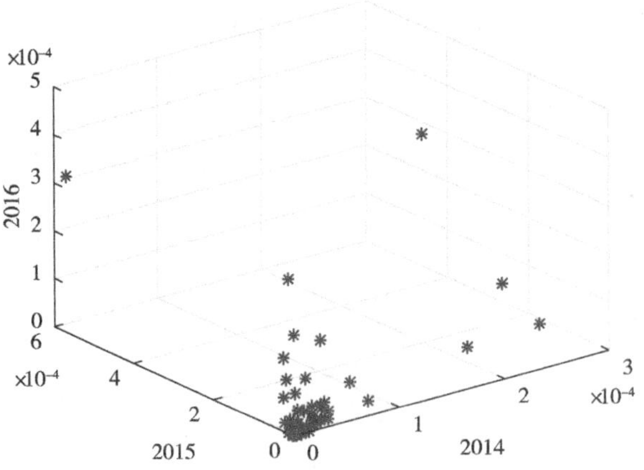

（b）长期

图 4-9　2014～2016 年担保网络中介中心度演变

4.2.3　担保类型多层网络结构实证分析

4.2.2 节主要是从企业担保期限角度分析企业担保多层网络结构特征，本节进一步从担保类型差异分析担保类型多层网络结构特征。数据来源于 Wind 数据库，分析的时间区间为 2005 ~ 2015 年。中国上市公司担保市场中共存在八种担保关系，分别是连带责任担保（joint liability guarantee，JLG）、保证担保（guaranteed guarantee，GUG）、信用担保（credit guarantee，CRG）、反担保（counter guarantee，COG）、一般担保（general guarantee，GEG）、互相担保（mutual guarantee，MUG）、抵押担保（mortgage guarantee，MOG）、质押担保（pledge guarantee，PLG）。表4-1 为 2005~2015 年中国上市公司担保市场公司总数以及各担保关系公司数量。虽然各种各样的担保关系在公司融资中都扮演了重要的角色，但是它们之中还是存在一些差异。事实上，从表 4-1 可以看出，2005 ~ 2015 年八种担保关系的数目，连带责任担保、保证担保、信用担保、反担保、一般担保、互相担保、抵押担保、质押担保的总数分别为 26 126、1705、710、106、3222、204、1121 和 551。可以看出连带责任担保、一般担保和保证担保的数量在担保市场中是相对较大的，尤其以连带责任担保规模最为庞大。所谓连带责任担保是指保证人与主债务人对主合同债务承担连带责任，意味着保证人与主债务人对主合同的全部债务具有全部清偿的责任。若主债务人在债务合同期限到期的时候未按照合同要求履行债务，债权人既可以要求主债务人清偿合同的债务，也可以要求保证人进行债务的清偿。相比其他担保形式，连带责任担保合约极大地降低了债权人在合同到期的时候无法按时收回债务的风险。因此，在担保市场得到广泛运用。本节着重研究分析连带责任担保、保证担保、一般担保这三层网络。

表 4-1　2005 ~ 2015 年担保市场公司总数及各担保关系公司数量

年份	公司数量	连带责任担保	保证担保	信用担保	反担保	一般担保	互相担保	抵押担保	质押担保
2005	1 869	1 522	135	48	8	154	37	32	20
2006	1 772	1 424	104	42	6	19	40	30	6
2007	1 619	1 207	134	66	8	181	43	35	11

续表

年份	公司数量	连带责任担保	保证担保	信用担保	反担保	一般担保	互相担保	抵押担保	质押担保
2008	1 508	1 184	123	36	12	120	29	39	17
2009	1 291	967	120	34	14	119	23	46	15
2010	2 808	1 834	395	271	25	170	13	88	108
2011	2 643	1 937	379	176	29	96	19	86	24
2012	3 661	3 019	83	6	4	494	0	155	51
2013	4 354	3 618	78	15	0	545	0	199	88
2014	4 900	4 102	99	13	0	613	0	184	100
2015	6 150	5 312	55	3	0	711	0	227	111
合计	32 575	26 126	1 705	710	106	3 222	204	1 121	551

1. 单层网络拓扑结构分析

首先分别分析三层网络的拓扑结构。图 4-10 表现了连带责任担保网络、一般担保网络、保证担保网络的节点度分布。其中，y 轴代表出现的频率，x 轴代表节点的度数。这三层网络的度分布都是服从幂律分布的，其幂律分布指数分别为 3.2200、2.9000、2.8900。因此，三层网络均为无标度的。这个结果说明单层网络中存在着较强的异质性，具体表现为网络中存在着少量度数较高的重要的节点和大量度数较低的节点。这说明中国担保市场中存在着少量的极为重要的上市公司作为整个担保市场的中心，大部分的上市公司对担保市场的影响较小。如果这些上市公司遭受了破产危机，那么可能会导致整个担保圈被破坏，进而导致地区性的金融危机。

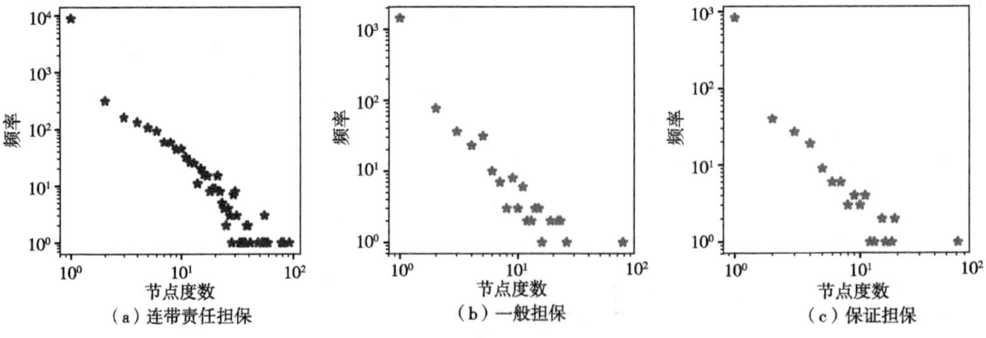

图 4-10 单层网络节点度分布情况

其次分析单层网络的度相关性，经过前一部分对担保市场网络的度分布的分析，可以得知担保市场网络中有较少的一部分节点具有较高的度数，而大部分的节点度数较低。研究度相关性可知，度数较高的节点是倾向于与度数较高的节点相连接还是与度数较低的节点相连接。一般来说，如果网络结构是同配性的，即度数较高的节点趋向于与度数较高的节点连接，那么对于担保市场来说，重要的上市公司遭遇运营危机时，对整个市场的影响不大；但是如果网络结构是异配性的，即度数较高的节点趋向于与度数较低的节点连接，而在整个网络中大部分节点的度数都相对较低。那么对于担保市场来说，当重要的上市公司遭遇危机时，整个市场都会受到影响。因为度数较高的节点与大部分节点都有连接。

根据度相关性计算公式可以计算获得连带责任担保网络、保证担保网络和一般担保网络的同配性系数分别为–0.3000、–0.1780 和–0.1670。这说明单层网络都是异配性的；度数较高的上市公司在担保市场中更愿意与度数较低的上市公司连接，一种可能的原因是上市公司更愿意寻找信用度较高、口碑较好的企业进行担保，而信用较好的上市公司一般度数较高。因此，这有助于识别所谓的系统性重要的上市公司，它们的破产能够极大地影响整个担保网络。

2. 多层网络实证分析

1）相似度分析

本部分主要研究不同层的逐点相似度。相似度主要衡量两层网络的相似程度。对于两层不同的网络来说，如连带责任担保网络和一般担保网络，研究两者之间的相似性可以说明两个市场结构的相似程度；对同一层网络的不同时间点来说，研究两者之间的相似性可以说明该市场结构是否具有稳定性。一般来说，网络连续两年的相似度越大，说明其结构相对较为稳定；相似度越小，则说明其结构相对较不稳定。

基于全样本数据，根据计算可以得到连带责任担保网络与保证担保网络的相似度为 0.0340，连带责任担保网络与一般担保网络的相似度为 0.046，保证担保网络与一般担保网络的相似度为 0.039。因此可以认为不同层之间的相似度是相对较低的，不同层之间是不可以相互代表的。这说明了由于担保方式的差异，单层网络之间结构的差异较大。

更进一步，利用 Jaccard 相似度来分析单层网络相似度随时间的变化规律，表 4-2 ~ 表 4-4 展示了结果。前后两年的连带责任担保网络的 Jaccard 相似度大致在 0.4500 左右波动，而一般担保网络和保证担保网络的前后两年的 Jaccard 相似度波动较为明显：一般担保网络的相似度最小值为 0.103，最大值为 0.449；

保证担保网络的相似度最小值为 0.029，最大值为 0.463。这个结果说明，在众多担保方式中，连带责任担保构成的担保网络结构比保证担保网络和一般担保网络较为稳定，保证担保网络和一般担保网络当年度与相邻两年的情况相比，其结构变化较大。除此之外，随着时间跨度的增大，同一个网络的相似度在减小。例如，对于保证担保网络来说，其 2005 年的担保关系在 2014 年和 2015 年几乎已经全部不存在。相似度分析是用来估算单层网络随时间变化的稳定性和不同层之间相似性的工具。以上结果说明在中国担保市场中，连带责任担保这种担保形式形成的担保网络结构较为稳定，并且层与层之间的结构差别较大。

表 4-2　连带责任担保网络 Jaccard 相似度随时间变化的趋势

年份	2006	2007	2008	2009	2010	2011	2012	2013	2014	2015
2005	0.443	0.306	0.228	0.171	0.090	0.070	0.050	0.041	0.035	0.027
2006		0.459	0.300	0.216	0.114	0.086	0.065	0.047	0.039	0.029
2007			0.466	0.315	0.149	0.109	0.076	0.055	0.044	0.034
2008				0.456	0.209	0.147	0.095	0.065	0.053	0.039
2009					0.273	0.189	0.115	0.078	0.060	0.043
2010						0.412	0.258	0.177	0.141	0.105
2011							0.339	0.223	0.173	0.126
2012								0.464	0.320	0.226
2013									0.503	0.328
2014										0.484

表 4-3　保证担保网络 Jaccard 相似度随时间变化的趋势

年份	2006	2007	2008	2009	2010	2011	2012	2013	2014	2015
2005	0.358	0.251	0.162	0.123	0.047	0.030	0.009	0.009	0.000	0.000
2006		0.400	0.247	0.185	0.046	0.032	0.033	0.017	0.005	0.006
2007			0.311	0.245	0.069	0.041	0.038	0.019	0.004	0.005
2008				0.482	0.109	0.064	0.040	0.026	0.009	0.011
2009					0.149	0.078	0.041	0.026	0.009	0.012
2010						0.346	0.035	0.017	0.010	0.011
2011							0.029	0.013	0.008	0.009
2012								0.126	0.058	0.095
2013									0.463	0.157
2014										0.283

表 4-4 一般担保网络 Jaccard 相似度随时间变化的趋势

年份	2006	2007	2008	2009	2010	2011	2012	2013	2014	2015
2005	0.270	0.124	0.100	0.092	0.055	0.025	0.017	0.009	0.012	0.006
2006		0.203	0.156	0.104	0.054	0.031	0.027	0.012	0.016	0.007
2007			0.292	0.186	0.080	0.034	0.027	0.015	0.018	0.011
2008				0.374	0.124	0.043	0.023	0.015	0.017	0.012
2009					0.204	0.108	0.046	0.026	0.024	0.020
2010						0.132	0.068	0.036	0.034	0.023
2011							0.103	0.042	0.037	0.024
2012								0.355	0.227	0.168
2013									0.382	0.278
2014										0.449

2）中心度分析

本部分是对连带责任担保网络、一般担保网络、保证担保网络中的节点的中心度的分析。对节点的中心度进行研究，一方面可以识别担保网络中重要的节点，进而可以对这些节点所代表的上市公司的行为进行特别的关注。另一方面，可以从其他的角度来分析多层网络中层与层之间的相似性。相似性指的是，其中一层网络的中心节点在其他层网络是否依然是中心节点。

图 4-11 用散点图描述了连带责任担保网络分别对应一般担保网络和保证担保网络的情形。图 4-11（a）展示了连带责任担保网络与一般担保网络中心度相关性的情况，可以看出，对于少数的中心度极高的节点来说，它们既是连带责任担保网络的中心节点，也是一般担保网络的中心节点。但是对于中心度相对较低的节点来说，其相关性就不太明显。图 4-11（b）展示了连带责任担保网络与保证担保网络的中心度相关性情况，可以得到与之前相类似的结论，即对于少数的中心度极高的节点来说，它们既是连带责任担保网络的中心节点，也是保证担保网络的中心节点。但是对于中心度相对较低的节点则不具备此特征。此外计算得出，连带责任担保网络与一般担保网络节点中心度的 Pearson 相关系数为 0.196，而连带责任担保网络与保证担保网络的节点中心度的 Pearson 相关系数为 0.109。因此，从图 4-11 可以看出，某一家上市公司在不同层次的网络中的中心度是有很大差异的。某一层网络的中心节点在其他层的网络中不一定是中心节点。

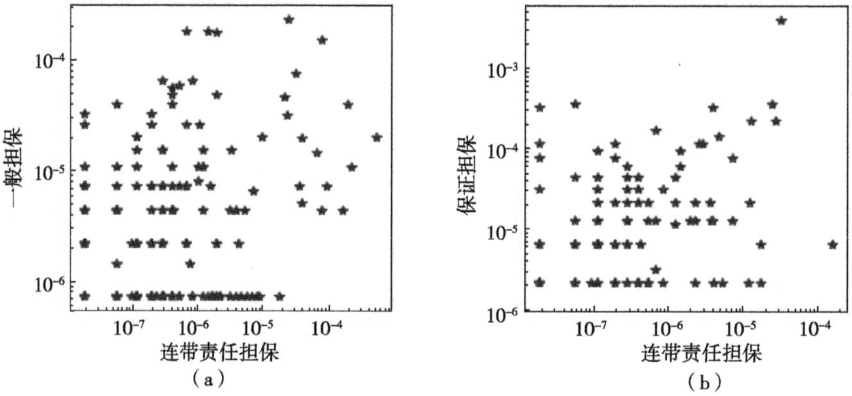

图 4-11　多层网络的中介中心度

图 4-12 为多层网络特征向量中心度的三维图像。从该图可以看出，对于少部分在某一层次中心度较高的节点来说，它们在其他层次也会有较高的中心度。但是对于绝大部分中心度较低的节点来说，若它们在其中一层的中心度较高，则在其他层，其中心度可能会相对较低。这与我们对中介中心度的研究结果是相类似的。

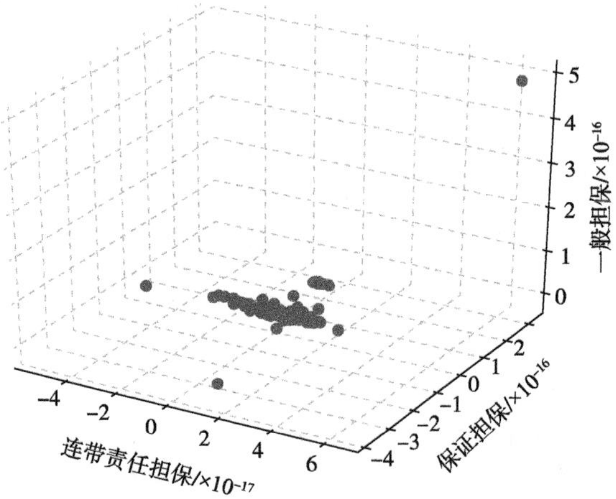

图 4-12　多层网络的特征向量中心度

根据以上的分析可以看到，中心度分析是复杂网络理论中非常重要的工具，因为这可以深入地观察作为核心担保者的上市公司的专业化程度。因此，为了保持中国担保市场的稳定性，中心度分析提供了一种重要的视角来看待担保网络。

4.3 本章小结

本章首先从股票间不同类型相关性角度，基于多层网络理论挖掘金融机构间复杂关联性特征。通过上市金融机构股票收益率间 Pearson 相关性、Kendall 秩相关性以及 Tail 相关性，构建了金融机构多层网络模型，并根据 2010 年 10 月 1 日至 2018 年 3 月 30 日期间我国上市金融机构的股票数据，实证研究了金融机构多层网络的结构演化特征。通过实证分析，得到的主要结论如下。①随着时间的推移，Kendall 层和 Tail 层的平均权重相对于 Pearson 层处于较高水平；在三层网络中，Pearson 层和 Kendall 层的平均权重变化趋势比较相似，但 Pearson 层波动幅度明显大于 Kendall 层；金融机构多层网络中各层平均权重与股市行情密切相关，特别是 Pearson 层受其影响最大。②Tail 层中大约 50%的边是独特的，而 Pearson 层和 Kendall 层的边独特性程度整体上低于 50%；Pearson 层与 Kendall 层的边独特性变化趋势非常相似，而 Tail 层与它们有较大的差别；Pearson 层与 Kendall 层的边独特性易受到市场行情的影响。③任意两层间度相关均呈现正相关性；金融机构多层网络的层间度相关性波动较为剧烈，受市场行情的影响显著，特别是 Pearson 层和 Kendall 层间度相关性。④Pearson 层与 Kendall 层的相似性极易受市场行情影响，而且两层间互为代表程度在整体上较高；Tail 层与 Pearson 层和 Kendall 层的相似性均受市场行情的影响相对较小，而且层间互为代表程度在整体上较低。

其次，本章视担保市场为复杂系统，以担保期限结构不同为出发点，构建了担保两层网络模型，其中两层网络分别是短期担保网络和长期担保网络。进而基于 2014～2016 年中国上市企业担保数据，实证分析了企业担保多层网络结构特征。实证结果显示：不同年份多层网络总度分布服从幂律分布，多层网络度相关性是正相关的。而相似性研究结果显示：不同年份的短期担保网络和长期担保网络均具有无标度特征。虽然短期担保网络和长期担保网络具有相同的结构特征，但是同一年度的短期担保网络和长期担保网络之间的相似度都比较低。同一层网络随时间变化的相似性结果显示，相邻两年的同层担保网络结构相对稳定，但网络间相似度随着时间滞后期增加而减少。中介中心度研究结果显示：不同层网络的中介中心度呈现较弱的正相关关系，但一个单层网络的最高中心度节点并不是另外一个单层网络的最高中心度节点；同一层网络的最高中介中心度节点是随时间变化的。由于担保网络结构与担保圈风险传染密切相关，本书研究结果揭示在维护担保圈稳定时，应考虑到担保系统中各种类型的关联结构，同时应注意担保结构随时间的演变性。

最后，本章从担保类型差异进一步研究企业担保类型多层网络结构特征，主要研究连带责任担保、一般担保和保证担保三种担保类型。基于这三种担保类型构建了三层网络，对此实证研究发现：三层网络都有着无标度性和异配性；其中的一层网络与其他层网络的结构相似性不大；中介中心度的研究结果表明：某一层网络的中心节点在其余的网络层中并不一定也是中心节点；除了中心度极高的节点，特征向量中心度与中介中心度具有相同的结果。

第 2 部分　基于银行网络的系统性风险研究①

由第 1 部分内容可知，网络理论在金融领域的应用主要集中于银行系统。虽然在此方面取得了丰富的成果，但如何同时分析多种风险传染渠道研究银行系统性风险？如何构建银行多层网络模型研究银行系统性风险特征？多层网络结构对银行系统性风险有何影响？上述这些问题还有待进一步研究。针对此，本部分基于单层网络和多层网络研究银行系统性风险特征：第 5 章构建银行单层网络模型，研究多传染渠道下银行系统性风险特征；第 6 章基于银行单层网络研究投资组合多元化与系统性风险之间的关系；第 7 章根据银行同业拆借期限差异，构建银行多层网络模型，进而仿真分析多层网络中银行系统性风险特征；第 8 章在第 7 章研究的基础上进一步考虑银行同业拆借是否有担保构建银行多层网络模型，研究银行系统性风险特征；第 9 章基于我国银行业实际数据构建银行多层网络模型，进而实证检验多层网络结构对系统性风险的影响机制。

① 本部分内容主要来自 Xu 等（2016），姚鸿等（2019），Li 等（2019a），李守伟等（2019d；2019e）的相关研究。

第 5 章　基于单层网络的银行系统性风险研究

现有文献基于不同的银行间市场网络结构和不同的风险传染渠道，对银行间市场风险传染这一问题进行研究。但现有研究往往是基于静态的网络结构和单一传染渠道研究银行间市场风险传染，而意大利（Iori et al.，2008）、墨西哥（Martínez-Jaramillo et al.，2014）和俄罗斯（Leonidov and Rumyantsev，2016）的银行间市场实证研究结论表明，银行间市场网络结构是不断演化的。另外，银行间市场风险传染可以通过多个不同渠道（交易对手渠道、共同冲击渠道、流动性渠道和信息渠道等）同时进行。因此，本章首先在现有研究的基础上，构造了基于资产负债表的银行间市场单层网络模型，解释了银行间市场网络动态性的形成机制，有利于更加深刻地认识银行间市场的形成过程，同时也为分析银行间市场风险传染机制奠定基础。之后，本章构建银行间市场多渠道（交易对手渠道和流动性渠道）风险传染模型，并在基于资产负债表的银行间市场单层网络模型的基础上，分析银行间市场风险传染特征、主体行为与风险传染的关系及网络结构与风险传染的关系。

5.1　银行单层动态网络模型

为了形式化地描述银行间市场模型，采用有向图 $G=(V,E)$ 表示银行间市场网络，其中顶点集 V 表示所有银行节点组成的集合，有向边集 E 是银行间拆借关

联构成的集合。如果银行节点$i, j \in V$，则存在有向边$e_{i,j}$当且仅当银行i与银行j存在拆借关联，其中银行i为债权银行，银行j为债务银行。假定银行节点总数$|V|=N$，N_i表示银行i所有邻居组成的集合（如果存在i到j的有向边，则j是i的邻居）。矩阵$X=(x_{ij})_{N\times N}$表示银行间信用拆借规模矩阵，x_{ij}表示银行i向银行j的拆借规模。银行初始资产负债表的构建、银行资产负债表的更新及银行间市场动态网络的构建如下。

5.1.1 银行初始资产负债表

银行资产负债表是银行经济活动的数值记录，资产负债表可以用来刻画银行主体行为。实际的银行资产负债表非常复杂，本章将其简化并形式化地描述。假定银行j的资产项包括：外部投资I_j、银行间贷款L_j和流动性资产M_j，负债项包括储户存款D_j、银行间借款B_j和所有者权益E_j。由会计恒等式可知：

$$I_j + L_j + M_j = D_j + B_j + E_j \tag{5-1}$$

假定初始所有者权益E_j^0占银行j初始总资产的比例为α，银行间借款B_j占银行j总资产的比例为β，流动性资产M_j占银行j总资产的比例为γ。下面是银行j初始资产负债表的构建过程。

（1）银行间借款与贷款。银行$j\ (1\leqslant j\leqslant N)$的银行间初始借款$B_j^0$通过幂律分布产生：$P(l)\sim l^{-\tau}$，其中$\tau$为幂律分布参数（Boss et al.，2004）。通过5.1.2节构建的银行间市场网络，计算银行间信用拆借矩阵$X=(x_{ij})_{N\times N}$，如果银行i向银行j提供拆借，则

$$x_{ij}^0 = B_i^0 B_j^0 \Big/ \sum_{k:\, j\in N_k} B_k^0 \tag{5-2}$$

反之$x_{ij}^0=0$，因此银行$j\ (1\leqslant j\leqslant N)$的银行间初始贷款：

$$L_j^0 = \sum_k x_{jk}^0 \tag{5-3}$$

（2）所有者权益。由于初始所有者权益E_j^0占银行j初始总资产的比例为α，银行间借款B_j占银行j总资产的比例为β，银行j初始总资产：

$$BA_j^0 = B_j^0 / \beta \tag{5-4}$$

因此，银行j的初始所有者权益E_j^0为

$$E_j^0 = \alpha \cdot BA_j^0 = B_j^0 \cdot \alpha / \beta \tag{5-5}$$

（3）流动性资产。由于流动性资产 M_j 占银行 j 总资产的比例为 γ，银行 j 的初始流动性资产：

$$M_j^0 = \gamma \cdot BA_j^0 = B_j^0 \cdot \gamma / \beta \tag{5-6}$$

（4）储户存款。由于银行 j 的总资产 $BA_j = D_j + B_j + E_j$，银行 j 的储户初始存款：

$$D_j^0 = BA_j^0 - E_j^0 - B_j^0 = B_j^0 \cdot (1-\alpha-\beta)/\beta \tag{5-7}$$

（5）银行外部投资。由于银行 j 的总资产 $BA_j = I_j + L_j + M_j$，银行 j 的初始投资：

$$I_j^0 = BA_j^0 - L_j^0 - M_j^0 = B_j^0 \cdot (1-\gamma)/\beta - L_j^0 \tag{5-8}$$

出于银行实际运营要求，银行外部投资应该大于净银行间借款，即 $I_j^0 > B_j^0 - L_j^0$。由于 $I_j^0 = BA_j^0 - L_j^0 - M_j^0 = D_j^0 + E_j^0 + B_j^0 - L_j^0 - M_j^0$，$D_j^0 + E_j^0 - M_j^0 > 0$。将式（5-5）、式（5-6）、式（5-7）的结果代入式（5-8）可得 $\beta+\gamma<1$。

5.1.2 银行单层网络的构建

银行间市场网络的构建过程主要基于下面两个假设：①拆借规模差别较大的银行间较拆借规模相近的银行间更容易建立拆借关联（Tabak et al.，2009）；②银行间市场的网络结构是动态演化的（Iori et al.，2008），并且银行间市场网络结构的构建仅与银行最近的拆借规模有关。

假设①的解释是：拆借规模较小的银行通常资产规模也相对较小，吸收冲击能力较差，因此更偏好将资金贷给规模较大的银行，这样可以降低拆借风险；而拆借规模较大的银行通常总资产规模也较大，抵抗冲击能力强，在银行间市场中借出资金时，优先考虑同业拆借利率报价，小银行由于自身规模小，往往给出更高的报价。因此，大银行偏好将资金分散地贷给不同的小银行，这样既能将风险尽可能地分散化又能获得较高的收益。假设②的解释是：银行间的拆借行为一般期限较短，只能作为流动性盈亏银行的短期投资，不能作为长期投融资方式，因此银行间市场网络结构应该与银行间的拆借行为同步演化。基于上述分析，银行间市场网络结构具体构建过程如下。

在第 D 期，设定银行 i 向银行 j 建立拆借关联的概率：

$$p_{i,j}^t = 1 - \exp\left[-\lambda(B_i^t / B_j^t + B_j^t / B_i^t - 2)\right] \tag{5-9}$$

即如果产生(0,1)区间内的随机数值小于 $1 - \exp\left[-\lambda(B_i^t / B_j^t + B_j^t / B_i^t - 2)\right]$，则

银行 i 向银行 j 建立拆借关联。其中，参数 λ 为银行的风险偏好系数，$\lambda\in[0,+\infty)$，银行 i 为债权银行，银行 j 为债务银行。

显然 $p_{i,j}^t$ 随参数 λ 的增大而单调递增。由于 $B_i^t/B_j^t+B_j^t/B_i^t\geqslant 2\sqrt{B_i^t/B_j^t\cdot B_j^t/B_i^t}=2$，因此，$\exp\left[-\lambda(B_i^t/B_j^t+B_j^t/B_i^t-2)\right]\in(0,1]$，$p_{i,j}^t\in[0,1)$ 符合作为概率的要求。从概率公式可以发现，当 $B_i^t=B_j^t$ 时，$B_i^t/B_j^t+B_j^t/B_i^t$ 取得最小值，$p_{i,j}^t$ 取最小值 0，建立信用拆借的概率最小；当 $B_i^t>>B_j^t$ 或 $B_i^t<<B_j^t$ 时，$B_i^t/B_j^t+B_j^t/B_i^t\to+\infty$，$p_{i,j}^t\to 1$，建立拆借关联的可能性最大。当风险偏好参数 λ 取值增大时，$p_{i,j}^t$ 的取值增大，拆借关联容易建立；当参数 λ 取值变小时，$p_{i,j}^t$ 的取值变小，拆借关联较难建立。因此用参数 λ 表示银行拆借风险偏好符合经济学原理。

5.1.3 银行资产负债表的更新

（1）储户存款。假定储户存款服从随机游走过程（Georg，2013）：

$$D_j^t=(1-\gamma^{k_d}+2\chi\gamma^{k_d})D_j^{t-1} \tag{5-10}$$

其中，χ 为一个随机变量，$\chi\in[0,1]$。可以得出 D_j^t 的取值范围：$D_j^t\in[(1-\gamma^{k_d})D_j^{t-1}, (1+\gamma^{k_d})D_j^{t-1}]$，参数 γ^{k_d} 可以用来度量储户存款的波动程度。

（2）所有者权益。银行 j 的第 t 期权益满足：

$$E_j^t=E_j^{t-1}+\mu_t I_j^{t-1}+r_t^b(L_j^{t-1}-B_j^{t-1})-r_t^d D_j^{t-1},\quad t=1,2,3,\cdots \tag{5-11}$$

假定投资收益率服从正态分布 $\mu_t\sim N(y,\sigma)$，其中 y 为正态分布均值；σ 为标准差；r_t^b 为银行同业拆借利率；r_t^d 为银行存款利率。假设银行存款利率 r_t^d 服从随机游走过程（Georg，2013）：

$$r_t^d=(1-\gamma^{k_i}+2\chi\gamma^{k_i})r_{t-1}^d \tag{5-12}$$

其中，参数 γ^{k_i} 用来描述银行存款利率的波动程度。另外，假定银行同业拆借利率 r_t^b 满足：$r_t^b=r_t^d+0.02$。

（3）银行间借款与贷款。由于银行间借款 B_j^t 占银行 j 资产 BA_j^t 的比例为 β，因此储户存款 D_j^t 和所有者权益 E_j^t 占银行 j 资产 BA_j^t 的比例为 $1-\beta$，进而可得

$$B_j^t=\beta\cdot BA_j^t=(D_j^t+E_j^t)\cdot\beta/(1-\beta) \tag{5-13}$$

通过 5.1.2 节的算法重新构建银行间市场网络，更新信用拆借矩阵 $X=(x_{ij})_{N\times N}$，如果银行 i 向银行 j 提供拆借，则

$$x_{ij}^t = B_i^t B_j^t \Big/ \sum_{k: j \in N_k} B_k^t \qquad (5\text{-}14)$$

反之，$x_{ij}^t = 0$。因此，可以算出银行 j ($1 \leqslant j \leqslant N$) 的银行间贷款：

$$L_j^t = \sum_k x_{jk}^t \qquad (5\text{-}15)$$

（4）流动性资产。由于流动性资产 M_j 占银行 j 总资产的比例为 γ，因此银行 j 流动性资产：

$$M_j^t = \gamma \cdot BA_j^t = (D_j^t + E_j^t) \cdot \gamma / (1-\beta) \qquad (5\text{-}16)$$

（5）银行外部投资。由于银行 j 的总资产满足：

$$BA_j = I_j + L_j + M_j \qquad (5\text{-}17)$$

因此，银行 j 的投资：

$$I_j^t = BA_j^t - L_j^t - M_j^t = (D_j^t + E_j^t) \cdot (1-\gamma) / (1-\beta) - L_j^t \qquad (5\text{-}18)$$

出于银行实际运营要求，银行外部投资应该大于净银行间借款，即 $I_j^t > B_j^t - L_j^t$。$I_j^t = BA_j^t - L_j^t - M_j^t = D_j^t + E_j^t + B_j^t - L_j^t - M_j^t$，因此，$D_j^t + E_j^t - M_j^t > 0$。

5.1.4　冲击与金融风险传染

银行外部投资遭受的损失对银行系统形成冲击，可能造成单个或多个银行失败，并在银行间市场网络中进行传染，对银行间市场造成进一步的破坏。假设银行破产清算时，储户存款优先于银行间借款偿还，银行间借款的偿还顺序优先于银行权益。对于银行 j 而言，冲击 s_j 首先被权益 E_j 吸收，然后被银行间借款 B_j 吸收，最后被储户存款 D_j 吸收。如果权益 E_j 足够大可以吸收冲击 s_j，则银行 j 经受住冲击 s_j 幸存下来；反之，银行 j 失败，银行 j 的外部资产因偿还债务而出售变现。但市场中的流动性是有限的，这意味着银行外部资产价格随着累计出售银行外部资产的增加而降低（Nier et al.，2007）。银行资产价格与累计出售资产的关系用公式表示为

$$P(x) = \exp(-\phi x) \qquad (5\text{-}19)$$

其中，P 为银行资产价格；x 为累计出售的银行外部资产；ϕ 为资产价格随着累计出售资产的增加而下降的敏感度。显然，$P(0)=1$，$\lim\limits_{x \to +\infty} P(x) = 0$。因此，随着失败银行的出现，银行系统中的其他银行还要遭受资产价格下跌产生的冲击。

另外，银行 j 失败产生的残余损失会传递给其债权银行。如果银行 j 的银行间

借款不足以吸收残余损失，那么剩余损失将由银行 j 的储户存款吸收。债权银行根据贷给失败银行的银行间贷款规模按照同比例吸收失败银行的残余损失。如果债权银行的权益不足以吸收残余损失，那么债权银行失败，并在银行间市场网络上继续传染，直到残余损失被完全吸收或所有银行失败。

形式化地，如果 $s_j > E_j$，那么银行 j 失败，并且银行 j 的外部资产需要出售变现。如果 $s_j - E_j \leqslant B_j$，那么 s_j 全部被银行 j 的债权银行吸收。否则，银行 j 的储户存款吸收剩余损失。银行 j 的非债权银行 k 因市场中的流动性下降，银行 k 资产价格下降而受到的冲击为

$$s_k = I_k\left[1-\exp(-\phi I_j)\right] \tag{5-20}$$

债权银行 i 不仅受到资产价格下跌的冲击，还要吸收银行 j 的残余损失，因此受到的总损失为

$$s_i = x_{ij}(s-E_j)/B_j + I_j\left[1-\exp(-\phi I_j)\right] \tag{5-21}$$

如果 $s_t \leqslant E_t$，$t \neq j$，银行 t 经受住冲击而幸存下来；否则银行 t 失败，并可能触发下一轮传染。这个过程一直进行，直至损失被全部吸收或所有银行都失败。

5.2 仿真分析

假定仿真模型中银行节点总数 $N = 200$，幂律分布参数 $\tau = 1.87$（Boss et al., 2004），根据《2015 中国金融统计年鉴》数据，设定银行初始权益占银行初始总资产的比例 $\alpha = 0.05$，银行间借款占银行总资产的比例 $\beta = 0.1$，流动性资产占银行总资产的比例 $\gamma = 0.05$。另外依据我国商业银行存贷款基准利率表，设定 $y = 5\%, r_0^d = 2\%$。由于 σ 和风险偏好参数 λ 未见相关文献给出相关基准值，因此对其基准值作如下假定：$\sigma = 0.05$，$\lambda = 1$，$\phi = 0.0003$。表 5-1 给出了模型中涉及的参数或变量、经济学含义、基准值及对应的取值范围。选取总期数 $T = 100$ 作为模型执行的停止条件，另外每次仿真实验重复 10 次，取均值作为最终结果。

表 5-1　模型中参数或变量取值

变量或参数	经济学含义	基准值	取值范围
N	银行间市场网络中银行总数	200	[50,300]
τ	幂律分布参数	1.87	—
α	银行初始权益占初始总资产的比率	0.05	[0.05,0.2]
β	银行间借款占总资产的比率	0.1	[0.05,0.6]
γ	流动性资产占银行总资产的比率	0.05	[0.05,0.4]
λ	银行拆借偏好系数	1	[0.01,100]
y	银行外部投资收益率所服从的正态分布的均值	0.05	—
r_0^d	商业银行初始基准利率	0.02	—
γ^{k_d}	储户存款波动测量参数	0.1	[0,0.6]
γ^{k_i}	银行存款利率波动测量参数	0.05	[0,0.4]
σ	银行外部投资收益率所服从的正态分布的标准差	0.05	—
ϕ	市场流动性与资产价格的灵敏度	0.0003	[0,0.0008]

5.2.1　银行间市场网络结构

1. 初始累积度分布

d_i 表示银行 i 的度，d_i^{in} 表示银行 i 的入度（即银行 i 的债权银行个数），d_i^{out} 表示银行 i 的出度（即银行 i 的债务银行个数），$d_i = d_i^{\text{in}} + d_i^{\text{out}}$，$p(k)$ 表示银行度的概率（银行间市场网络中度为 k 的银行个数占银行总数的比例）。累积度概率分布定义为：$P_{\text{cum}}(k)=\sum_{k'\geqslant k} p(k')$，表示度不小于 k 的银行占总银行的比例。图 5-1 给出当银行拆借偏好系数 $\lambda=1$，$\lambda=10$，$\lambda=100$ 时，初始出度和入度的累积概率分布。

本章应用 Clauset 等（2009）提出的统计测试方法，计算累积度分布及其尾分布的指数值。例如，在图 5-1（a）中，根据斜率可知累积入度分布及其尾分布的指数值分别为 4.84 与 19.57。从图 5-1 可以发现，随银行拆借偏好系数 λ 的增加，累积度分布及其尾分布的指数值也随之变大。图 5-1 表明在银行间市场网络中，拥有雄厚银行间资产的极少数大银行占据绝大多数的银行间市场业务份额，而拥有较少银行间资产的多数小银行却仅占据银行间市场业务的少量份额。少数大银行拥有绝大多数银行间资产是由于银行间资产是通过幂律分布产生的。另外，通过模型的构建过程可知,不同规模的银行较规模相近的银行更容易建立拆借关联。图 5-1 的累积度分布与现有实证结果相符。

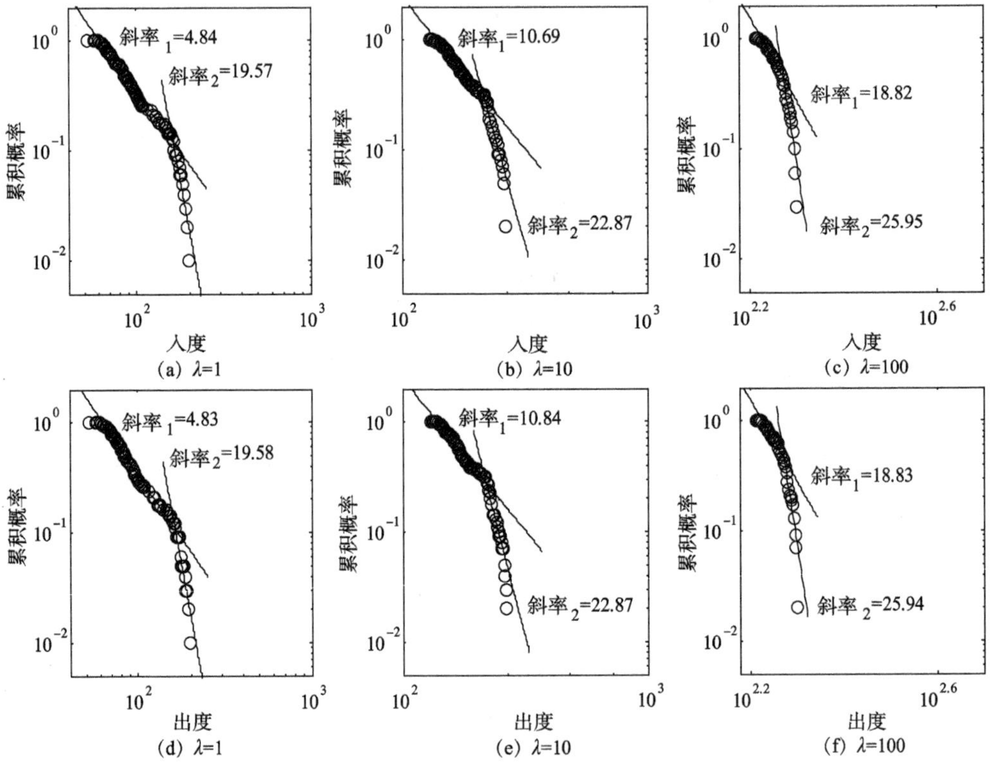

图 5-1　银行网络初始累积出度、入度分布

2. 网络聚集系数

网络聚集系数用来度量网络节点间的聚集程度。网络聚集系数可以通过计算节点聚集系数的平均值得到。节点的聚集系数用来衡量其邻居的连接情况，一个节点的聚集系数越大，其邻居间存在连接的可能性也越大。由于聚集系数是定义在无向图上的，在计算网络的聚集系数前，本章将有向图转成无向图。图 5-2（a）给出银行间市场网络聚集系数 C 与银行拆借偏好系数 λ 的关系图。从图 5-2（a）可以看出，随着银行拆借偏好系数 λ 的增加，银行间市场网络的

聚集系数也不断增大。这是因为随着银行拆借偏好系数 λ 的增加，银行间的连接概率 p_{ij}^{t} 也增大，银行间市场网络中可能存在的连接增多。从节点聚集系数和网络聚集系数的定义不难看出，银行间市场网络的聚集系数随银行拆借偏好系数 λ 的增加而不断增大。

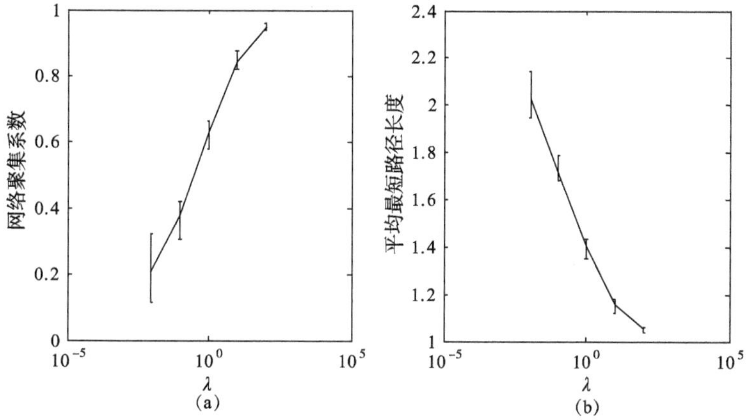

图 5-2　银行网络聚集系数与平均最短路径长度

3. 初始平均最短路径长度

两个节点间的最短路径长度，用来度量两点距离的远近。网络中节点 i 到节点 j 的最短路径长度 d_{ij} 定义为以节点 i 为源点、以节点 j 为终点的所有路径中边数最少的路径，最短路径长度为最少路径上边的个数。显然，在无向图中，任意节点 i 到节点 j 的最短路径长度与节点 j 到节点 i 的最短路径长度相等；而对于有向图则不一定成立。网络最短路径长度可以用来衡量一个网络中节点间彼此建立连接的难易程度，但只能用于连通图。为便于计算银行间网络的平均最短路径长度，将银行间市场网络转化为无向图，分析平均最短路径长度与银行风险偏好的关系，仿真结果如图 5-2（b）所示。

从图 5-2（b）可以发现，本章构建的银行间市场网络为小世界网络，其平均最短路径长度小于 2。当 $\lambda \leqslant 10$ 时，随着银行拆借偏好系数的提高，银行间市场网络的平均最短路径长度大大缩短；当 $\lambda > 10$ 时，平均最短路径长度随银行拆借偏好变化的灵敏度逐渐降低。这是因为当 $\lambda \leqslant 10$ 时，银行拆借的偏好程度低，银行间市场中拆借关联总量较少，随着银行拆借偏好系数的提高，银行间建立拆借关联的概率增大，银行间市场中拆借关联的数量增长迅速；而当 $\lambda > 10$ 时，银行间市场的拆借关联近乎饱和，银行拆借偏好的进一步提升，不能显著增大建立拆借关联的概率，银行间市场网络中拆借关联增加的灵敏度下降。另外，墨西哥、美国和英国的银行间市场的实证结论表明，其银行间市场网络是小世界网络（Martínez-Jaramillo et al.，2010；Soramäki et al.，2007；Becher et al.，2008），这与本章构建的银行间市场网络结构一致。

4. 初始银行间资产分布

银行间资产是银行资产负债表的重要组成部分。通过 5.1.1 节银行初始资产负债表的构建过程可知，银行 j 的银行间借款服从幂律分布，银行 i 向银行 j 的拆借头寸 x_{ij} 通过 5.1.2 节构建的银行间市场网络可以计算得出。图 5-3 给出了在银行拆借偏好系数 $\lambda=1$，$\lambda=10$ 和 $\lambda=100$ 时银行间市场网络中银行间拆借头寸 x_{ij} 在双对数坐标轴下的分布。从图 5-3 可以看出，对于不同的银行拆借偏好系数（$\lambda=1,\lambda=10,\lambda=100$），银行间资产均服从幂律分布，这与 Boss 等（2004）的实证研究结论一致。

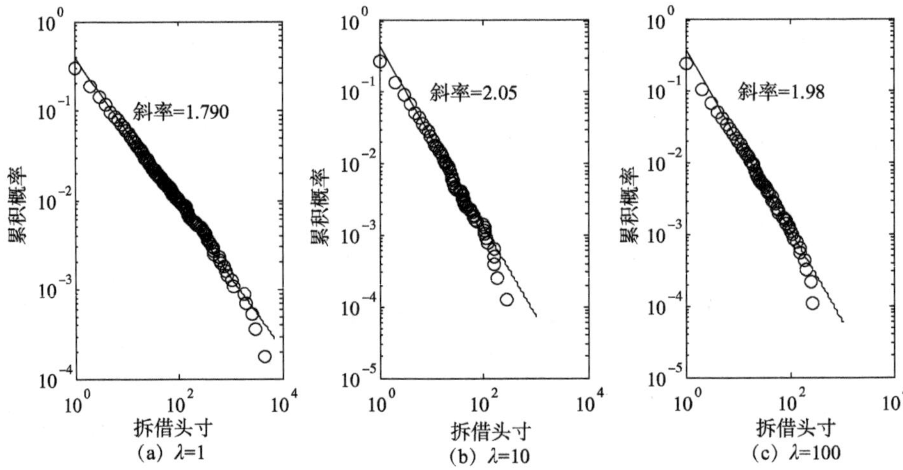

图 5-3 银行网络中初始银行间资产分布

5. 累积度分布的演化

为了研究银行间市场网络的动态性，本部分分析银行累积出度和入度分布分别在 $t=0$，$t=50$ 和 $t=100$ 时的演化情况。图 5-4（a）、（b）、（c）分别给出累积入度在 $t=0$，$t=50$ 和 $t=100$ 时的分布，图 5-4（d）、（e）、（f）分别给出累积出度在 $t=0$，$t=50$ 和 $t=100$ 时的分布。通过图 5-4 可以看出，在同一时刻，银行节点的累积出度和累积入度分布相似。而对于累积出度分布或累积入度分布，随着时间动态变化但保持双幂律特征，这一特征与意大利银行间市场的实证结果相吻合（Iori et al.，2008）。

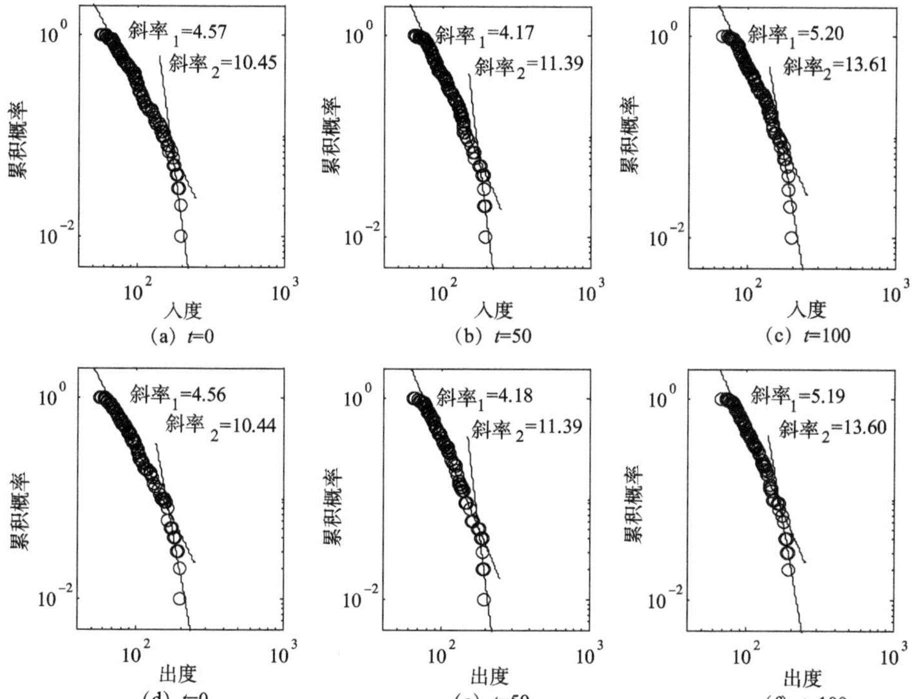

(a) t=0　(b) t=50　(c) t=100

(d) t=0　(e) t=50　(f) t=100

图 5-4　累积度分布的演化

6. 网络聚集系数的演化

银行间市场网络聚集系数可以用来度量银行节点间的聚集程度。通过观测网络聚集系数的变化情况，可以进一步研究银行间市场网络结构的演化。图 5-5（a）给出网络聚集系数在时间段 $t\in[0,100]$ 的演化过程图。从图 5-5（a）可以看出，网络聚集系数的均值在（0.6,0.65）小幅震荡，这表明银行间市场网络结构保持动态稳定，这是因为银行间资产和债务占总资产的比例是固定的。

7. 平均最短路径长度的演化

节点间的最短路径长度可以度量两点距离的远近。网络平均最短路径长度是节点间平均最短路径长度的平均值，可以用来度量网络节点间可达的平均难易程度。图 5-5（b）给出平均最短路径长度在时间段 $t\in[0,100]$ 的演化过程图。从

图5-5（b）可以看出，随着时间的推移，网络平均最短路径长度不断震荡，其震荡范围为（1.37,1.4），这表明银行间市场网络的小世界特性依然存在。

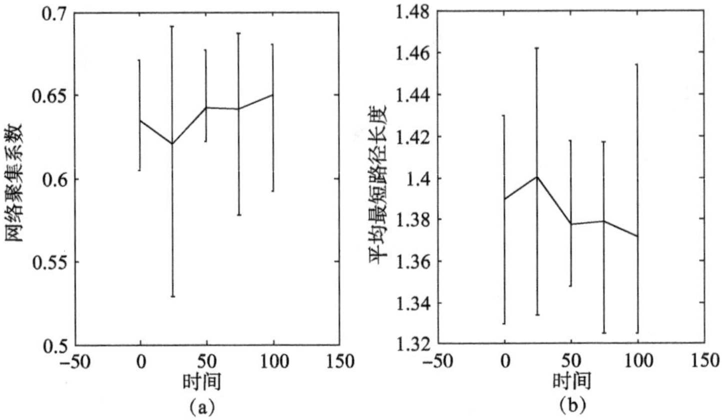

图 5-5 网络聚集系数与平均最短路径长度的演化

8. 银行间资产分布的演化

图 5-6 分析了银行间资产分别在$t=0$，$t=50$和$t=100$时的双对数坐标轴下的分布。通过图 5-6 的银行间资产分布图可知，银行间资产幂律分布指数分别为 1.71、1.96 和 1.84，演化过程中幂律指数未发生明显变化，这表明银行间市场的网络结构未发生显著改变。

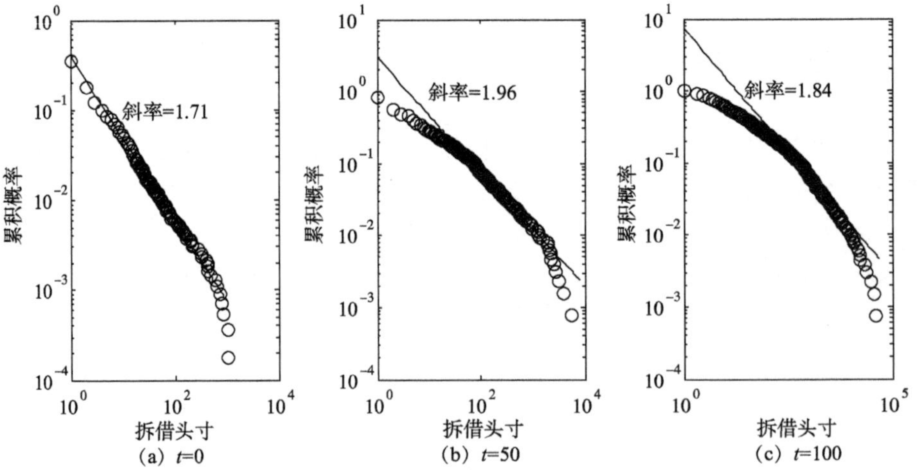

图 5-6 银行间资产分布

5.2.2　网络动态性与银行间风险传染

银行间市场网络动态性是一种内生现象，银行间市场网络动态性是由不断变化的银行主体行为产生的。为了研究银行间市场网络动态性与银行间市场风险传染的关系，本章分别模拟在静态的银行间市场网络和动态的银行间市场网络上的风险传染情况，仿真结果如图 5-7 所示。图 5-7（a）是在静态的银行间市场网络中传染的效应，即失败银行比率随时间变化的曲线；图 5-7（b）是在动态的银行间市场网络中传染的效应，失败银行比率随时间变化的仿真曲线。静态网络的构建方法与动态网络相似，但没有银行间债权债务关联的更新。

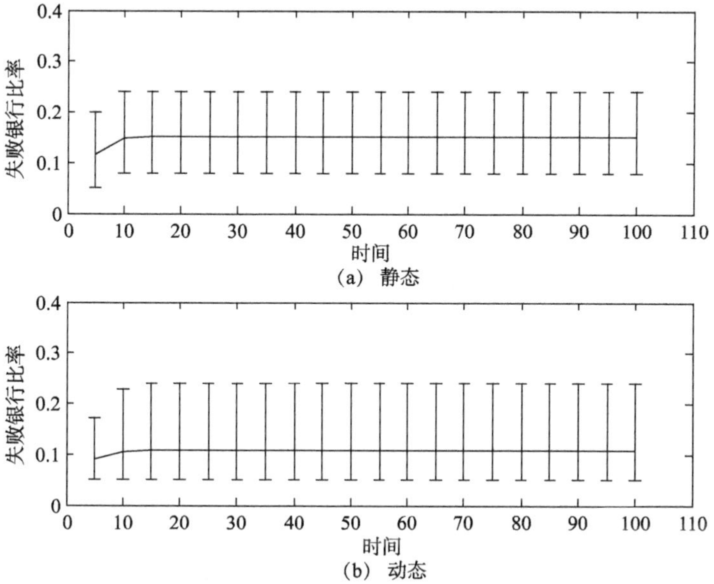

图 5-7　网络动态性与银行间风险传染的关系

从图 5-7（a）和（b）可以看出，在相同时刻，动态的银行间市场网络中失败银行的比率少于静态的银行间市场网络，这表明银行间市场网络的动态性可以降低风险传染效应，并提高银行间市场网络的稳定性，这意味着现有文献高估了银行间市场的风险传染效应。这是因为大多数的小银行在进行银行间贷款时，动态地更偏好与大银行建立拆借关联，降低了交易对手风险，进而增强了网络的稳定性。

5.2.3 银行间市场多渠道风险传染

金融冲击不仅可以通过银行间的直接债权债务关联进行传递，还可以通过其他渠道，如流动性渠道和信息渠道对银行间市场的稳定性构成威胁。本节分析储户存款波动和市场流动性对银行间市场风险传染的影响。当市场中出现失败银行时，失败银行为了清偿债权银行的债务，不得不变现非流动资产，这就会造成市场流动性的减少。若银行的资产按照市场价格计算，资产价格下跌会导致更多的银行出售资产，从而产生恶性循环，导致银行流动性风险在整个银行系统中传染。对于信息溢出渠道的银行间市场风险传染，本节主要分析信息不对称形成的银行储户的挤兑行为，通过储户存款波动参数 γ^{k_d} 来刻画。图 5-8 和图 5-9 分别给出储户存款波动 γ^{k_d} 和市场流动性效应 ϕ 与银行间市场风险传染的关系图。

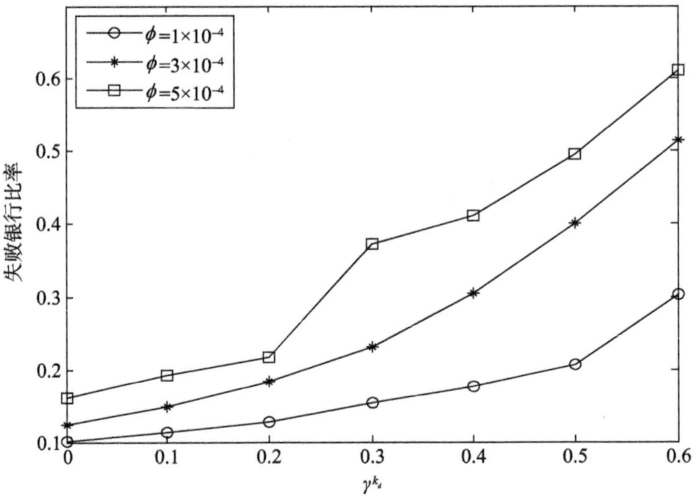

图 5-8 储户存款波动与失败银行比率的关系曲线图

图 5-8 给出在不同的流动性效应参数 ϕ 值（ $\phi=1\times10^{-4}$ ， $\phi=3\times10^{-4}$ ， $\phi=5\times10^{-4}$ ）下，储户存款波动与失败银行比率正相关的函数关系图。从图 5-8 可以看出，对于不同的流动性效应 ϕ（ $\phi=1\times10^{-4}$ ， $\phi=3\times10^{-4}$ ， $\phi=5\times10^{-4}$ ）值，随着储户存款波动率从 0 增加到 0.6，银行间市场中失败银行比率不断增加，而且增幅不断扩大。这表明随着储户挤兑的增加，银行间市场风险传染效应逐渐增强。另外，从图 5-8 三条曲线的比较中还可以看出，当储户存款波动一定时，失败银行比率随着流动性效应参数 ϕ 的增加而增大。

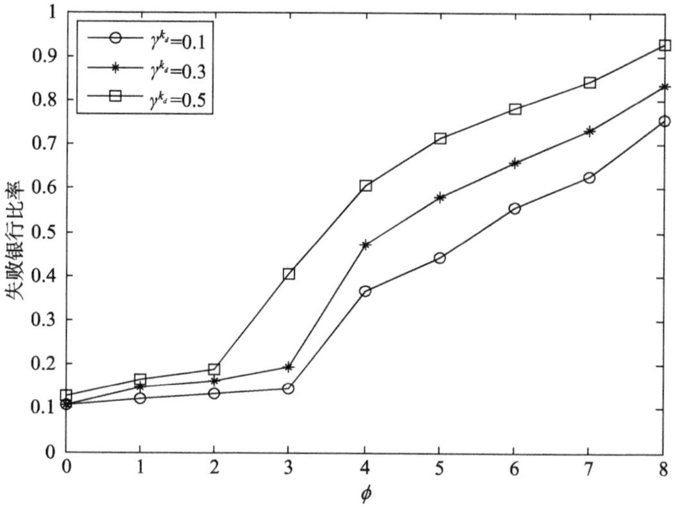

图 5-9　流动性效应与失败银行比率的关系曲线图

图 5-9 给出了在不同的储户存款波动 γ^{k_d}（ $\gamma^{k_d}=0.1$ ， $\gamma^{k_d}=0.3$ ， $\gamma^{k_d}=0.5$ ）下，银行间市场中失败银行比率与流动性效应参数 ϕ 的正相关关系曲线图。从图5-9 可以看出，当储户存款波动 γ^{k_d} 固定时，在流动性效应参数 ϕ 的取值从 0 增大到 8 的过程中，失败银行比率不断增大。当流动性效应参数 $\phi\in[0,2]$ 时，失败银行比率随流动性效应参数 ϕ 增加而升高的速度较慢，而当流动性效应参数 $\phi\in[3,8]$ 时，失败银行比率随 ϕ 增加而增加的速度较快。这表明流动性风险是造成银行间市场脆弱性的因素之一，当市场流动性水平较高时，银行间市场风险传染效应较弱；而当市场流动性水平较低时，银行间市场风险传染效应较强。

图 5-8 和图 5-9 的仿真结果表明，当储户存款波动较小并且市场流动性充足时，银行间市场网络具有较高的稳定性。而随着储户存款波动增大以及市场流动性减少，银行间市场网络中失败银行比率呈非线性增长。当市场流动性水平较高时，失败银行比率随储户存款波动的增大而缓慢增加；当市场流动性水平较低时，失败银行比率随储户存款波动的增加而快速增长。类似地，储户存款波动率的提高也可以放大市场流动性对银行间风险传染的影响。这是因为银行在流动性水平较低、储户存款波动剧烈的市场环境中会比较脆弱，而在流动性充裕、储户存款波动较低的市场环境中，银行能够吸收更多的冲击，具有更好的鲁棒性。

5.2.4　银行主体行为与银行间风险传染

银行的主体行为通过银行资产负债表来刻画，银行主体行为与银行间风险传染关系的研究分为以下三个方面。

1. 银行资本金率与银行间风险传染

本部分分析银行资本金率与银行间风险传染的关系。图 5-10 给出银行资本金率 α 与银行间风险传染的关系图。从图 5-10 可以看出，失败银行比率是银行资本金率的单调递减函数，当银行资本金率 $\alpha \leqslant 0.05$ 时，银行间市场网络中失败银行比率较高，而随着银行资本金率 α 的提高，银行间市场网络中失败银行比率越来越低。这是由于当银行总资产一定时，随着资本金率的提高，银行的杠杆率降低，银行吸收冲击的能力变强。

另外，银行间市场网络的稳定性随银行资本金率的提高而非线性增长。对于较高的银行资本金率 $\alpha > 0.15$，银行间市场网络中没有银行失败，这是因为此时银行具有很强的吸收冲击能力。而当银行资本金率 α 下降到 $0.1 < \alpha \leqslant 0.15$ 时，银行间市场中出现少数银行失败，但失败银行产生的冲击不足以构成进一步的传染，这是因为此时失败银行的债权银行可以经受住债务银行失败而产生的冲击。当银行资本金率 α 继续降低到 $0.075 < \alpha \leqslant 0.1$ 时，第二轮的传染发生，这是因为此时失败银行的债权银行没有足够的权益来吸收失败债务银行产生的冲击，但仍然不足以促发多米诺骨牌效应。然而，当银行资本金率 $\alpha \leqslant 0.075$ 时，进一步的传染产生，多米诺骨牌效应被促发，失败银行的数量急剧上升。仿真结果表明，具有较高资本金率的银行间市场比具有较低资本金率的银行间市场有更强的鲁棒性。

2. 银行间资产暴露与银行间风险传染

本部分分析银行间资产暴露比率 β 与银行间风险传染的关系。需要指出的是，增大银行间资产暴露比率对银行间市场网络的稳定性有两个相反的作用。一方面，银行间资产暴露比率的提高，意味着储户存款和银行权益占总资产比率降低，这会增加银行面对冲击时的脆弱性，放大了银行间风险传染效应。但另一方

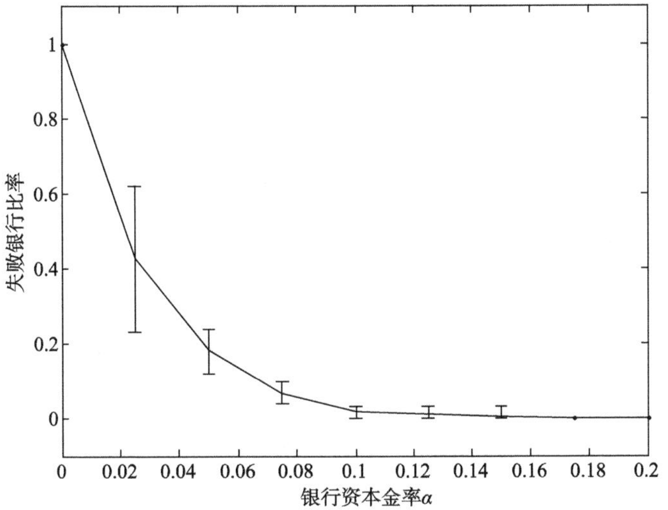

图 5-10　银行资本金率与失败银行比率的关系图

面，银行间资产暴露比率的提高，意味着银行非流动资产的比率降低，导致外部冲击规模的减少，进而降低了银行间风险传染效应。图 5-11 给出银行间资产暴露比率 β 与失败银行比率的关系图。

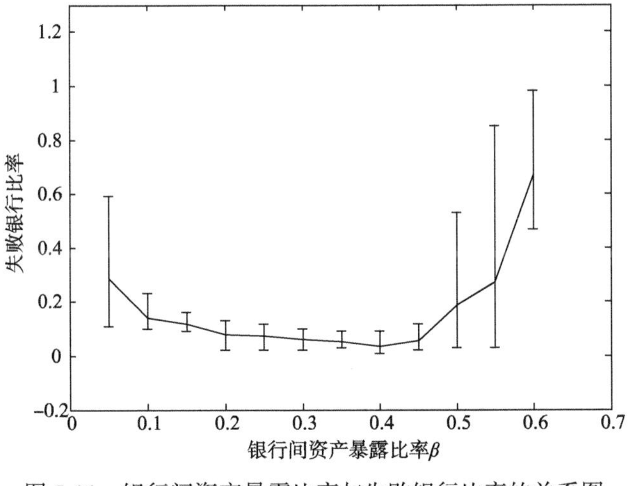

图 5-11　银行间资产暴露比率与失败银行比率的关系图

从图 5-11 可知，银行间市场网络稳定性与银行间资产暴露比率存在复杂关系。当银行间资产暴露比率 $\beta \leqslant 0.4$ 时，失败银行比率随着银行间资产暴露比率的提高而降低，银行间市场网络稳定性提高。这是因为银行间资产暴露比率的提高降低了银行非流动性资产的比率，缩减了外部冲击的规模。而当银行间资产暴露比率 $\beta > 0.4$ 时，银行间资产暴露比率的提高增大了银行间市场网络的脆弱性，失败银行比率随银行间资产暴露比率的提高而迅速增大。仿真结果表明，银行间资产暴露比率的提高对银行间市场网络稳定性具有双重影响，适度的银行间资产暴露有助于增加银行间市场网络的稳定性。

3. 银行流动性资产与银行间风险传染

本部分分析银行流动性资产与银行间风险传染的关系。图 5-12 给出银行流动性资产比率 γ 与失败银行比率的 V 形关系图。从图 5-12 可以发现，当银行流动性资产比率 $\gamma < 0.15$ 时，失败银行比率随着银行流动性资产比率 γ 的提高而减少，这是由于银行非流动性资产和银行间资产的比率随着银行流动性资产比率 γ 的提高而降低，这样可以减少银行可能受到的外部冲击规模。但是，当银行流动性资产比率 $\gamma \geqslant 0.15$ 时，失败银行比率是银行流动性资产比率的一个单调递增函数。这是因为银行流动性资产比率 γ 提高而引起的银行非流动性资产和银行间资产比率的下降会导致银行盈利能力的下降，并可能引发银行亏损，最终导致银行权益的减少，进而使银行吸收冲击的能力下降。本部分的研究结果表明适度比率的银行流动性资产可以增加银行间市场网络的稳定性，而过高或过低比率的银行流动性资产却放大了银行间市场的风险传染效应。

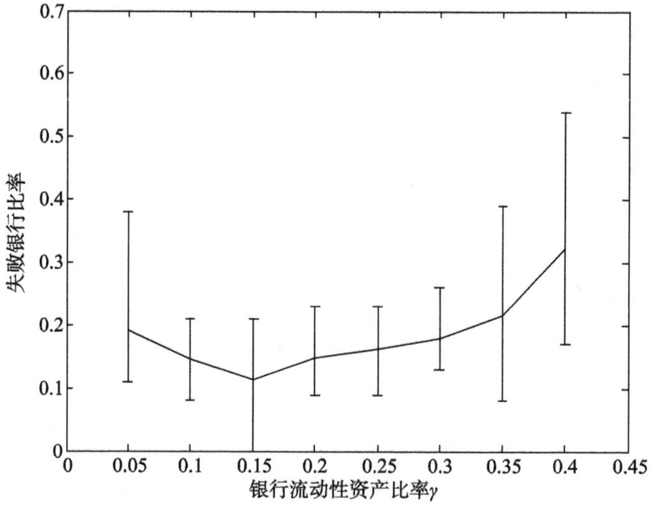

图 5-12 银行流动性资产比率与失败银行比率的关系图

5.2.5 网络结构与银行间风险传染

现有研究结论表明银行间市场网络结构对银行间风险传染有着重要的影响，

不仅影响风险传染的产生，还影响风险传染的速度（Allen and Gale，2000；Cassar and Duffy，2002；Aleksiejuk et al.，2002）。随着银行业的发展，银行间市场的规模逐渐增大。由于不断有新的银行加入银行间市场中，这会改变现有的银行间市场网络结构，并可能会对银行间市场的风险传染产生影响。另外，不同的银行的资产规模和经营状况存在较大差异，导致不同的银行存在拆借偏好。此外，对于同一银行在不同的时期，其经营状况也不尽相同，这也是其拆借偏好发生变化的原因。银行拆借偏好的改变，会直接导致银行间市场网络中拆借关联数量的变化，对网络结构有很大的影响。为此，有必要分析银行拆借偏好和银行间市场网络节点数量的变化对银行间市场风险传染的影响。本节通过分析银行拆借偏好及银行间市场网络的节点数量与银行间风险传染的关系，对网络结构与银行间风险传染的影响问题进行研究。

1. 银行拆借偏好与银行间风险传染

银行拆借偏好对银行间风险传染的影响，是通过改变银行间市场网络中银行拆借关联的数量，进而改变银行间市场网络密度实现的。本部分研究银行拆借偏好对银行间风险传染的影响。图 5-13 给出银行拆借偏好系数 λ 与失败银行比率的关系图。从图 5-13 可以看出，失败银行比率与银行拆借偏好系数的关系为 V 形曲线。当银行拆借偏好系数 $0.01 \leqslant \lambda < 1$ 时，随着银行拆借偏好系数的提高，失败银行比率从 0.194 单调下降至 0.12。然而，当银行拆借偏好系数 $1 \leqslant \lambda \leqslant 100$ 时，随着银行拆借偏好系数的增大，失败银行比率从 0.12 逐渐增大到 0.196。这是因为随着银行拆借偏好系数的增大，银行间建立拆借关联的概率增大，银行间市场网络中的银行间拆借关联数量增多。当银行拆借偏好系数低于某个阈值时，银行间市场网络中拆借关联数量较少，银行间拆借关联数量的提高有利于银行间的风险共担，进而降低银行间风险传染效应。但是当银行拆借偏好系数超过某个阈值时，银行间市场网络中拆借关联数量的提高增大了不同银行间资产负债暴露的可能性，进而增大了银行间风险传染效应。本部分的仿真结果表明：当银行间市场网络中的拆借关联数量水平较低时，适度提高银行间拆借偏好系数可以降低银行间风险传染效应，增加银行间市场网络的稳定性。而当银行间市场网络中的拆借关联数量水平超过某个阈值时，增大银行间拆借偏好系数提高了银行间风险传染效应，降低了银行间市场网络的稳定性。

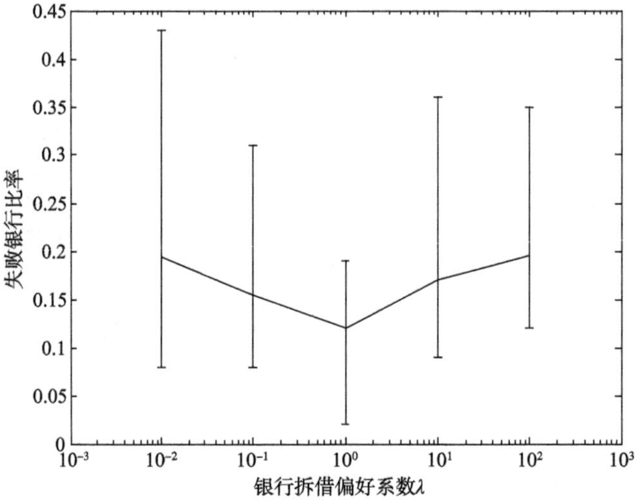

图 5-13 银行拆借偏好系数与失败银行比率的关系图

2. 银行间市场网络节点数量与银行间风险传染

银行间市场网络节点数量的增加表示有新的银行加入，而银行间市场网络节点数量的减少对应着银行的离开。本部分分析银行间市场网络节点数量与银行间风险传染的关系。为了分析银行间市场网络节点数量对银行间风险传染的影响，我们测试银行间市场网络节点数量 N 从 50 增大到 300 过程中，失败银行比率的变化，仿真结果如图 5-14 所示。

从图 5-14 可以看出，在银行间市场网络节点数量 N 从 50 增大至 300 的过程中，失败银行比率缓慢下降。这是因为随着银行间市场网络节点数量的增多，会有更多的银行参与吸收失败银行产生的冲击，进而降低了银行间风险传染效应，增强了银行间市场网络的稳定性。

5.2.6 利率波动与银行间风险传染

本章构建的基于动态网络的银行间市场风险传染模型的执行过程需要较长的期数，因此固定利率无法刻画实际的银行间市场利率波动情况。为此，本章采用随机游走过程（Georg，2013）来刻画银行间市场利率的波动：$r_t^d = (1-\gamma^{k_t} + 2\gamma^{k_t}\chi)r_{t-1}^d$。

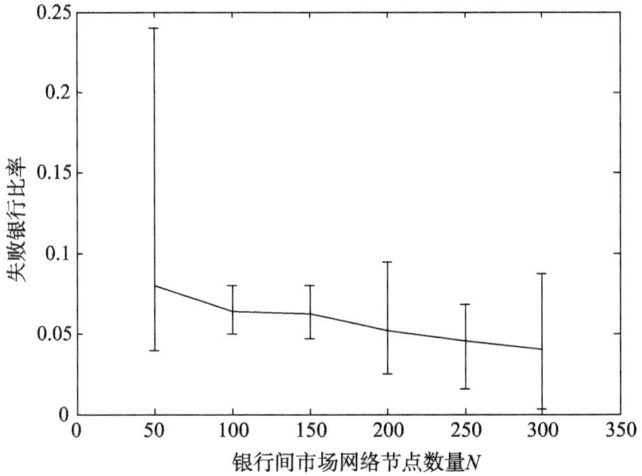

图 5-14　银行间市场网络节点数量与失败银行比率的关系图

从图 5-15 可以看出，在利率波动度量参数 γ^{k_i} 从 0 增大至 0.4 的过程中，失败银行比率在 0.2 附近小幅震荡，并且其误差棒也保持相对稳定。这表明本章构建的基于动态网络的银行间市场多渠道风险传染模型具有较高的鲁棒性，另外也表明利率波动的增大对银行间风险传染效应的影响较小。

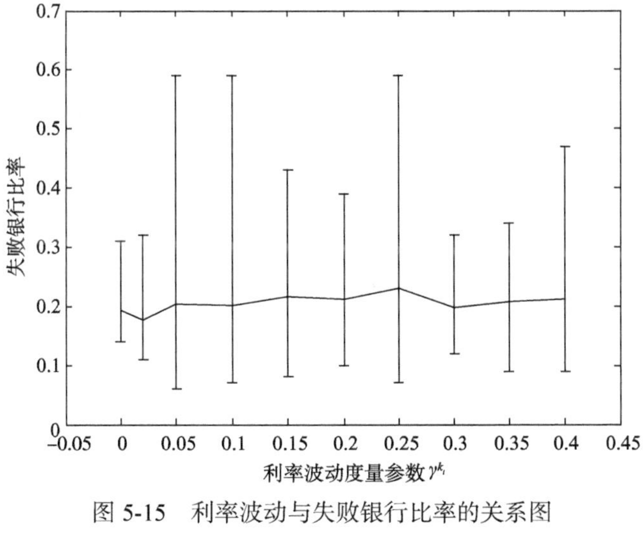

图 5-15　利率波动与失败银行比率的关系图

5.3 本章小结

本章构建了动态的银行资产负债表来刻画银行主体行为，基于银行动态主体行为构建了动态的银行单层网络。在此基础上对银行网络进行仿真分析，仿真结果表明：本章构建的银行网络结构具有小世界特征，即具有较短的平均最短路径长度和较高的聚集系数；另外本章构建的银行网络结构具有无标度特征，即少数银行具有较大的度，而大多数银行具有较小的度；另外，本章构建的银行网络具有演化特征，演化过程中银行网络结构保持动态稳定。

在上述研究基础上，本章分析了银行间市场多渠道风险传染机制，构建了银行间市场多渠道风险传染模型，并在动态网络上分析了银行间市场多渠道风险传染过程。首先，从网络动态性、银行主体行为及网络结构等角度对银行间市场多渠道分析传染展开分析。仿真结果表明：银行间市场的网络动态性可以降低银行间市场风险传染效应，增强银行间市场网络的稳定性。银行主体行为对银行间市场风险传染具有复杂影响，提高银行资本金率可以减少银行间市场风险传染效应，提高银行间资产暴露和银行流动性资产比率，银行间市场风险传染效应先降低后增强。在银行间市场网络中，增加银行间市场网络中的节点个数，可以降低银行间市场风险传染效应，而银行间拆借偏好系数的增大，会使银行间市场风险传染效应先减少后增大。此外，本章通过利率随机游走刻画银行间市场利率波动，检验了基于动态网络的银行间市场多渠道风险传染模型的鲁棒性。研究发现失败银行比率不随市场利率波动的增大而显著提高，这表明本章构建的模型具有较好的鲁棒性。

第 6 章　基于单层网络的银行系统性风险多元化研究

第 5 章通过构建银行单层网络模型，研究了银行系统性风险特征。而本章进一步研究投资组合多元化策略与系统性风险之间的关系。目前相关研究对于银行投资组合多元化是否一定能够分散风险尚没有明确的结论。基于 Markowitz（1952）的投资组合理论以及资本资产定价模型，早期的研究认为个体金融机构的投资组合会受到异质冲击，因而增加投资组合多元化能够有效地降低金融系统的风险。然而金融危机之后，一系列基于银行系统的相关研究表明：个体机构投资组合多元化不一定总是有效的。Wagner（2010）通过数学图像描述了简化的银行系统中个体机构投资组合多元化与系统性风险之间的关系，发现尽管投资组合多元化能够降低个体机构的破产概率，但过多的投资组合多元化会使各机构之间更加相似从而更容易引发系统性风险；在此基础上，又提出一种投资组合选择模型，随着投资组合多元化的增加，投资机构不仅需要面对流动性风险，还要面对高成本的联合清算风险。联合清算风险的存在使得投资机构更倾向于选择异质的投资组合而放弃投资组合多元化。Beale 等（2011）发现系统性风险可以用描述银行投资组合多元化水平的变量解释，并且可以通过降低银行投资组合多元化来提高系统稳定性。Maeno 等（2013）考虑了银行间拆借关系，研究了复杂金融市场中投资组合多元化与系统性风险，同样发现较低水平的投资组合多元化在增强金融系统稳定性方面更加有效。Tasca 等（2017）也同时考虑了投资多元化引起的共同资产和银行间拆借关系的相互作用，基于随机网络研究了系统性风险发生的概率与投资多元化之间的关系，发现当银行由于过度的投资多元化而产生大量的共同资产时，银行间的网络结构会使冲击的负面影响放大。

通过以上文献论述可以看出，银行投资组合多元化和银行间拆借关系均对系统性风险具有重要影响。尽管也有文献同时考虑了拆借关系和投资组合多元化对银行系统性风险的影响，但是忽略由投资组合多元化引起的持有共同资产减价出售的现象。实际上，Caccioli 等（2014）的研究表明，由持有共同资产减价出售引发的风险传染才是影响投资组合多元化有效性的关键因素。张吟等（2016）基于 Caccioli 等（2014）构建的持有共同资产模型进行研究，也得到了相似的结论。关于减价出售对于资产价格的影响已经有很多学者进行了研究，Cifuentes 等（2005）很早就借鉴 Eisenberg 和 Noe（2001）关于银行间债务支付清算机制的理论，推导了持有共同资产的价格清算机制。在此基础上，Feinstein（2017）比较了不同投资组合策略和清算策略对系统稳定性的影响。Greenwood 等（2015）通过银行资产负债表的实际数据研究了减价出售所引发的风险传染过程。方意和郑子文（2016）通过 Greenwood 等（2015）的模型度量了中国银行业房地产贷款的资产价格下跌对银行体系造成的系统性风险。

实际金融市场中各种关系错综复杂，风险的传染往往不是通过某种机制单独作用的。Caccioli 等（2015）通过实证方法研究了金融系统中风险传染的关系，发现冲击引发的银行破产会导致资产的减价出售，而持有共同资产的减价又会使其他银行因无法偿还拆借而破产，从而进一步引发减价出售，二者相互作用产生螺旋效应，放大了风险的传染并最终引发系统性风险。Aldasoro 和 Faia（2016）也考虑了银行资产的减价出售以及拆借偿付所产生的螺旋效应，通过仿真方法研究了流动性覆盖率与系统性风险之间的关系，发现异质性的流动性覆盖率可以降低外部效应从而使系统更加稳定。吴宜勇等（2017）基于持有共同资产的价格波动研究了造成银行违约的直接效应和间接效应，发现共同资产出售的间接效应远大于拆借关联的直接效应。隋聪等（2017）在相同的设置基础上，分别基于银行间拆借违约，减价出售以及同时存在这两种传染机制的假设，研究了两种传染机制的叠加效应，发现两种传染机制叠加效应的破坏力远远大于其独立传染时的破坏力，因而风险传染的叠加效应是形成银行系统性风险的主要原因。

根据以上研究现状可知，对于银行投资组合多元化与系统性风险之间的关系，目前的研究结论仍然不够完善，而持有共同资产减价出售和银行间拆借的相互作用对于研究银行系统性风险至关重要，那么同时考虑这两种机制研究银行投资组合多元化与系统性风险很有必要。但是目前同时考虑减价出售和拆借关系的文献都侧重于研究系统性风险的传染特征，没有基于两种机制深入研究银行投资组合多元化与系统性风险之间的关系，而且这些研究大多是基于仿真和实证得到的结论，有必要得到理论上的进一步证明。针对这些问题，本章从理论推导的角度出发，通过简化的金融市场构建投资组合多元化模型，同时基于持有共同资产的减价出售和银行间拆借关系研究投资组合多元化对系统性风险的影响，完善了投资组合多元化与系统性风险的研究结果，也为证明持有共同资产减价出售和银行间拆借对风险传染的叠加效应提供了理论依据。另外，本章的研究结论对于从微观角度实施系统性风险的监管具有较高的参考价值。

6.1　模 型 构 建

考虑一个由两家银行和两种资产组成的简化金融市场，市场中银行是同质的，银行总资产为 a，银行存款利率为 r，存款准备金比率为 α，杠杆率为 λ，同业拆款比率为 θ。为了基于银行间拆借关系构建银行投资组合多元化模型，本章通过资产负债表来刻画银行之间的拆借关系和投资组合策略。银行 $i(i=1,2)$ 资产负债表中的资产方包括现金 c_i、外部投资 e_i 以及同业借款 l_i，银行 i 资产负债表的负债方包括同业借款 b_i、储户存款 d_i 以及初始净资产 w_i。由于市场中只有两家银行，两家银行相互借贷，根据给定的银行参数结合会计恒等式进行计算，可以得到银行资产负债表中每一项的表达式：

$$\begin{cases} c_1 = c_2 = (1-\theta-\lambda)\alpha a \\ e_1 = e_2 = \dfrac{\lambda a}{\gamma} \\ l_1 = b_2 = \theta a \\ b_1 = l_2 = \theta a \\ d_1 = d_2 = (1-\theta-\lambda)a \\ w_1 = w_2 = \lambda a \end{cases} \tag{6-1}$$

其中

$$\gamma = \frac{\lambda}{(1-\alpha)(1-\theta)+\alpha\lambda}$$

资产价格波动是银行外部投资遭受到冲击时最直接的表达方式，因而本章通过资产价格的随机波动模拟外部冲击对金融系统的影响。假设两种资产 $j(j=1,2)$ 的价格波动分别以 x 和 y 表示，x 和 y 相互独立，为了方便计算并考虑到金融资产价格波动的尖峰厚尾性，本章参考 Maeno 等（2013）的研究，令 x 和 y 均服从位置参数为 0、尺度参数为 1 的拉普拉斯分布

$$f(x)=\begin{cases}\dfrac{1}{2}e^{x}, x<0\\ \dfrac{1}{2}e^{-x}, x\geqslant 0\end{cases} \text{且} f(y)=\begin{cases}\dfrac{1}{2}e^{y}, y<0\\ \dfrac{1}{2}e^{-y}, y\geqslant 0\end{cases} \tag{6-2}$$

当银行同时持有两种资产，其外部投资的损益由两种资产的价格波动同时决定。假设银行 i 将比例为 e_{i1} 的外部投资用于持有资产 1，剩余的外部投资均用于持有资产 2，则由于资产价格的波动造成银行 i 的外部投资损益可以表示为 $e_i\left[e_{i1}x+(1-e_{i1})y\right]$。$e_{i1}$ 可以用于表示银行 i 的投资组合多元化水平，起初随着 e_{i1} 的增加，投资组合多元化增加，当 $e_{i1}=\dfrac{1}{2}$ 时银行持有相同比例的两种资产，投资组合多元化达到最大，此后随着 e_{i1} 的增加，投资组合多元化降低。

6.2 银行投资组合多元化与系统性风险

尽管大部分研究结果表明过多的投资组合多元化更容易引发系统性风险，但是这个现象只是一种定性的结果，对于何种程度的投资组合多元化能够更加有利于银行系统稳定这个问题仍然需要进行深入研究。本章基于 Wagner（2010）的研究方法，构建了一种简化的金融市场模型，并且基于这个模型对银行个体风险和系统性风险从发生概率的角度进行了定义，然后融合 May 和 Arinaminpathy（2010）研究减价出售机制的思路，分别在考虑了拆借关系和减价出售两种机制的情况下，从定性的角度研究了银行投资组合多元化与系统性风险之间的关系。

6.2.1 个体风险与系统性风险

系统性风险是由个体风险的传染引发的，但是系统性风险并不是个体风险的简单叠加，个体风险与系统性风险之间密切相关，因而对于系统性风险的研究首先要从个体风险开始。本章基于构建的简单金融市场模型对个体风险与系统性风险之间的区别和联系进行了详细的研究，通过个体银行破产的概率 $P(i)$ 来定义个体风险，两个银行同时破产的概率 P 来定义系统性风险，借助数学图像推导了个体风险和系统性风险的发生概率，并通过对 $P(i)$ 和 P 概率性质的分析，分别给出了满足个体最优和系统最优的银行投资组合多元化水平。

在投资到期日，银行需要结算外部投资损益并支付储户存款利息，由会计恒等式可知，到期日银行 i 的净资产 w_i' 更新为

$$w_i' = e_i\left[e_{i1}x + (1-e_{i1})y\right] - rd_i - w_i \tag{6-3}$$

根据资产负债表，当银行的净资产小于零时就会破产，因此当外部投资出现损失并且损失的资产金额超过银行支付储户存款利息后的初始净资产时，银行将面临破产。根据式（6-3），当 $w_i' = 0$ 时，银行刚好处于破产边界，因此银行 i 的破产边界为

$$w_i + rd_i = e_i\left[e_{i1}x + (1-e_{i1})y\right] \tag{6-4}$$

根据式（6-1）中银行资产负债表的表达式对式（6-4）进行化简，可以得到

$$\varPhi_i : \mu\gamma = e_{i1}x + (1-e_{i1})y \tag{6-5}$$

其中，$\mu = 1-(1-\theta-\lambda)\dfrac{r}{\lambda}$。式（6-5）所表示的破产边界是本章研究个体风险的重要目标函数，其中包含三个变量，e_{i1} 是目标函数的自变量，表示投资组合多元化水平，x 和 y 尽管也是随机变量，但是均服从参数已知的拉普拉斯分布。因此分别以 x 和 y 作为横纵坐标建立坐标系，便可以将式（6-5）表示为仅与投资组合多元化和银行破产边界有关系的数学图像，如图 6-1 所示。

图 6-1 中直线 $\varPhi_i$ 表示银行 i 的破产边界，直线上方的区域表示银行外部资产的损失超过支付储户存款利息后的净资产，对该区域进行积分所得到的破产概率即银行 i 的个体风险 $P(i)$。由于 x 和 y 均是分段函数，因此将直线上方的区域划分为三个区域，单独进行积分并叠加可以得到个体风险的表达式，即

$$P(i) = I(i)_1 + I(i)_2 + I(i)_3 \tag{6-6}$$

通过图 6-1 可以看出，$P(i)$ 仅与投资组合多元化水平 e_{i1} 和常数 $\mu\gamma$ 有关，而且随着投资组合多元化水平的变化（如图中虚线所示），银行破产边界始终通过点 $(\mu\gamma,\mu\gamma)$，因此 $P(i)$ 并非单调的，而且在 $x_i(0)$=$y_i(0)$ 时具有极值，此时投资组合多元化为 $e_{i1} = 0.5$。

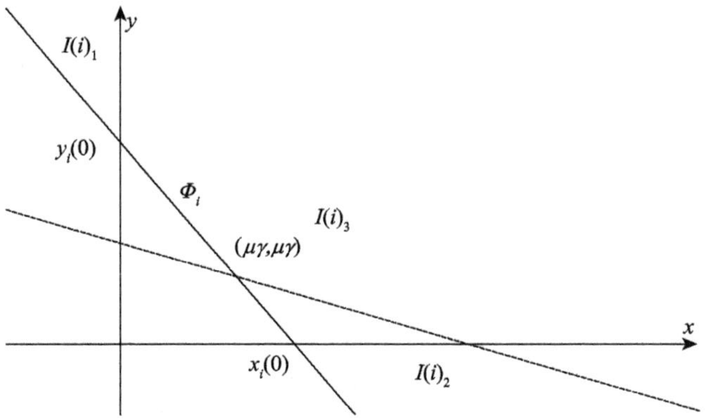

图 6-1 银行个体风险 $P(i)$

定义两家银行同时破产的概率为系统性风险 P，则系统性风险可以根据两家银行的破产边界进一步刻画。如果市场中的两家银行之间不存在拆借关系，资产也不存在减价出售现象，那么此时系统中的两家银行之间不存在风险传染，两家银行均具有相同的破产边界表达形式

$$\begin{cases}\Phi_1:\mu\gamma=e_{11}x+\left(1-e_{11}\right)y\\ \Phi_2:\mu\gamma=e_{21}x+\left(1-e_{21}\right)y\end{cases} \tag{6-7}$$

两家银行的破产边界均是关于随机变量 x 和 y 的函数，同样以 x 和 y 为坐标轴，可以将两家银行的破产边界画于图 6-2 中的同一个坐标系下，为了方便讨论，图 6-2 只给出了 $e_{11}\geqslant e_{21}$ 的情况，$e_{11}<e_{21}$ 的情况可以通过图像的对称性得到相同的结论。

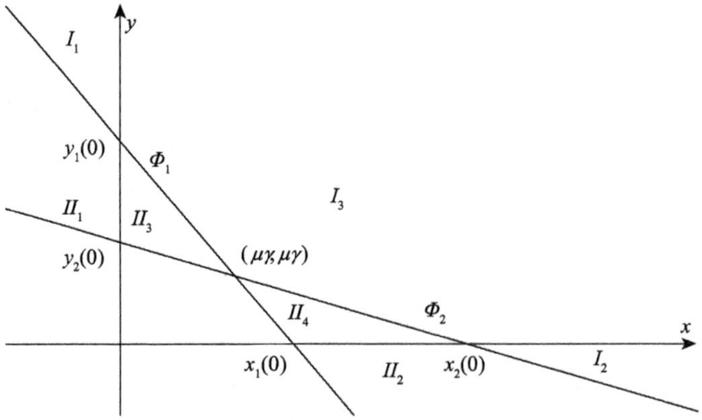

图 6-2 银行系统性风险 P

图 6-2 中直线 Φ_1 和直线 Φ_2 分别表示两家银行的破产边界且相交于点 $(\mu\gamma,\mu\gamma)$，直线位置的变化分别由两家银行的投资组合多元化 e_{11} 和 e_{21} 决定。根据图 6-1 可知，每条直线的上方区域表示银行的个体风险 $P(i)$，但是系统

性风险并不是两家银行个体风险的叠加，而是两家银行同时破产的概率 P ，即区域 $I_i\left(i=1,2,3\right)$ ，系统性风险远小于银行个体风险的总和，二者之间的具体关系为

$$P=\frac{1}{2}\left[P\left(1\right)+P\left(2\right)-\Pi_1-\Pi_2-\Pi_3-\Pi_4\right] \tag{6-8}$$

通过图 6-2 可以看出，系统性风险 P 由两家银行的投资组合多元化 e_{11} 和 e_{21} 同时决定。由于 $e_{11}\geqslant e_{21}$ ，很明显当两条直线处于重合状态时 P 最大，两家银行具有完全相同的投资组合多元化，即 $e_{11}=e_{21}$ ，并且此时系统性风险 P 等于银行的个体风险 $P\left(i\right)$ 。

6.2.2　考虑拆借关系的系统性风险

银行间拆借关系在风险传染中起着重要作用，是引发系统性风险的关键因素之一，因此考虑拆借关系研究银行投资组合多元化与系统性风险很有必要。如果两家银行之间存在拆借关系，则破产银行不能吸收的剩余冲击将通过拆借关系传染给另外一家银行，因此债权银行的损失由两部分组成：外部投资的直接损失和债务银行所引起的间接损失。基于式（6-4）中的模型，考虑到市场中的两家银行互为债权方和债务方，并且根据责任有限原则，债权银行所承担的最大间接损失不会超过债务银行的拆借金额，两家银行的破产边界如下：

$$\begin{cases} w_1-rd_1=e_1\left(e_{11}x+\left(1-e_{11}\right)y\right)+\min\left[e_2\left(e_{21}x+\left(1-e_{21}\right)y\right)-\left(w_2-rd_2\right),b_1\right] \\ w_2-rd_2=e_2\left(e_{21}x+\left(1-e_{21}\right)y\right)+\min\left[e_1\left(e_{11}x+\left(1-e_{11}\right)y\right)-\left(w_1-rd_1\right),b_2\right] \end{cases} \tag{6-9}$$

根据资产负债表对式（6-9）进行化简，每个银行的破产边界可以表示为分段函数的形式。假设 $e_{11}\geqslant e_{21}$ ，对于银行 1 来说，当 $x\leqslant m$ 时，破产边界为 Φ_1' ，当 $x>m$ 时，破产边界为 Φ ；对于银行 2 来说，当 $x\leqslant n$ 时，破产边界为 Φ ，当 $x>n$ 时，破产边界为 Φ_2' ，其中

$$\begin{cases} m=\left(\mu\gamma-\dfrac{2-e_{11}-e_{21}}{e_{11}-e_{21}}\dfrac{\theta\gamma}{\lambda},\ \mu\gamma+\dfrac{e_{11}+e_{21}}{e_{11}-e_{21}}\dfrac{\theta\gamma}{\lambda}\right) \\ n=\left(\mu\gamma+\dfrac{2-e_{11}-e_{21}}{e_{11}-e_{21}}\dfrac{\theta\gamma}{\lambda},\ \mu\gamma-\dfrac{e_{11}+e_{21}}{e_{11}-e_{21}}\dfrac{\theta\gamma}{\lambda}\right) \end{cases} \tag{6-10}$$

$$\begin{cases}\Phi_1':(\mu-\lambda\theta)\gamma=e_{11}x+(1-e_{11})y\\ \Phi_2':(\mu-\lambda\theta)\gamma=e_{21}x+(1-e_{21})y\\ \Phi:2\mu\gamma=e_{11}x+(1-e_{11})y+e_{21}x+(1-e_{21})y\end{cases} \tag{6-11}$$

在x和y构建的坐标系中，由式（6-10）和式（6-11）共同组成的两家银行破产边界可以通过图 6-3 表示。需要注意的是，根据式（6-10），从数学的角度m点既可能在第一象限，也可能在第二象限，而根据现实金融市场中各种参数的基准值，m点在第二象限的概率远大于在第一象限的概率，同样道理，n点基本在第四象限。因此图 6-3 只考虑了m点在第二象限和n点在第四象限的情况。

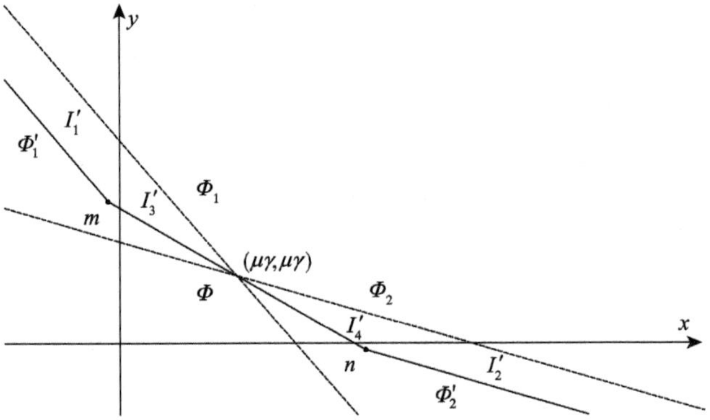

图 6-3　考虑拆借关系的银行系统性风险 P'

图 6-3 中Φ_1'、Φ_2'分别与图 6-2 中Φ_1、Φ_2平行。不管投资组合多元化e_{11}和e_{21}如何变化，由Φ_1'、Φ_2'和Φ组成的两家银行联合破产边界始终经过点$(\mu\gamma,\mu\gamma)$，且相交于m点和n点。联合破产边界上方的区域表示考虑拆借关系时的系统性风险P'，很明显P'包含图 6-2 中的系统性风险P，而且在此基础上又增加了由银行拆借关系所引发的风险传染，即

$$P'=P+I'_1+I'_2+I'_3+I'_4 \tag{6-12}$$

通过图 6-3 可以看出，考虑银行间拆借关系的系统性风险P'主要由m点和n点的位置决定，m点和n点越偏离原点则P'越大，由式（6-10）可知，m点和n点的位置实际上分别与$\dfrac{2-e_{11}-e_{21}}{e_{11}-e_{21}}$和$\dfrac{e_{11}+e_{21}}{e_{11}-e_{21}}$有关，从而考虑拆借关系的系统性风险$P'$由$e_{11}$与$e_{21}$之间的博弈关系决定，当$e_{11}=e_{21}$时，两家银行破产边界重合且此时$P'$等于$P(i)$。

6.2.3　考虑拆借关系和减价出售的系统性风险

风险传染的另一个重要途径依赖于共同资产的减价出售，这被普遍认为是现代金融市场系统性风险的重要推动力，而共同资产减价出售和银行拆借偿付的螺旋效应更是引发系统性风险的根本原因。目前基于理论模型的系统性风险研究没有考虑减价出售的影响，因而本章将对此进行深入研究。外部资产价格波动导致银行破产时，由于流动性不足，破产银行不能以初始价格清算其外部资产，引起外部资产的减价出售，反过来导致资产价格进一步降低，从而导致持有共同资产的其他银行产生亏损。在同时考虑到银行间拆借关系和共同资产减价出售因素的影响时，银行的损失由三部分组成：外部投资直接损失，债务银行造成的损失，外部资产折价造成的损失。因此，基于式（6-9）构建的模型，银行的破产边界可以表示为

$$\begin{cases} w_1 - rd_1 = e_1\left(e_{11}x + \left(1-e_{11}\right)y\right) + \min\left[e_2\left(e_{21}x+\left(1-e_{21}\right)y\right) + e_2\beta_2 - \left(w_2 - rd_2\right), b_2\right] + e_1\beta_1 \\ w_2 - rd_2 = e_2\left(e_{21}x + \left(1-e_{21}\right)y\right) + \min\left[e_1\left(e_{11}x+\left(1-e_{11}\right)y\right) + e_1\beta_1 - \left(w_1 - rd_1\right), b_1\right] + e_2\beta_2 \end{cases} \tag{6-13}$$

其中

$$\begin{cases} \beta_1 = e_{11}\left(1-\mathrm{e}^{-\beta e_{21}}\right) + \left(1-e_{11}\right)\left(1-\mathrm{e}^{-\beta\left(1-e_{21}\right)}\right) \\ \beta_2 = e_{21}\left(1-\mathrm{e}^{-\beta e_{11}}\right) + \left(1-e_{21}\right)\left(1-\mathrm{e}^{-\beta\left(1-e_{11}\right)}\right) \end{cases} \tag{6-14}$$

$\beta_i\,(i=1,2)$ 表示银行 i 由于持有共同资产而导致的亏损，根据 Cifuentes 等（2005）对于价格清算机制的研究，本章假设减价出售可用价格公式表示：$f\left(s_j\right)=\mathrm{e}^{-\beta s_j}$，$\beta$ 为资产价格影响系数，s_j 为资产 j 被清算的比例，当银行破产时，所有外部投资都被清算。

根据资产负债表对式（6-13）进行化简，由于考虑了共同资产的减价出售，函数表达形式更加复杂。同样假设 $e_{11} \geqslant e_{21}$，对于银行 1，当 $x \leqslant m'$ 时，破产边界为 Φ_1''，当 $m < x \leqslant p$ 时，破产边界为 Φ_3，当 $x > p$ 时，破产边界为 Φ_2；对于银行 2，当 $x \leqslant q$ 时，破产边界为 Φ_1，当 $q < x \leqslant n$ 时，破产边界为 Φ_4，当 $x > n$ 时，破产边界为 Φ_2''，其中

$$\begin{cases} m'=\left(m_x-\dfrac{(1-e_{21})\beta_1-(1-e_{11})\beta_2}{e_{11}-e_{21}},m_y+\dfrac{e_{21}\beta_1-e_{11}\beta_2}{e_{11}-e_{21}}\right) \\ n'=\left(n_x-\dfrac{(1-e_{21})\beta_1-(1-e_{11})\beta_2}{e_{11}-e_{21}},n_y+\dfrac{e_{21}\beta_1-e_{11}\beta_2}{e_{11}-e_{21}}\right) \\ p=\left(\mu\gamma-\dfrac{1-e_{21}}{e_{11}-e_{21}}(\beta_1+\beta_2),\mu\gamma+\dfrac{e_{21}}{e_{11}-e_{21}}(\beta_1+\beta_2)\right) \\ q=\left(\mu\gamma+\dfrac{1-e_{11}}{e_{11}-e_{21}}(\beta_1+\beta_2),\mu\gamma-\dfrac{e_{11}}{e_{11}-e_{21}}(\beta_1+\beta_2)\right) \end{cases} \tag{6-15}$$

$$\begin{cases} \Phi_1'':(\mu-\theta/\lambda)\gamma-\beta_1=e_{11}x+(1-e_{11})y \\ \Phi_2'':(\mu-\theta/\lambda)\gamma-\beta_2=e_{21}x+(1-e_{21})y \\ \Phi_3:2\mu\gamma-\beta_1-\beta_2=(e_{11}+e_{21})x+(2-e_{11}-e_{21})y \\ \Phi_4:2\mu\gamma-\beta_1-\beta_2=(e_{11}+e_{21})x+(2-e_{11}-e_{21})y \end{cases} \tag{6-16}$$

在x和y构建的坐标系中，由式（6-15）和式（6-16）共同组成的两家银行破产边界可以通过图6-4表示。对比式（6-15）和式（6-10），可以看出m'和n'的位置均在m和n的基础上发生了相同程度的平移，而平移的距离与资产的减价出售密切相关。另外，p和q的位置也是不确定的，p既有可能在第二象限，也有可能在第一象限，q既有可能在第一象限，也有可能在第四象限。

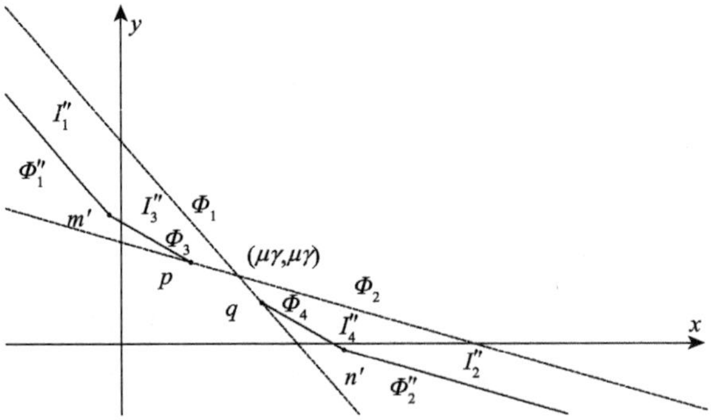

图6-4 考虑减价出售和拆借关系的银行系统性风险P''

图6-4中Φ_1''和Φ_2''分别平行于Φ_1和Φ_2，由Φ_1''，Φ_2''，Φ_1，Φ_2，Φ_3和Φ_4共同形成的实线表示两家银行的联合破产边界，联合破产边界上方的区域表示同时考虑资产减价出售和拆借关系时的银行系统性风险P''。对比图6-2和图6-3可以发现，同时考虑减价出售和拆借关系的系统性风险P''不仅包括最初的系统性风险P，也包括只考虑拆借关系的系统性风险P'，由减价出售和拆借关系引发的系统性风险可以表示为

$$P'' = P + I_1'' + I_2'' + I_3'' + I_4'' \tag{6-17}$$

由图 6-4 可以看出，同时考虑减价出售和拆借关系的系统性风险 P'' 主要由 m'，n'，p 和 q 的位置决定，由于这些点表达式复杂，不能够明显看出系统性风险 P'' 的变化规律，但是这些点的位置变化都是由投资组合多元化引起的，因而系统性风险 P'' 同样由 e_{11} 和 e_{21} 之间的关系决定。

6.3 数 值 实 验

6.3.1 个体风险和系统性风险

为了更加清楚地描述银行个体风险 $P(i)$、系统性风险 P、考虑拆借关系的系统性风险 P' 以及同时考虑减价出售和拆借关系的系统性风险 P'' 相互之间的区别与联系，分别根据式（6-6）、式（6-8）、式（6-12）和式（6-17），可以给出各种风险的数值实验结果。参考实际金融市场中的相关数据，设置数值模拟各类参数为：银行总资产 $a=1$，同业拆借比率 $\theta=0.05$，杠杆率 $\lambda=0.1$，存款准备金比率 $\alpha=0.2$，银行存款利率 $r=0.05$，资产价格影响系数 $\beta=1.05$。

图 6-5 给出了银行 i 个体风险 $P(i)$ 与投资组合多元化 e_{i1} 的关系。横轴 e_{i1} 表示资产 1 占银行 i 外部投资的比例，则资产 2 占银行 i 外部投资的比例为 $1-e_{i1}$，从而 e_{i1} 可以表示银行 i 的投资组合多元化。从图 6-5 可以看出，银行的个体风险 $P(i)$ 整体呈 U 型趋势，在 $e_{i1}=0$ 和 $e_{i1}=1$ 时 $P(i)$ 最大，在 $e_{i1}=0.5$ 时 $P(i)$ 最小，这说明从个体银行的角度来说，只投资于一种资产时风险最大，而平均投资于所有资产时风险最小，即完全的投资组合多元化对于降低银行个体风险是最优的选择。

对于银行个体风险 $P(i)$ 来说，完全的投资组合多元化是最优选择，而从整个银行市场系统性风险 P 的角度考虑，得到的结论刚好相反。图 6-6 表示银行系统性风险 P 与两家银行投资组合多元化 e_{11} 和 e_{21} 的关系，e_{11} 和 e_{21} 分别表示银行 1 和银行 2 持有资产 1 占各自外部投资的比例，因而 e_{11} 和 e_{21} 是两个完全不相关的变量。

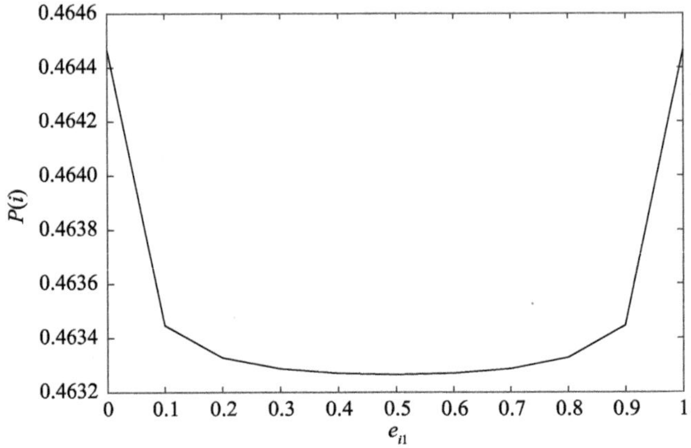

图 6-5 银行个体风险 $P(i)$

图 6-6 中网格颜色的变化表示系统性风险 P 的大小，颜色越浅表示系统性风险越大，颜色越深表示系统性风险越小，可以明显看出当 $e_{11}=e_{21}$ 时 P 最大，而在 $e_{11}=1$ 和 $e_{21}=1$ 时 P 最小。图 6-7 在 e_{21} 取几类特殊点时给出了系统性风险 P 与 e_{11} 的变化关系，可以得到相同的结论：每家银行只投资一种特有的资产时系统性风险最小，随着银行投资组合多元化的增加，投资组合逐渐变得更加相似，当银行具有完全相同的投资组合多元化时系统性风险最大。

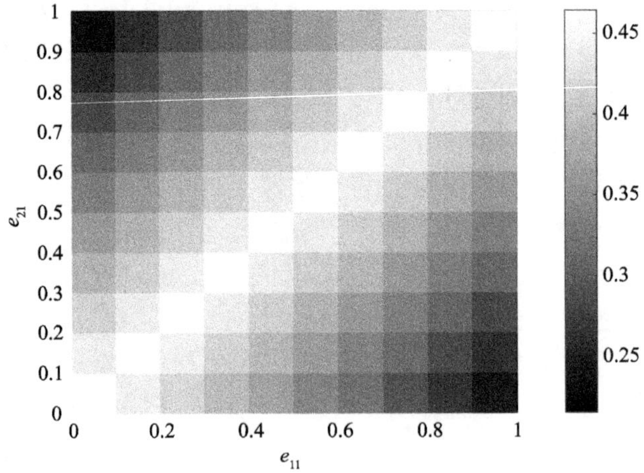

图 6-6 银行系统性风险 P

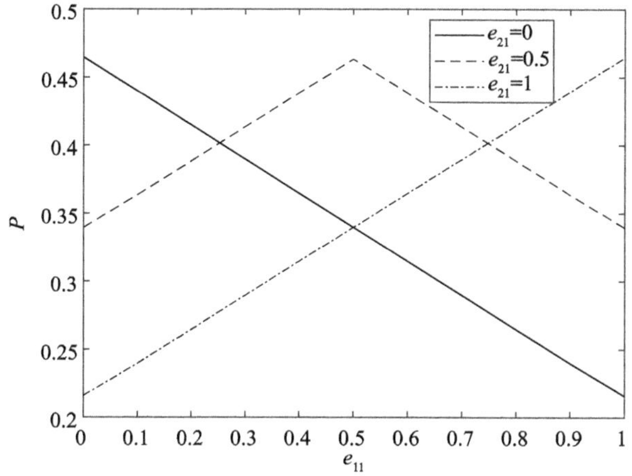

图 6-7 银行系统性风险 P 特例

6.3.2 考虑拆借关系的系统性风险

在 6.3.1 节系统性风险 P 的基础上，将拆借关系所导致的偿付风险考虑在内，得到考虑拆借关系的系统性风险 P' 与银行投资组合多元化的关系如图 6-8 所示。图6-8 中系统性风险 P' 的整体变化趋势与图 6-6 类似，即当银行具有完全相同的投资组合多元化时系统性风险最大，随着投资组合差异程度的增加，系统性风险逐渐降低。但是相比于图 6-6 中的系统性风险 P ，图 6-8 中的系统性风险 P' 颜色整体偏浅，说明考虑拆借关系时系统性风险 P' 会增加， P' 与 P 之间的具体关系如图 6-9 所示。为了方便，图 6-9 仅给出了 $e_{11}+e_{21}=1$ 时系统性风险 P 与考虑拆借关系的系统性风险 P' 之间的关系，其他条件下也可以得到相似的结论。从图 6-9 能够看出 P' 与 P 的变化趋势基本相同，但是考虑拆借关系的系统性风险 P' 包含系统性风险 P ，而且增加的部分就是由于拆借的偿付风险所引起的系统性风险。

6.3.3 同时考虑减价出售和拆借关系的系统性风险

基于金融市场中资产的流动性风险，进一步引入资产的减价出售机制，图 6-10 给出了同时考虑资产的减价出售和银行间拆借关系时系统性风险 P'' 与银行投资

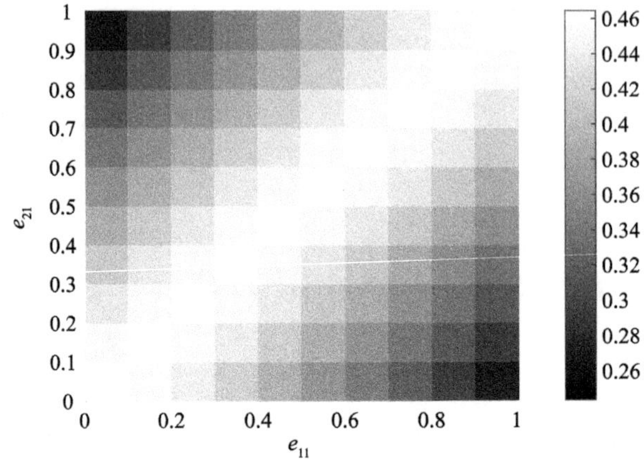

图 6-8 考虑拆借关系的银行系统性风险 P'

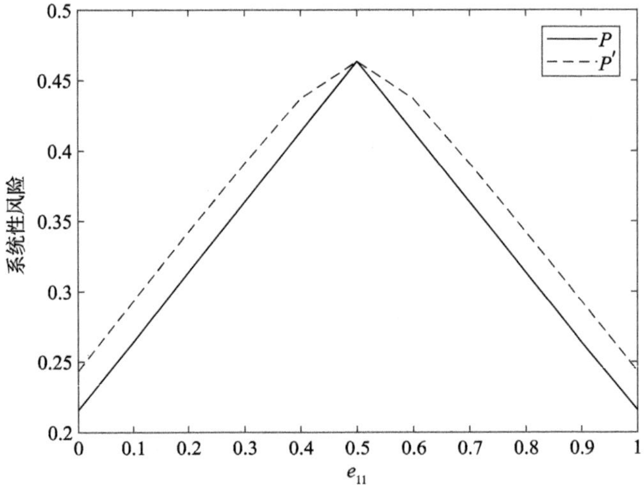

图 6-9 银行系统性风险 P 和 P'

组合多元化的关系。可以看出与图 6-6 中的系统性风险 P 和图 6-8 中考虑拆借关系的系统性风险 P' 相比，同时考虑减价出售和拆借关系时系统性风险 P'' 的最大值并不是在 $e_{11}=e_{21}$ 处，但是其最小值仍然在 $e_{11}=1$ 和 $e_{21}=1$ 时，说明在同时具有资产流动性风险和拆借偿付风险的实际金融市场中，投资组合多元化与系统性风险之间存在一种不确定性关系，高水平的投资组合多元化和低水平的投资组合多元化在一定程度上都能分散风险，但是相比而言，低水平的投资组合多元化对于降低系统性风险更加有效。

另外，图 6-10 中系统性风险 P'' 明显高于图 6-6 中的系统性风险 P 和图 6-8 中考虑拆借关系的系统性风险 P'，图 6-11 刻画了三种系统性风险之间的具体关系，从图中可以看出 $P''\supseteq P'\supseteq P$，减价出售和拆借关系都能增加系统性风险，但是减价出售对于系统性风险的影响比拆借关系更大，说明减价出售是引发系统性风险的主要因素。

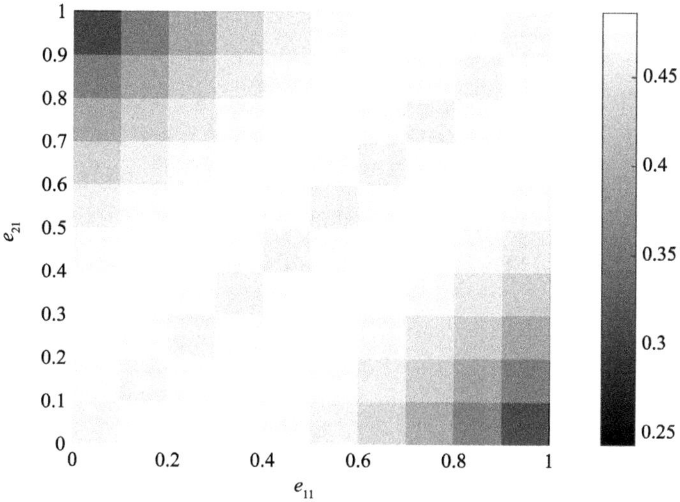

图 6-10　考虑减价出售和拆借关系的系统性风险 P''

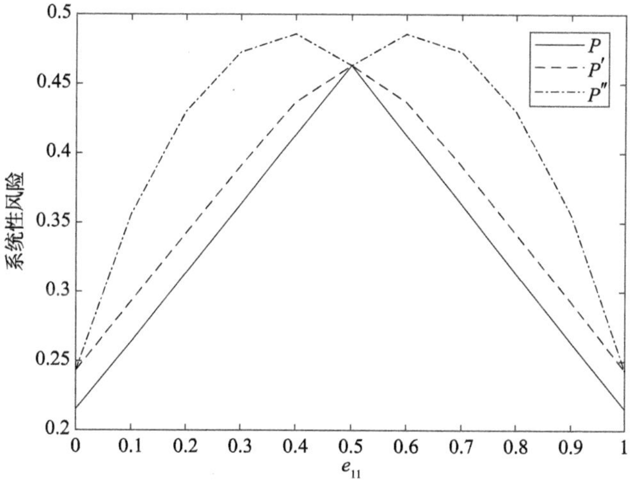

图 6-11　系统性风险 P 、 P' 和 P''

6.3.4　相关参数分析

为了观察模型数值实验的稳健性并分析银行投资组合多元化以外的其他参数

对研究结果的影响，图 6-12 分别以模型中的杠杆率λ、存款准备金比率α、同行拆借比率θ和资产价格影响系数β等重要参数作为研究对象，刻画了参数变化与同时考虑减价出售和拆借关系时银行系统性风险P''之间的关系，其中参数变化的取值均参考实际金融市场中相关指标的波动范围设定。从图 6-12 可以看出，银行的杠杆率和存款准备金比率的增加能够降低银行系统性风险，但是存款准备金比率对系统性风险的作用甚微，杠杆率对系统性风险的效果更加明显，因而通过控制杠杆率对银行系统性风险进行监管是一种有效的措施。另外，同业拆借比率和资产价格影响系数的增加会引发更加严重的系统性风险，因为同业拆借比率直接影响了偿付风险，资产价格影响系数增加了资产流动性风险，适当地控制同业拆借比率对于监管部门控制银行系统性风险也具有一定的参考价值。

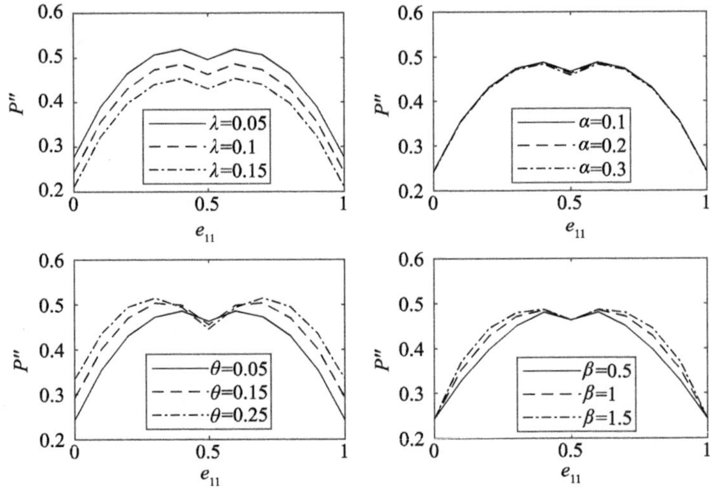

图 6-12 相关参数对系统性风险 P'' 的影响

6.4 本 章 小 结

本章通过简化的数学模型分别讨论了银行个体风险、银行系统性风险、考虑拆借关系的银行系统性风险以及同时考虑减价出售和拆借关系的银行系统性风险之间的区别与联系，并进一步研究了银行投资组合多元化与不同风险之间的关系，从银行投资组合多元化的角度为降低银行系统性风险提供了一定的参考。数值实验结果得到了以下几个重要结论。

第一，银行投资组合多元化同样需要成本，因为多元化会使银行的投资组合更加相似，而越相似的投资组合越容易引发系统性风险，随着银行投资组合差异的增加系统性风险反而会降低，并且在每个银行持有其特质的资产时系统性风险最小。

第二，银行系统性风险的发生概率小于所有银行个体风险发生概率的叠加，资产的减价出售和银行间的拆借关系都会增加系统性风险，而且由资产的减价出售所引发的系统性风险相比于由银行间拆借关系引发的系统性风险要更加严重。

第三，同时考虑减价出售和拆借关系时，降低银行杠杆率以及减少银行间同业拆借比率都能有效地控制银行系统性风险，而投资组合多元化与系统性风险之间存在不确定性关系，高水平的投资组合多元化和低水平的投资组合多元化在一定程度上都能够分散风险，但是相比而言，降低投资组合多元化对于控制银行系统性风险更加有效。

本章的研究结果明确了银行投资组合多元化与系统性风险之间的关系，对于相关部门通过调整金融市场中的相关监管要求从而增加金融系统的稳定性具有一定的参考价值。

第 7 章 基于期限多层网络的银行系统性风险研究

第 5 章和第 6 章主要从银行单层网络视角研究了银行系统性风险，而本章从多层网络视角研究银行系统性风险。目前网络理论已成为研究系统性风险的主流方法之一，但是已有相关研究在构建银行网络时，往往只考虑银行间单一类型关联性。但现实银行系统中的主体间通常表现出多种关联形式，如同业拆借具有不同期限结构、拆借有无担保等。在不同关联关系的作用下形成性质各异、相互联系的子网络，整体表现出多层次、多关联的网络结构特征。而且考虑银行多层网络的传导效应，要远高于单独考虑不同网络层的风险之和（Montagna and Kok，2013），若只考虑单层网络可能会使得系统性风险估计出现偏差（Bargigli et al.，2015）。针对此，本章根据同业拆借期限的差异，将同业拆借分为短期和长期两类，并基于资产负债表对银行间市场的多层网络模型和风险传染模型进行构建，进而研究银行系统性风险形成机制。

7.1 银行期限多层网络模型

现实银行间市场中同业拆借具有不同的期限，本章将其抽象为短期和长期两类。即银行间同业拆借分为短期同业拆借和长期同业拆借。针对此，可构建两层的银行网络模型 $\Omega=\{N,G_\alpha;\alpha\in\{S,L\}\}$，其中 N 为银行的数目；$G_\alpha=(v_{ij}^\alpha)_{N\times N}$ 为 α 类型同业拆借网络的邻接矩阵；S 和 L 分别为短期和长期两种类型的同业拆借。

在邻接矩阵 G_α 中，$v_{ij}^{\alpha}=1$ 表示银行 i 与银行 j 之间存在 α 类型同业拆借关系。其中，银行 i 为债权者，而银行 j 为债务者。$v_{ij}^{\alpha}=0$ 意味着银行 i 与银行 j 之间不存在 α 类型同业拆借关系。而银行间同业拆借规模，可以用拆借矩阵 $W^{\alpha}=(w_{ij}^{\alpha})_{N\times N}$ 表示。其中，w_{ij}^{α} 为银行 j 从银行 i 获得的 α 类型同业拆借规模。

下面基于银行资产负债表构建上述的银行多层网络模型，本章对现实银行资产负债表进行简化，但包含其核心的特征，具体构成如表 7-1 所示。银行 i 的总资产 a_i 由现金 c_i、短期借出款 $l_i^S=\sum_{j=1}w_{ij}^S$、长期借出款 $l_i^L=\sum_{j=1}w_{ij}^L$ 和其他资产 o_i 四部分构成，即 $a_i=c_i+l_i^S+l_i^L+o_i$。而银行 i 的负债由存款 d_i、短期借入款 $b_i^S=\sum_{j=1}w_{ji}^S$ 和长期借入款 $b_i^L=\sum_{j=1}w_{ji}^L$ 三部分组成。根据会计恒等式，可知：

$$a_i=d_i+b_i^S+b_i^L+e_i \tag{7-1}$$

表 7-1　银行资产负债表

资产	负债与权益
现金 c_i	存款 d_i
短期借出款 l_i^S	短期借入款 b_i^S
长期借出款 l_i^L	长期借入款 b_i^L
其他资产 o_i	净资产 e_i

银行多层网络模型的构建关键在于如何确定 N 家银行的资产负债表，本章采用如下方法确定。假设整个银行系统的总资产为 $A=\sum_i a_i$，而 α 类型同业拆借总规模占其的比例为 θ^{α}。对于任意给定的邻接矩阵 G_α，类似于 Maeno 等（2013）的研究，本章采用下面的方法确定任意两家银行间 α 类型同业拆借规模。

$$w_{ij}^{\alpha}=\frac{v_{ij}^{\alpha}(x_i^{\alpha}y_i^{\alpha})^r}{\sum_{i=1}\sum_{j=1}v_{ij}^{\alpha}(x_i^{\alpha}y_i^{\alpha})^r}\theta^{\alpha}A \tag{7-2}$$

其中，r 为银行间借贷规模分布的异质性；x_i^{α} 和 y_i^{α} 分别为邻接矩阵 G_α 对应网络中节点 i 的出度和入度。根据式（7-2），可以得到相应的短期借出款 l_i^S、长期借出款 l_i^L、短期借入款 b_i^S 和长期借入款 b_i^L。

假定 β 为银行现金占其存款的比例，即 $c_i=\beta d_i$。根据银行资产负债表成立的前提条件，可以得到：

$$o_i\geqslant \max\{b_i^L+b_i^S-l_i^L-l_i^S,0\} \tag{7-3}$$

进而可得

$$a_i - c_i - l_i^S - l_i^L \geqslant \max\{b_i^L + b_i^S - l_i^L - l_i^S, 0\} \tag{7-4}$$

由此可假设其他资产 o_i 的表达式为

$$\begin{aligned} o_i = & \max\{b_i^L + b_i^S - l_i^L - l_i^S, 0\} + [(1-\theta^S - \theta^L)A - \sum_{i=1}^N \beta d_i \\ & - \sum_{i=1}^N \max\{b_i^L + b_i^S - l_i^L - l_i^S, 0\}]\frac{l_i}{\mathrm{TL}} \end{aligned} \tag{7-5}$$

其中，$l_i = l_i^S + l_i^L$，TL 为银行间同业拆借总规模。更进一步，假设银行系统中所有银行净资产比率均为 $\gamma = \dfrac{e_i}{a_i}$，则银行 i 的净资产为

$$e_i = a_i\gamma = (o_i + l_i^S + l_i^L + c_i)\gamma \tag{7-6}$$

因此，银行存款 d_i 可表示为

$$d_i = (c_i + l_i^S + l_i^L + o_i) - (b_i^S + b_i^L + e_i) = (1-\gamma)a_i - b_i^S - b_i^L \tag{7-7}$$

进而可将式（7-5）简化为

$$\begin{aligned} o_i = & \max\{b_i^L + b_i^S - l_i^L - l_i^S, 0\} + \{[(1-\theta^S - \theta^L) - \beta(1-\gamma) + \beta(\theta^S + \theta^L)]A \\ & - \sum_{i=1}^N \max\{b_i^L + b_i^S - l_i^L - l_i^S, 0\}\}\frac{l_i}{\mathrm{TL}} \end{aligned} \tag{7-8}$$

最后可得

$$e_i = \frac{\gamma(l_i^S + l_i^L + o_i) - \beta\gamma(b_i^S + b_i^L)}{1 + \beta\gamma - \beta} \tag{7-9}$$

$$d_i = \frac{(1-\gamma)(l_i^S + l_i^L + o_i) - b_i^S - b_i^L}{1 + \beta\gamma - \beta} \tag{7-10}$$

$$c_i = \frac{\beta(1-\gamma)(l_i^S + l_i^L + o_i) - \beta(b_i^S + b_i^L)}{1 + \beta\gamma - \beta} \tag{7-11}$$

7.2 多层网络中风险传染模型

在银行间市场中，同业拆借关系在解决银行资金短缺同时也为银行风险传染提供了传染渠道。在上述构建的银行多层网络模型中，一旦发生风险传染，违约银行首先将风险传染给短期债权银行，其次是长期债权银行。违约银行的冲击规

模是按照债务的权重比例传染给其债权银行的。

鉴于此，本章将银行间风险传染的过程表述为：当不利冲击产生后，银行 i 发生的损失为 S_i，当 $S_i \leqslant e_i$ 时，损失由银行 i 自身净资产完全吸收；而当 $S_i > e_i$ 时，银行 i 的损失不能被自身的净资产完全吸收，那么将引发银行 i 违约并将损失传染给其债权银行。如果 $e_i < S_i \leqslant e_i + b_i^S$，则损失传染给违约银行的短期债权银行，发生短期违约。若 $e_i + b_i^S < S_i \leqslant e_i + b_i^S + b_i^L$，则损失先传染给违约银行的短期债权银行，然后传染给违约银行的长期债权银行，此时短期违约与长期违约同时发生，为便于区分，将该违约统称为长期违约。当 $S_i > e_i + b_i^S + b_i^L$ 时，损失不能由银行 i 以及其债权银行全部吸收，剩余损失将由其储蓄存款吸收。

用 X_0 表示由于初始冲击影响发生损失的银行集合，用 X_1 表示 X_0 中违约银行的所有债权银行。如果 X_1 为空集，那么初始冲击没有引发风险传染，则需要进一步分析 X_1 中的银行是否发生违约。如果 X_1 中存在违约银行，那么可得 X_1 中发生违约银行的所有债权银行 X_2。重复上述分析过程，直至冲击被完全吸收或银行全部违约。

在上述风险传染过程中，本章将银行违约具体分为短期违约和长期违约两类。进而，为了区别短缺和长期同业拆借在风险传染过程中影响的差异，本章用短期违约导致的违约银行数量刻画系统性风险短期效应；由长期违约导致的违约银行数量称为系统性风险长期效应；而将整个传染过程中的违约银行总数量称为系统性风险总效应。

7.3　数值仿真分析

7.3.1　模型参数选择

实证研究表明，银行短期和长期同业拆借网络均表现出了无标度特征（Bargigli et al.，2016）。因此，本章假设银行两层网络均采用无标度网络结构，并将两层网络的平均度基准值设定为 4，具体构建过程则采用 Barabási 和 Albert（1999）提出的方法。无标度网络是从具有 9 个节点的网络开始，每次引入一个新的节点，并且连接到 4 个已存在的节点上。根据同花顺数据库所公布的我国上市银行的财务报表以及 Peralta 和 Crisóstomo（2016）的研究，相关参数基准值设为：N=100，A=10 000，θ^S=20%，θ^L=35%，r=1，β=18%和γ=7%。在进行仿真分析时，分别以系统中每一家银行的违约作为初始冲击，且冲击规模为该银行的债务总额，即其所有债权银行全部受损。计算所有银行冲击后导致银行违约数目的平均值 X，度量系统性风险效应。而 X^S 、X^L 和 X^T 分别表示系统性风险的短期、长期和总的效应。同时，为避免模拟随机性，本章的仿真结果是进行 100 次实验后的平均值。

7.3.2　模拟分析结果

本节主要仿真分析模型中主要参数对系统性风险效应的影响机制，而分析的参数包括净资产比例、同业拆借规模比例和网络平均度。由于本章同业拆借期限有两种类型，本节还分析了不同类型同业拆借规模比例对系统性风险效应的交互影响，以及两层网络平均度对系统性风险效应的交互影响。

1. 净资产与系统性风险效应

在所构建的银行多层网络结构下，通过改变银行净资产比例 γ，模拟系统性风险 X 的变化，结果如图 7-1 所示。由图 7-1 可知，随着银行净资产比例 γ 的增大，三种类型的系统性风险效应呈现出递减的特征，同时其负相关关系呈现出一定的非线性特征。这意味着随着净资产比例 γ 的增加，银行可用于吸收损失的权益资本数量增多，其抵抗风险传染的能力也就增强，银行更不容易将风险传染给债权银行，系统性风险效应也就减小。此外，系统性风险的短期效应与总效应表现出相似的变化过程，而长期效应的变化幅度相对较小。

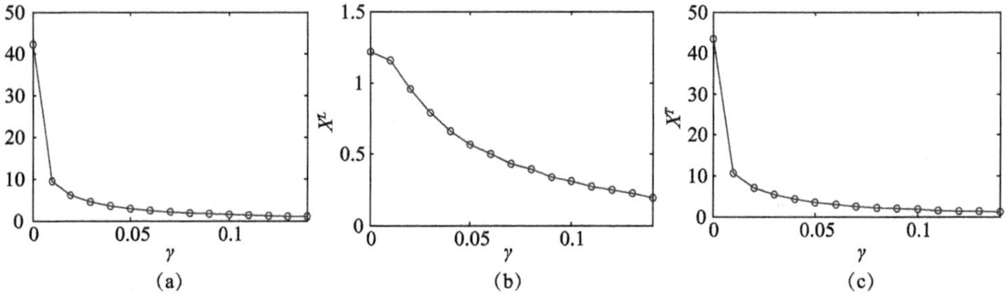

图 7-1　净资产比例与违约银行数量间的关系

2. 同业拆借规模与系统性风险效应

图 7-2 揭示了同业拆借规模比例对系统性风险效应的影响机制，其中图 7-2（a）和（b）分别是短期拆借和长期拆借相应的结果。由图 7-2 可知，随着短期拆借比例 θ^S 的增加，系统性风险的短期效应和总效应均呈现递增的状态，并且总效应对短期拆借比例 θ^S 基本满足线性增长的特征；系统性风险长期效应呈现出先下降后趋于平缓的过程，但其风险水平整体较低。另外，随着长期拆借比例 θ^L 的增加，三种类型的系统性风险效应基本上均呈现递增状态，且具有一定的线性增长特征；其中，总效应与短期效应表现出了相似的变化趋势。

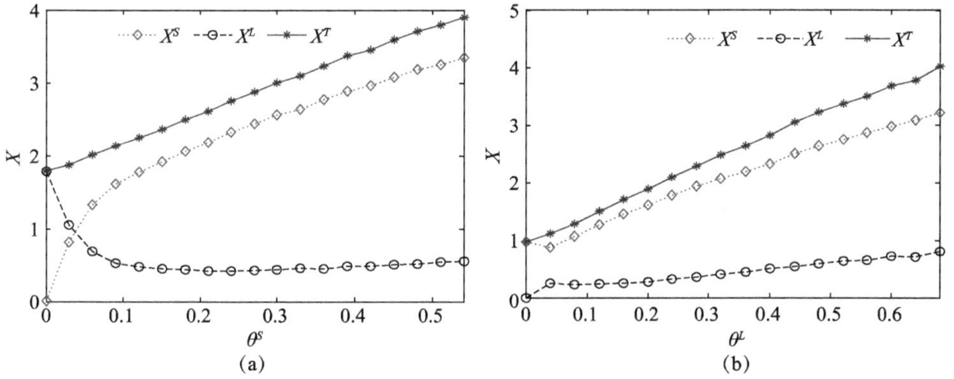

图 7-2　同业拆借规模比例与违约银行数量间关系

通过上述分析，系统性风险效应与同业拆借规模比例在大部分情况下表现为正相关关系，这说明随着银行间资金拆借规模的扩大，银行间风险敞口也逐渐增加，从而使得系统性风险效应增大。更进一步，考虑在短期拆借比例 θ^S 与长期拆借比例 θ^L 的交互作用下，系统性风险的变化情况，结果如图 7-3 所示。由图 7-3 可知，在短期与长期拆借比例的交互作用下，系统性风险的短期效应和总效应整体上呈现出先递增后趋于平稳的状态。而对于系统性风险长期效应，除去短期拆借比例趋近于 0 的极端情况，长期效应的变化趋势较为平缓且处于较低水平。

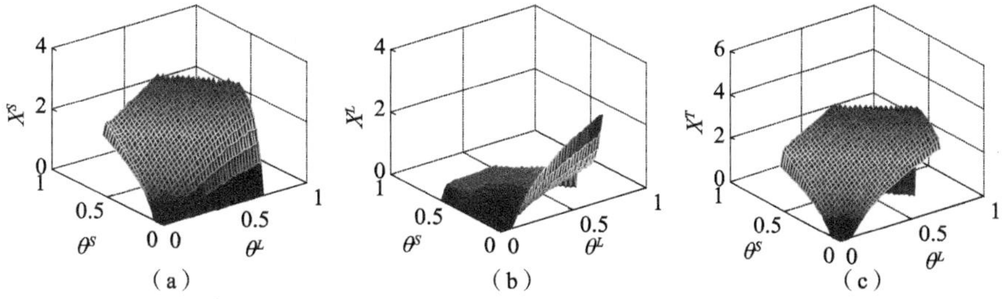

图 7-3　两种类型拆借比例交互作用下违约银行数量

3. 网络平均度与系统性风险效应

银行网络平均度是衡量银行间关联程度的重要指标，根据资金拆借期限的不同又可细分为短期拆借网络平均度 k^S 与长期拆借网络平均度 k^L。短期、长期拆借网络平均度与系统性风险效应的关系如图 7-4 所示。

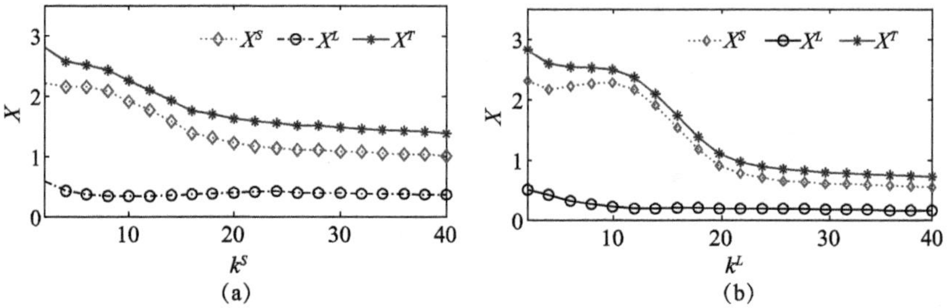

图 7-4　网络平均度与违约银行数量间的关系

由图 7-4 可知，随着多层网络平均度的增加，三种类型的系统性风险整体上均呈现递减趋势，并最终趋于平稳；而且由于长期违约导致违约银行数量较小，系统性风险的短期效应和总效应的变化趋势非常类似。从图 7-4（b）可以看出，长期拆借网络平均度增大到一定程度时，可使得系统性风险的短期效应和总效应快速降低。这表明长期拆借网络平均度超过某个阈值，银行间资金借贷关系更为多元化，能够显著地提高银行系统吸收冲击的能力。更进一步，考虑在不同网络平均度的交互作用下系统性风险的变化情况，结果如图 7-5 所示。由图 7-5 分析可知，在短期拆借网络平均度 k^S 与长期拆借网络平均度 k^L 的交互作用下，三类系统性风险效应总体上均呈现递减，并逐渐趋于低水平稳定值的变化过程。这意味着两种网络平均度的交互作用能够较大程度地分散风险，有助于维护银行系统的稳定。

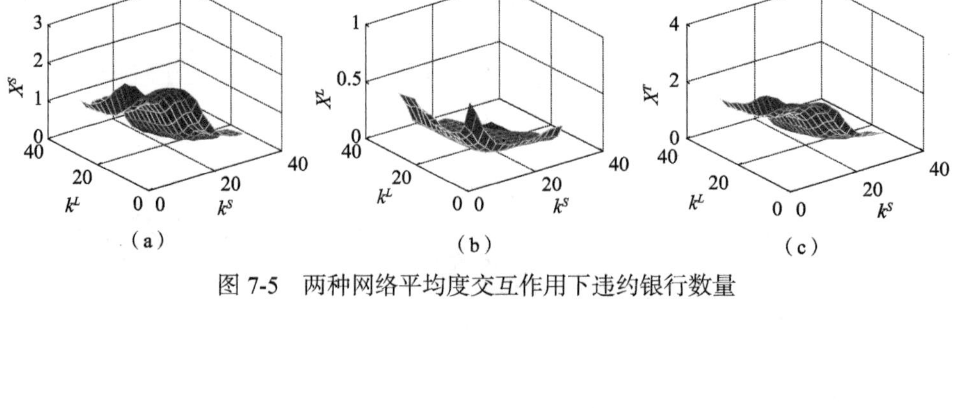

图 7-5　两种网络平均度交互作用下违约银行数量

4. 参数敏感性分析

为了避免参数设定的偶然性，本章进行了参数敏感性分析。由于本章所涉及的参数较多，在此仅选取短期拆借比例 θ^S 与短期拆借网络平均度 k^S 两个参数作为变量，分析银行净资产比例 γ 与系统性风险效应 X 的关系。通过选取 θ^S 与 k^S 的不同参数组合，得到了银行净资产比例对三种类型系统性风险效应的影响，如图 7-6 ~ 图 7-8 所示。由图 7-6 ~ 图 7-8 可知，系统性风险效应整体上均随着净资产比例 γ 的增加而降低，并且其变化趋势并未因 k^S 和 θ^S 的变动而发生改变。同理，可以用同样的方法研究其他参数变换下的参数敏感性问题，能够得到类似的结论。因此，本章的数值仿真结果，在参数基准值变化较大范围内仍成立。

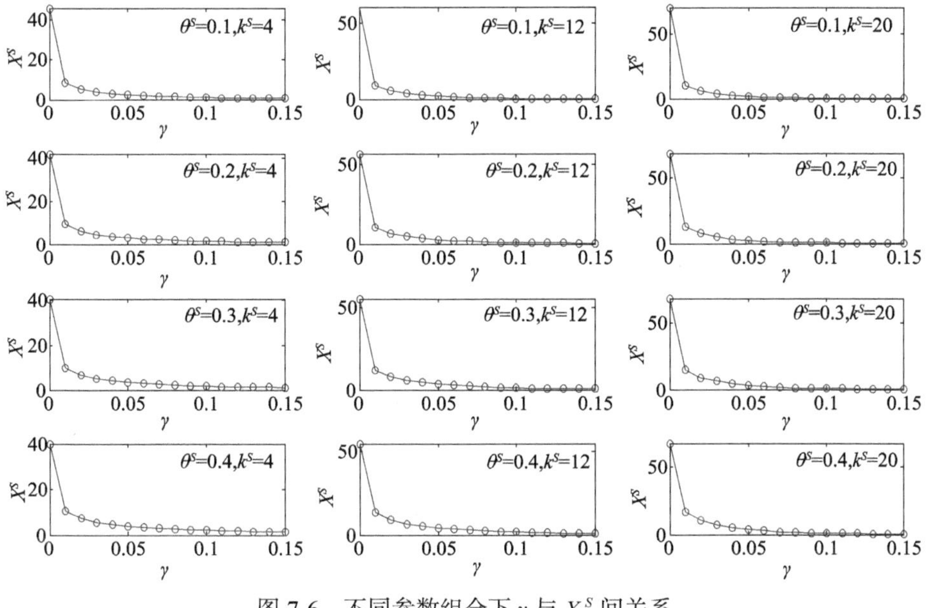

图 7-6　不同参数组合下 γ 与 X^S 间关系

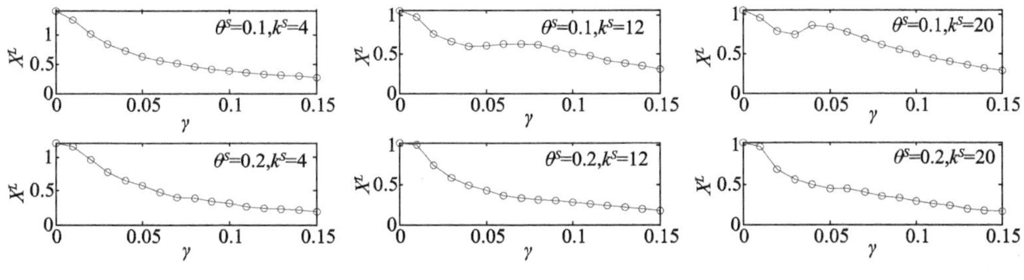

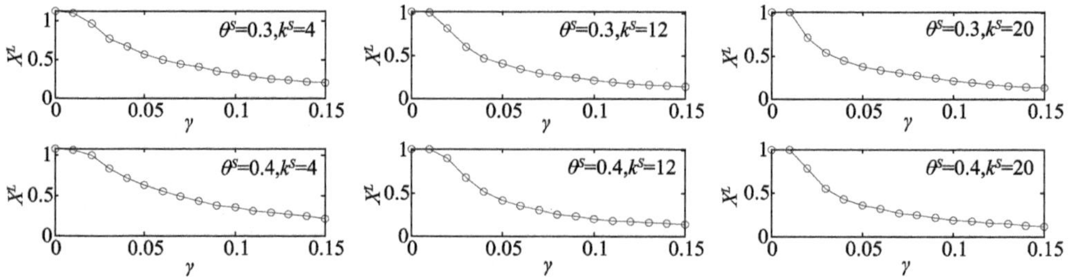

图 7-7 不同参数组合下 γ 与 X^L 间关系

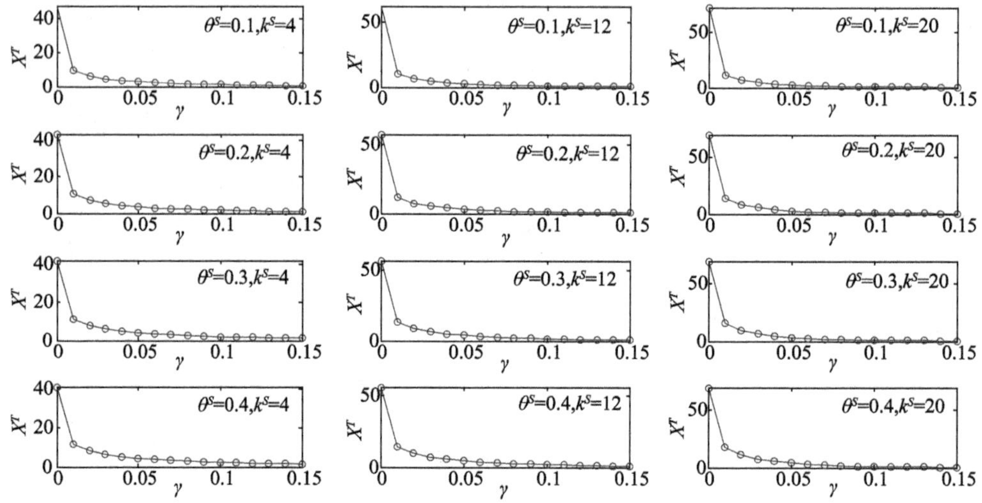

图 7-8 不同参数组合下 γ 与 X^T 间关系

7.4 本 章 小 结

网络理论为研究系统性风险提供了一种研究方法，而关于此现有大部分研究仅考虑银行间单一类型的关联性。实际上银行间关联性具有多种类型，针对此本章考虑银行间同业拆借期限的差异，基于资产负债表构建了具有任意结构的银行多层网络模型，进而仿真分析了银行系统性风险特征。数值仿真研究发现：①随着银行净资产比例的增大，银行系统性风险效应呈现出非线性递减趋势，其中系统性风险的短期效应和总效应表现出相似的变化过程，而系统性风险长期效应处于较低水平；②银行系统性风险效应在大部分情况下随着拆借比例的增加而增大，只有系统性风险长期效应与短期拆借比例间存在负相关性；③随着多层网络平均度的增加，系统性风险效应整体上呈现出递减的趋势，并且在短期和长期两层网络平均度的交互作用下，系统性风险能够得到较大程度的分散。本章的研究在理论层面丰富了基于多层理论的系统性风险研究，而在实践层面能够为金融风险管理提供一定的参考。

第 8 章　基于担保多层网络的银行系统性风险研究

第 7 章根据同业拆借期限差异构建期限多层网络模型，进而研究银行系统性风险特征。而本章则根据有担保和无担保两种借贷关系，构建了银行多层网络模型，进而从多层关联和外部资产价格变动两种风险传染渠道，研究了随机、小世界和无标度三种多层网络中银行系统性风险特征。这样能够更加全面地揭示多层网络视角下的银行系统性风险演化特征。本章将银行间借贷关系分为有担保借贷和无担保借贷两种，参考了 Peralta 和 Crisóstomo（2016）的研究，但与此研究不同之处主要体现为：①本章考虑储户存款，同时引入外部资产价格动态变化模型，使银行多层网络动态模型更加真实有效，这些做法在 Peralta 和 Crisóstomo（2016）的研究中均未涉及。②考虑到债务偿还先后顺序，无法直接求得解析解，采用循环清偿算法来迭代获得稳定的、风险分散的债务偿还规模。③本章研究三种多层网络结构中银行系统性风险特征的异同，而 Peralta 和 Crisóstomo（2016）的研究中只分析了一种网络结构。

8.1　银行担保多层网络模型

8.1.1　银行资产负债表

假设银行系统为离散演化的系统，在 t 时刻银行 n 的资产 ${}_{t}a_{n}$ 包括外部资产 ${}_{t}^{e}a_{n}$ 、有担保借出${}^{c}_{t}a_n$、无担保借出${}^{uc}_{t}a_n$和流动资金${}^{m}_{t}a_n$，满足：

$$ {}_{t}a_n = {}^{e}_{t}a_n + {}^{c}_{t}a_n + {}^{uc}_{t}a_n + {}^{m}_{t}a_n \tag{8-1} $$

为简化模型，本书假定外部资产只有一种类型，不考虑投资组合的优化。另外，在t时刻银行n的负债${}_{t}l_n$包括有担保借入${}^{c}_{t}l_n$、无担保借入${}^{uc}_{t}l_n$和储户存款${}_{t}d_n$，满足：

$$ {}_{t}l_n = {}^{c}_{t}l_n + {}^{uc}_{t}l_n + {}_{t}d_n \tag{8-2} $$

假设系统中有N家银行，$t=0$时，银行间总的借贷规模（包括有担保和无担保两种）为L，则有

$$ L = \sum_{n=1}^{N}({}^{c}_{0}l_n + {}^{uc}_{0}l_n) = \sum_{n=1}^{N}({}^{c}_{0}a_n + {}^{uc}_{0}a_n) \tag{8-3} $$

如果有担保借贷占总借贷规模的比例为γ_c，那么对于有担保借贷市场，其规模可以表示为

$$ {}^{c}L = \gamma_c L = \sum_{n=1}^{N}{}^{c}_{0}l_n = \sum_{n=1}^{N}{}^{c}_{0}a_n \tag{8-4} $$

相应地，无担保借贷市场可以表示为

$$ {}^{uc}L = (1-\gamma_c)L = \sum_{n=1}^{N}{}^{uc}_{0}l_n = \sum_{n=1}^{N}{}^{uc}_{0}a_n \tag{8-5} $$

1. 银行借贷约束条件

第一个约束条件是负债约束，为了防止债权银行在到期日前提前收回贷款，债务银行需要准备一定的流动资金，类似于存款保证金功能。那么，在t时刻要求银行n的流动资金与负债之间的比例大于θ^{liq}，银行n的负债和流动资金应满足：

$$ {}^{m}_{t}a_n \geqslant \theta^{\text{liq}}({}^{c}_{t}l_n + {}^{uc}_{t}l_n) \tag{8-6} $$

第二个约束条件是风险约束，为了减少银行由于过度冒险行为而产生巨大的风险损失。那么，在t时刻要求银行n的资产和净资产${}_{t}k_n$应满足：

$$ {}_{t}k_n \geqslant K(\theta^{e}\,{}^{e}_{t}a_n + \theta^{c}\,{}^{c}_{t}a_n + \theta^{uc}\,{}^{uc}_{t}a_n) \tag{8-7} $$

其中，K为最高风险指数；$\theta^{e},\theta^{c},\theta^{uc}$分别为外部资产、有担保借贷和无担保借贷的风险因子。

由于债务人有担保借入需要出具一定额度的担保品作为抵押，而且有担保借贷的最主要功能是灵活地转移有风险资产。将外部资产作为担保品，那么债务人可以将风险较高的外部资产以担保品的形式转移出去，从而降低债务人的风险等级评估，并减小对其净资产的需求。假设担保品的所有风险均可以转移，那么式（8-7）将演变为

$$ {}_t k_n \geqslant K(\theta^e\, {}^{el}_t a_n + \theta^c\, {}^c_t a_n + \theta^{uc}\, {}^{uc}_t a_n) \tag{8-8} $$

其中，${}^{el}_t a_n$ 为非担保品部分的外部资产。另外，相对于无担保借贷，一旦债务人破产，有担保借贷中的债权人不仅具有优先偿还权，而且可以变卖相应的担保品来收回自己的出资。因此，债权人可以通过有担保借贷获得较为稳定、风险较小的收益。

2. 银行资产负债表生成

在银行多层借贷网络中，用节点表示网络中的银行，银行间借贷关系用有向边表示。例如，$W^c_{ij}=1$时，表示银行i作为借出方，银行j作为借入方，两者存在有担保借贷关系。因此，有担保借贷关系可用网络邻接矩阵表示为$W^c=\left[W^c_{ij}\right]$。对于银行$n$而言，其出度为$k^{\text{out}}_n=\sum\limits_{j=1}^{N}W^c_{ij}$，即在有担保借贷关系中银行$n$作为借出方的借贷关系数量，相应其入度为$k^{\text{in}}_n=\sum\limits_{i=1}^{N}W^c_{ij}$，即在有担保借贷关系中银行$n$作为借入方的借贷关系数量。

借鉴 Maeno 等（2013）的处理方式，利用网络结构特点构建各银行资产负债表中的借贷额，${}^c_0 w_{ij}$ 为第i家银行以有担保借贷的方式借出给第j家银行的资金额：

$$ {}^c_0 w_{ij} = \frac{W^c_{ij}(k^{\text{out}}_i k^{\text{in}}_j)^{\zeta}}{\sum\limits_{i\neq j} W^c_{ij}(k^{\text{out}}_i k^{\text{in}}_j)^{\zeta}}\, {}^c L \tag{8-9} $$

其中，ζ 为借贷资金分布的异质性系数。当$\zeta=0$时，所有借贷关系的借贷金额相同，即同质性借贷资金分布；随着ζ 的增大，借贷金额的分布异质性加强。那么，银行n的有担保借出${}^c_0 a_n$和有担保借入${}^c_0 l_n$可以表示为

$$ {}^c_0 a_n = \sum_{j\neq n} {}^c_0 w_{nj} \tag{8-10} $$

$$ {}^c_0 l_n = \sum_{i\neq n} {}^c_0 w_{in} \tag{8-11} $$

以上为银行间有担保借贷网络的银行初始资产负债表值设定,遵循这个思路,当给定无担保借贷网络邻接矩阵，也可以得到银行间无担保借贷市场中银行的借出额为${}^{uc}_0 a_n$、借入额为${}^{uc}_0 l_n$。

另外，设银行的外部资产与非现金资产（有担保借出与无担保借出）的比值为γ_e。同时，由于债务人的有担保借入需要出具一定额度的担保品作为抵押，将

外部资产作为担保品，那么有担保借入所需要的担保品额度为$\frac{{}_0^c l_n}{1-h}$。因此，外部资产可表示为

$$ {}_0^e a_n = \max\left(\gamma_e\left({}_0^c a_n + {}_0^{uc} a_n\right), \frac{{}_0^c l_n}{1-h}\right) \tag{8-12} $$

其中，h为折扣率，表示担保品额度的选择具有约束规则。

针对流动资金，考虑到资金流动性偏好以及银行资产负债结构的稳定性，设$\theta_{\text{add}}^{\text{liq}}$为超出基准值$\theta^{\text{liq}}$的比例并设置$\theta_{\text{add}}^{\text{liq}}=\theta^{\text{liq}}$，$\theta_p^{\text{liq}}$为银行对流动资金比例的偏好且$\theta_p^{\text{liq}}$的均值和标准差为$\theta^{\text{liq}}$，为满足式（8-6）中的负债约束，流动资金${}_0^m a_n$可以表示为

$$ {}_0^m a_n = \max((\theta^{\text{liq}} + \theta_{\text{add}}^{\text{liq}}), \theta_p^{\text{liq}})({}_0^c l_n + {}_0^{uc} l_n) \tag{8-13} $$

设储户存款占银行总负债的比例为γ_d，则

$$ {}_0 d_n = \frac{({}_0^c l_n + {}_0^{uc} l_n)\gamma_d}{1-\gamma_d} \tag{8-14} $$

针对净资产，类似于流动资金，净资产一方面要满足式（8-8）中对风险的约束；另一方面不同的银行也会有不同的风险偏好。设K_{add}为超出基准值K的比例并设置$K_{\text{add}}=K$，K_p为银行对流动资金比例的偏好且K_p的均值和标准差为K，那么净资产可表示为

$$ {}_0 k_n = \max(\max(K + K_{\text{add}}, K_p)(\theta^e\, {}_t^{el} a_n + \theta^c\, {}_t^c a_n + \theta^{uc}\, {}_t^{uc} a_n), {}_0 a_n - {}_0 l_n) \tag{8-15} $$

其中，${}_0 a_n = {}_0^e a_n + {}_0^c a_n + {}_0^{uc} a_n + {}_0^m a_n$，${}_0 l_n = {}_0^c l_n + {}_0^{uc} l_n + {}_0 d_n$。不难发现，此处可能使得净资产${}_0 k_n > {}_0 a_n - {}_0 l_n$，造成资产负债表出现不平衡。为此，将多余的资金全部归入流动资金中，那么流动资金转变为

$$ {}_0^m a_n = {}_0 k_n - {}_0 l_n - ({}_0^e a_n + {}_0^c a_n + {}_0^{uc} a_n) \tag{8-16} $$

8.1.2　银行动态演化机制

1. 价格模型

设外部资产价格为P_t，本书借助几何布朗运动模型建立外部资产价格动态变化模型（Montagna and Kok，2013）：

$$\frac{\mathrm{d}P_t}{P_t} = r_f \mathrm{d}t + \sigma \mathrm{d}W_t \tag{8-17}$$

其中，$\mathrm{d}P_t$为价格在一个周期内的变动；r_f为无风险利率，国际上习惯假设银行间同业拆借利率记为无风险利率，基于此，假设无风险利率与无担保利率相同，即$r_f = r_{uc}$；W_t为一个标准布朗运动；σ为相应的资产波动幅度。

另外，由于价格受银行的外部资产变卖行为的影响，当银行大量变卖外部资产时，会导致外部资产价格下跌（Bookstaber and Kenett，2016；Diamond and Kashyap，2016）。那么，根据 Diamond 和 Kashyap（2016）的方法，建立如下模型来阐述其中的变化关系：

$$\widetilde{P}_t(x) = \mathrm{e}^{-\beta x} P_t \tag{8-18}$$

其中，x为变卖的外部资产占系统总外部资产的比例；β为变卖造成的价格下跌指数。

2. 资产收益与负债利息支付

在银行间借贷市场中，由于有担保借贷和无担保借贷所承受的风险不同，相应的利息也不同。假设利率不随时间和网络结构变化，无担保借贷市场中银行间同业拆借利率为r_{uc}，有担保借贷市场中回购市场利率为r_c。此外，银行需要支付储户存款的利息，但鉴于本章并非关注储户存款变化所带来的潜在风险，为简化计算，对于储户存款利息只计算单利，而且储户存款利率和银行间同业拆借利率无明显差异（Lütkebohmert and Xiao，2016）。因此，将储户存款利率也计为r_{uc}。那么银行n每年要支付的利息总额为$[r_c\, {}_t^c l_n + r_{uc}\,({}_t^{uc} l_n + {}_t d_n)]$，每年从借贷市场获得的收益为$(r_c\, {}_t^c a_n + r_{uc}\, {}_t^{uc} a_n)$。

3. 银行撤资行为

在多层网络中的银行，必须满足式（8-6）和式（8-8）的约束，对于不满足的，需要通过从借贷市场和外部投资市场撤资来弥补自身结构缺陷。本部分着重探讨银行n的多轮撤资行为对银行风险传染的影响。需要说明的是，变量的右上指标用于区别撤资的先后次序。

若银行资产负债结构不满足式（8-6）的负债约束，那么银行n将从有担保市场进行第一轮撤资，其总撤资额为

$$\phi_{n,1} = \min(\theta^{\mathrm{liq}}({}_t^c l_n^0 + {}_t^{uc} l_n^0) - {}_t^m a_n^0, {}_t^c a_n^0) \tag{8-19}$$

相应地，流动资金变为 ${}^{m}_{t}a^{1}_{n}={}^{m}_{t}a^{0}_{n}+\phi_{n,1}$，有担保借出额为 ${}^{c}_{t}a^{1}_{n}={}^{c}_{t}a^{0}_{n}-\phi_{n,1}$。假设按照借出比例从各家银行撤资，银行 n 从银行 j 撤走有担保借出额为 $\phi^{j}_{n,1}=\dfrac{{}^{c}_{t}w^{0}_{nj}}{{}^{c}_{t}a^{0}_{n}}\phi_{n,1}$，那么，两家银行间的借贷关系变为 ${}^{c}_{t}w^{1}_{nj}={}^{c}_{t}w^{0}_{nj}-\phi^{j}_{n,1}$，银行 j 的有担保借入额变为 ${}^{c}_{t}l^{1}_{n}={}^{c}_{t}l^{0}_{n}-\phi^{j}_{n,1}$，其偿还的借出资金通过自身的流动资金偿付，那么，${}^{m}_{t}a^{1}_{j}={}^{m}_{t}a^{0}_{j}-\phi^{j}_{n,1}$。同时，当有担保借贷考虑担保品时，虽然银行 j 的外部资产总额不变，但是其非担保品的外部资产增加为 ${}^{el}_{t}a^{1}_{j}={}^{el}_{t}a^{0}_{j}+\dfrac{\phi^{j}_{n,1}P_{t}}{(1-h)P_{0}}$，作为担保品的外部资产减少为 ${}^{ec}_{t}a^{1}_{j}={}^{ec}_{t}a^{0}_{j}-\dfrac{\phi^{j}_{n,1}P_{t}}{(1-h)P_{0}}$。

若银行资产负债结构不满足式（8-8）的风险约束，那么银行 n 从有担保市场进行第二轮撤资，其总撤资额为

$$\phi_{n,2}=\min\left(\frac{\dfrac{{}_{t}k^{1}_{n}}{K}-\theta^{e}\,{}^{el}_{t}a^{1}_{n}-\theta^{c}\,{}^{c}_{t}a^{1}_{n}-\theta^{uc}\,{}^{uc}_{t}a^{1}_{n}}{-\theta^{c}},{}^{c}_{t}a^{1}_{n}\right) \tag{8-20}$$

根据式（8-20），流动资金、有担保借出额、银行 n 从银行 j 撤走有担保借出额、借贷关系、银行 j 的有担保借入额、银行 j 的流动资金、非担保品的外部资产、作为担保品的外部资产相应发生变化。

另外，由于银行 n 的撤资行为将改变银行间多层网络中其他银行的资产负债结构，可能由此引发其他银行不满足式（8-6）和式（8-8）的约束条件。那么，这些资产负债结构不平衡的银行也需要通过有担保市场进行撤资来弥补资金缺口。这种循环撤资行为可以视为资金在银行间借贷系统和资产负债表中的流动，以获得整个银行间借贷系统最优化的结构（Eboli，2004）。上述撤资行为对于给定的银行间借贷系统存在唯一的最优解。

若经过有担保借贷市场的撤资，银行仍然不能满足式（8-6）和式（8-8）的约束条件，那么银行 n 将继续从无担保借贷市场中撤资。银行从无担保借贷市场中撤资行为与从有担保借贷市场中撤资行为的唯一不同是无担保借贷市场没有担保品。因此，被撤资方的外部资产中担保品和非担保品的划分不需要改变。

若银行在有担保和无担保借贷市场中的撤资仍然不满足式（8-6）和式（8-8）的约束条件，那么银行将选择变卖其非担保品的外部资产来弥补自身结构的缺陷。若银行 n 不满足式（8-6）的负债约束条件，那么进行第三轮资产负债变动时需要变卖外部资产额度为

$$\varphi_{n,1}=\min(\theta^{\text{liq}}({}_{t}^{c}l_n^2+{}_{t}^{uc}l_n^2)-{}_{t}^{m}a_n^2,{}_{t}^{el}a_n^2) \tag{8-21}$$

此时，流动资金、非担保品外部资产、外部资产根据式（8-21）发生相应变化。

若银行n不满足式（8-8）的风险约束条件，那么进行第四轮资产负债变动时需要变卖外部资产额度为

$$\varphi_{n,2}=\min\left({}_{t}^{el}a_n^3-\frac{\frac{{}_{t}k_n^3}{K}-\theta^{c}\,{}_{t}^{c}a_n^3-\theta^{uc}\,{}_{t}^{uc}a_n^3}{\theta^{e}},{}_{t}^{el}a_n^3\right) \tag{8-22}$$

同理，银行n的流动资金增加，非担保外部资产和总外部资产减少。此时，由于银行n大量变卖外部资产，将造成外部资产的价格下跌。根据式（8-18）可以得到银行n变卖的资产比例，那么外部资产价格下跌并将影响下一个时间段外部资产价格。

8.2 银行破产清算

经过上述变卖外部资产过程后，如果银行仍不满足式（8-6）和式（8-8）的约束条件，那么银行n将被破产清算。此时，银行n所造成的损失与风险将在清算过程进行传染。本章的风险传染渠道有两种：一是直接的风险传染渠道，即由有担保和无担保借贷网络构成的银行多层网络；二是间接风险传染渠道，即由外部资产价格变动造成的整体损失。具体银行n的破产清算过程为：如果银行n被破产清算，那么首先清算其可用资产，包括作为担保品的外部资产，之后按照负债中各项的优先级对储户存款、有担保借入款、无担保借入款进行依次偿还（Caccioli et al.，2014）。

对于破产银行n，其可用资产规模为${}_{t}a_n^0={}_{t}^{c}a_n^0+{}_{t}^{uc}a_n^0+{}_{t}^{m}a_n^0+{}_{t}^{e}a_n^0$。那么，在偿还储户存款后可用资产为${}_{t}a_n^1=\max(a_n^0-{}_{t}d_n^0,0)$。如果${}_{t}a_n^1>0$，将进一步偿还有担保借入款。假定借入资金无差别，以占比来分配偿还金额。例如，银行j作为借出方，可从银行n获得的偿还额为${}^{c}\delta_n^j=\min({}_{t}a_n^1,{}_{t}^{c}l_n^0)\frac{w_{jn}^c}{{}_{t}^{c}l_n^0}$，剩余可用资产为${}_{t}a_n^2=\max({}_{t}a_n^1-{}_{t}^{c}l_n^0,0)$。若${}_{t}a_n^2>0$，那么可继续偿还来自银行$j$的无担保借入资金

${}^{uc}\delta_n^j = \min({}_t a_n^2, {}^{uc}_t l_n^0)\frac{w_{jn}^{uc}}{{}^{uc}_t l_n^0}$。此外，由于变卖外部资产，将会引起资产价格的下跌，从而扩大损失的范围、增加损失额度。相较于其他不考虑外部资产价格变动的银行间风险传染模型，在所构建的模型下，银行间风险传染更为严重。

8.3 模拟结果

在上述构建的银行多层网络动态模型中，考虑三种多层网络：随机多层网络、小世界多层网络和无标度多层网络，为仿真方便，设定多层网络内部各层的网络结构相同。其中，随机多层网络意味着银行间有担保借贷网络和无担保借贷网络均为随机网络，网络中任意节点对都可以通过概率 $\widetilde{P}_t(x_n) = \mathrm{e}^{-\beta x_n} P_t$ 建立连边，给定网络平均度 n，可以理论计算出 n；小世界多层网络意味着银行间有担保借贷网络和无担保借贷网络均为小世界网络，给定网络平均度 n，可以得到最初的规则网络（每一个节点都只与其最近的节点相连），之后节点间以概率 n 重新建立连边；无标度多层网络意味着银行间有担保借贷网络和无担保借贷网络均为无标度网络，给定网络平均度 n，首先可以生成一个有节点的完全网络，之后每增加一个新节点都要与已存在的节点生成一条新的边，且已存在的节点被连接的概率与该节点的度成正比。

假设银行系统中银行数目为 100，其他参数设定参考相关研究，其基准值选取如表 8-1 所示。另外，设置初始冲击为有担保借入全部损失。由于所构建的模型中存在随机项，因此，采用蒙特卡洛法进行仿真实验 100 次，在每次破产实验中都依次使每家银行受到初始冲击，通过汇总求平均值作为最终结果。本章将破产银行数 S 作为度量银行系统性风险程度的指标。

表 8-1　模型参数基准值

变量	变量描述	基准值	范围
n	异质性系数	1	正数
${}^{c}\delta_n^j = \min({}_t a_n^1, {}^{c}_t l_n^0)\frac{w_{jn}^{c}}{{}^{c}_t l_n^0}$	网络的平均度	6	正整数
${}_t a_n^2 = \max({}_t a_n^1 - {}^{c}_t l_n^0, 0)$	变卖造成的价格下跌指数	1	正数
${}_t a_n^2 > 0$	外部资产与非现金资产的比例	0.25	正数

续表

变量	变量描述	基准值	范围
j	存款占总负债的比例	0.15	[0,1]
${}^{uc}\delta_n^j=\min({}_ta_n^2,{}_t^{uc}l_n^0)\frac{w_{jn}^{uc}}{{}_t^{uc}l_n^0}$	有担保借贷占总借贷市场的比例	0.2	[0,1]
r_f	无风险利率	0.05	实数
r_{uc}	存款及无担保利率	0.05	实数
P_{left}	初始冲击后外部资产剩余比例	0.8	[0,1]
H	初始折扣率	0.1	[0,1)
r_c	有担保利率	0.01	实数
σ_e	外部资产波动方差	0.25	正数
θ^c	有担保资产风险因子	0.2	[0,1]
θ^{uc}	无担保资产风险因子	0.5	[0,1]
θ^e	外部资产风险因子	1	[0,1]
θ^{liq}	流动资金与负债最低比例	0.05	[0,1]
K	最高风险指数	0.08	正数

8.3.1 借贷异质性与银行系统性风险

为描述借贷异质性对银行间风险传染的影响，本节仿真分析了借贷异质性在随机多层网络、小世界多层网络、无标度多层网络中对银行间风险传染的影响，结果如图 8-1 所示。

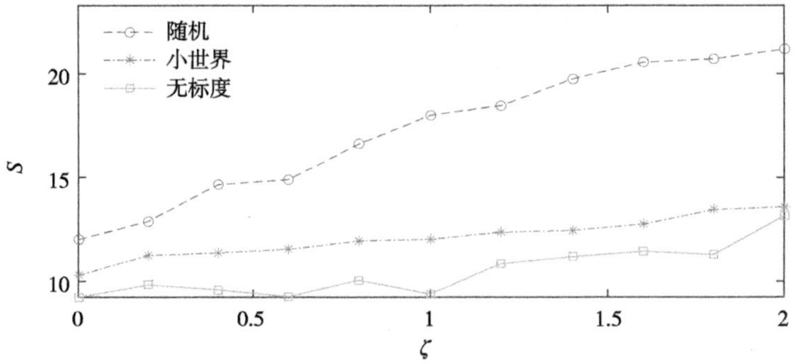

图 8-1 借贷异质性与银行间风险传染的关系

由图 8-1 可知，在初始冲击下，随着借贷异质性的增加，小世界多层网络和无标度多层网络中破产银行数较少且变动幅度较小，无显著的上升或下降趋势，而随机多层网络中破产银行数较多且变动幅度较大，呈现显著的单调上升趋势。进一步分析可知，由于在无标度多层网络中，节点的度分布极度不均，即网络的异质性强，少量大银行拥有较多的借贷关系，众多的小银行拥有较少的借贷关系；随机多层网络基本是同质的，即每家银行的借贷关系数量相同；小世界多层网络介于无标度多层网络和随机多层网络之间。

因此，随着借贷异质性的增加，大银行和小银行之间资产规模差异变大。在网络异质性强的无标度多层网络中，当遭受初始冲击时，大银行有足够的流动资金和净资产弥补损失、吸收风险，而小银行由于自身规模较小且与之关联的银行较少，即使遭受冲击后出现破产，对银行系统的影响也较小。然而，在随机多层网络中则完全不同，由于随机多层网络基本属于同质，那么随着借贷异质性的增加，银行间资产规模的异质性变化较小，导致大银行未充分吸收风险，而小银行遭受超过其承受范围的风险，进而引发风险通过直接和间接渠道在银行多层网络中传染。在小世界多层网络中，节点主要与邻近节点连接，那么当遭受初始冲击时，破产银行更偏向于向局部网络传染，对整个银行多层网络影响较小，从而破产银行数相对较少。因此，小世界多层网络的稳定性介于无标度多层网络和随机多层网络之间。

8.3.2　借贷网络平均度与银行系统性风险

借贷网络平均度在随机多层网络、小世界多层网络、无标度多层网络中对银行间风险传染的影响，仿真结果如图 8-2 所示。

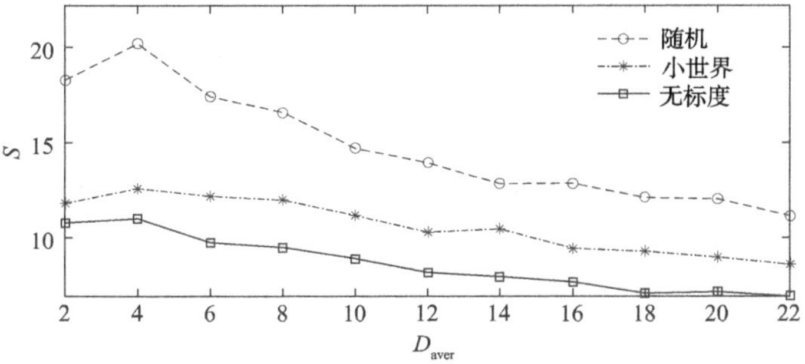

图 8-2　借贷网络平均度与银行间风险传染的关系

由图 8-2 可知，在初始冲击下，随着借贷网络平均度增加，破产银行数在随机多层网络、小世界多层网络、无标度多层网络中均呈现先缓慢增加后又缓慢减小的趋势，体现了借贷网络平均度对银行间风险传染的影响具有双重性，即传递与分散风险效应共存。进一步分析可知，当借贷网络平均度较小时，与单一银行存在借贷关系的银行数量较少，一旦银行发生破产，其损失主要通过直接风险传染渠道——银行多层网络进行传播，但由于与之存在借贷关系的银行数量较少，那么受到波及的银行数量也较少。又由于银行在破产后会进行破产清算，先后通过净资产、借入资金和储户存款来吸收损失，那么损失在传染过程中会有相当比例的衰减，引发银行破产的数量也相对较低。

另外，当借贷网络平均度增加时，银行间借贷关系增加，一家银行破产的损失会通过直接和间接传染渠道同时传染给关联银行。如果损失较大，伴随着借贷网络平均度的上升，与之存在借贷关系的银行数量进一步增加，那么因破产而不能偿还的资金会按照借贷比例进行分配，由破产银行引发的损失会被分散，受波及的银行在多次冲击下破产概率仍较小。因此，在借贷网络平均度较低时会加速风险在网络之间的传染，然而随着借贷网络平均度的增大，风险会被分散。这样的结论与 Nier 等（2007）单层网络的研究结果相类似。

8.3.3 有担保借贷比例与银行系统性风险

为描述有担保借贷比例对银行间风险传染的影响，本节在初始冲击下，仿真分析担保借贷比例在随机多层网络、小世界多层网络、无标度多层网络中对银行间风险传染的影响，结果如图 8-3 所示。

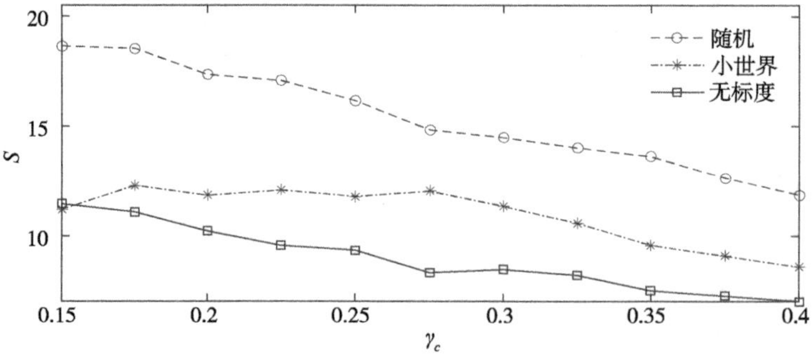

图 8-3 有担保借贷比例与银行间风险传染的关系

由图 8-3 可知，在初始冲击下，随着有担保借贷比例的增加，破产银行数在随机多层网络、小世界多层网络、无标度多层网络中整体呈现下降趋势，验证了有担保借贷可以降低银行系统风险以及基于有担保借贷和无担保借贷构建的银行多层网络模型较为真实可靠。进一步分析可知，由于有担保借贷需要一定外部资产作为担保品，银行从有担保借贷市场进行撤资时，被撤资的银行可以收回自己的担保品作为非担保品的外部资产，若银行出现破产，可以变卖自身的担保品来弥补资金缺口，减少由资金损失带来的风险传染。

8.3.4　价格下跌指数与银行系统性风险

为描述价格下跌指数对银行间风险传染的影响，本节仿真分析价格下跌指数在随机多层网络、小世界多层网络、无标度多层网络中对银行间风险传染的影响，结果如图 8-4 所示。

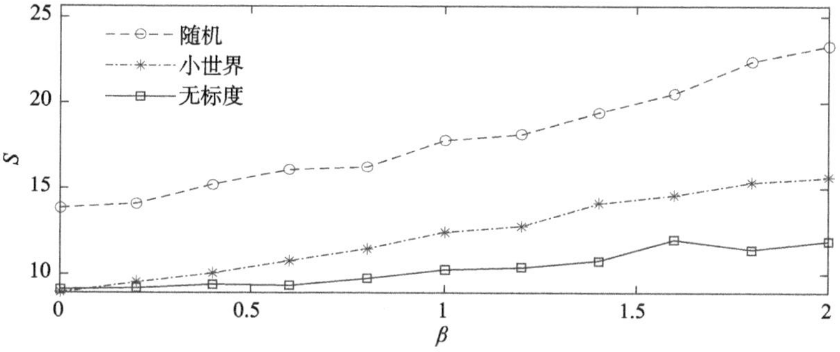

图 8-4　价格下跌指数与银行间风险传染的关系

由图 8-4 可知，在初始冲击下，随着价格下跌指数的增加，破产银行数在随机多层网络、小世界多层网络、无标度多层网络中均呈现逐步上升的趋势。本节得到的结果与 Diamond 和 Kashyap（2016）针对该指数变化所得的结果相似，但后者关注于风险传染的可能性。进一步分析可知，变卖外部资产造成价格下跌属于间接传染渠道，但是与借贷资金损失造成网络中风险传染不同，其具有全局传染性。因此，在各种网络结构下，破产银行数都随着价格下跌指数增加而稳步上升。

8.3.5 参数敏感性分析

通过变换关键参数可以考察在多层网络中银行间风险传染的状况，包括借贷异质性、借贷网络平均度、有担保借贷比例、价格下跌指数。本节分析这些参数对多层网络中银行间风险传染的敏感性，仿真结果如图 8-5 和图 8-6 所示。图 8-5（a)、(d)、(g）和（j）为随机多层网络下的相应结果；图 8-5（b)、(e)、(h）和（k）为小世界多层网络下的相应结果；图 8-5（c)、(f)、(i）和（l）为无标度多层网络下的相应结果。

由图 8-5 可知，在双参数影响下，三种网络的稳定性存在显著差异，且破产银行数基本保持原有变动趋势。即在三种多层网络中，破产银行数随借贷异质性的增加而增加、随借贷网络平均度的增加先增加后减少、随担保借贷比例的增加而减少、随价格下跌指数的增加而增加。因此，上述基于仿真的结论在参数基准值一定范围内仍成立，具有一定的稳健性。此外，本节还探讨了在不同组合参数影响下，破产银行数的变化趋势，如图 8-6 所示。由图 8-6 可知，在不同组合参数影响下，破产银行数的变化仍保持原有趋势，这更意味着本书仿真结论具有一定的稳健性。

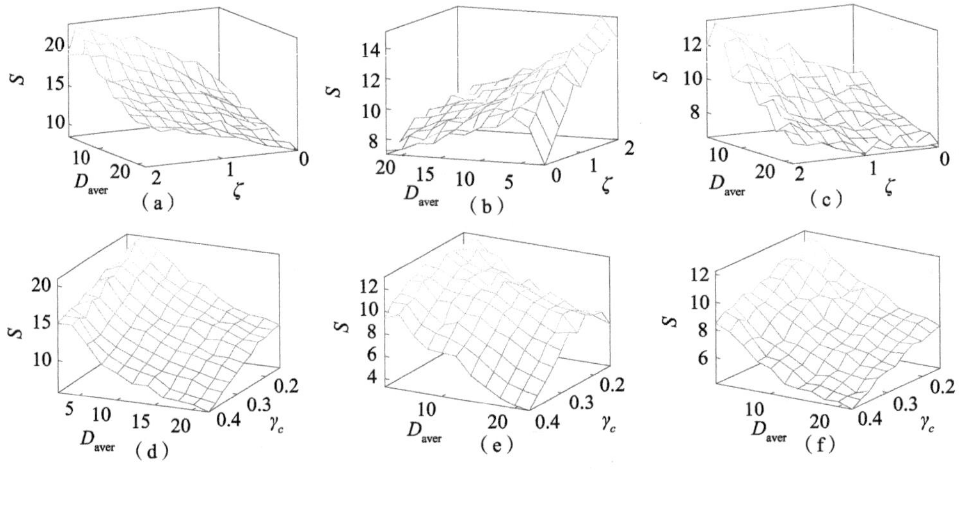

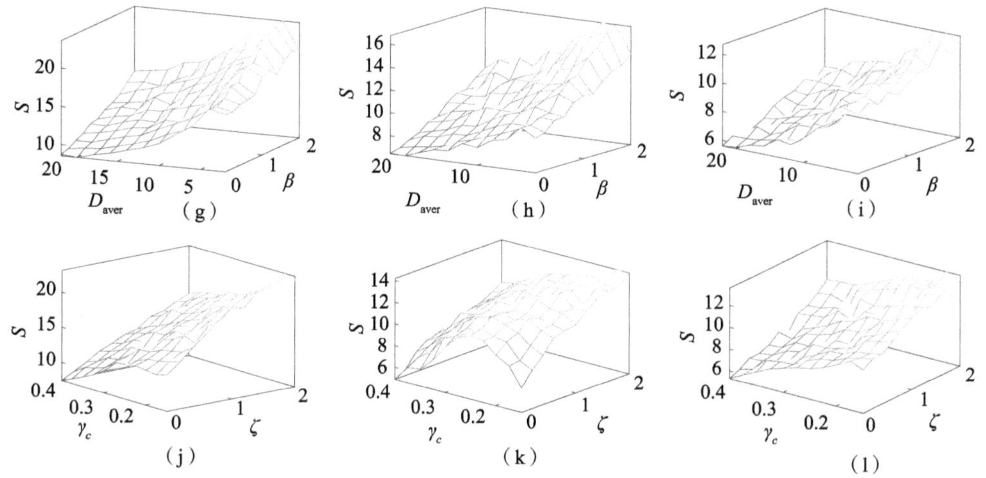

图 8-5　双参数变化下银行间风险传染

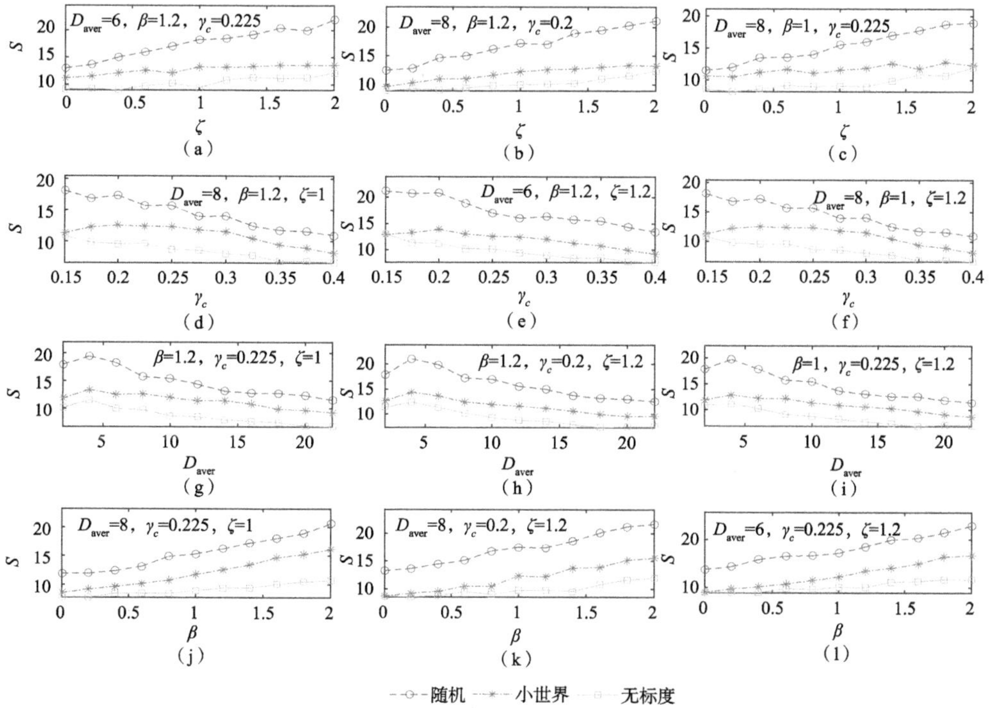

图 8-6　不同组合参数变化下银行间风险传染

8.4 本章小结

本章通过银行间无担保和有担保借贷两种关联关系，构建银行多层网络模型。基于此，构建存在唯一最优解的循环撤资算法，并引入价格的动态变化模型，研究初始冲击和网络结构下银行间风险传染机制。根据仿真分析结果，可以得到以下几点主要结论。第一，随着借贷异质性的增加，小世界多层网络和无标度多层网络中破产银行数较少且变动幅度较小，无显著的上升或下降趋势，而随机多层网络中破产银行数较多且变动幅度较大，呈现显著的单调上升趋势。第二，随着借贷网络平均度的增加，破产银行数在三种多层网络中均呈现先缓慢增加后缓慢减少的趋势，体现了借贷网络平均度对银行间风险传染的影响具有双重性，即传递与分散风险效应共存。第三，随着担保借贷比例的增加，破产银行数在三种多层网络中整体呈现下降趋势，验证了有担保借贷可以降低银行系统风险以及基于有担保借贷和无担保借贷构建的银行多层网络模型较为真实可靠。第四，随着价格下跌指数的增加，破产银行数在三种多层网络中均呈现逐步上升的趋势。

第 9 章　多层网络结构对银行系统性风险影响实证研究

第5章～第8章主要从单层和多层银行网络视角仿真研究了银行系统性风险，同时现有研究中鲜有从实证角度研究多层网络结构对银行系统性风险的影响，更无基于中国银行系统实际数据展开此方面研究的。因此，本章基于多层网络理论，构建银行多层网络模型，进而实证研究了银行业系统性风险多层网络传染机制。本章的主要贡献在于：将研究视角从集中于单层网络转向多层网络，基于股票市场数据构建我国银行系统多层网络模型，揭示银行多层网络相关结构对系统性风险的影响。

9.1　研究设计

9.1.1　系统性风险溢出测度方法

本章选用 Adrian 和 Brunnermeier（2011）提出的条件在险价值法（conditional value at risk，CoVaR）对银行系统性风险溢出效应进行测度，具体 CoVaR 的求解通过 Copula 函数实现。相较传统相依关系模型，时变 Copula 模型不仅能够对资产间的非线性和尾部相依性进行准确刻画，同时还善于描述金融资产间相依状态的变化。因此，引入时变 Copula 模型描述各银行与银行系统间的相依结构，并在此基础上进行 CoVaR 的动态测度。

假设 j 为发生危机的银行机构，i 为所对应的银行系统，则该银行的 $\text{CoVaR}_q^{i|j}$ 可表示为

$$\Pr(X^i \leqslant \text{CoVaR}_q^{i|j} \mid X^j = \text{VaR}_q^j) = q \tag{9-1}$$

其中，VaR_q^j 为银行机构 j 在 q 分位数下的在险价值；$\text{CoVaR}_q^{i|j}$ 为单个银行 j 发生极端损失时银行系统 i 在 q 分位数下的在险价值。

分别用 $\text{CoVaR}_q^{i|j}$ 和 $\text{CoVaR}_q^{i|j,0.5}$ 代表系统 i 在单个银行 j 陷入危机与正常经营时期的系统性风险价值，则单个银行对于银行系统的风险溢出价值 $\Delta\text{CoVaR}_q^{i|j}$ 为

$$\Delta\text{CoVaR}_q^{i|j} = \text{CoVaR}_q^{i|j} - \text{CoVaR}_q^{i|j,0.5} \tag{9-2}$$

考虑到各银行的无条件风险价值均不相同，为了便于比较各银行机构对于银行系统性风险溢出的情况，对 $\Delta\text{CoVaR}_q^{i|j}$ 进行去量纲处理：

$$\%\text{CoVaR}_q^{i|j} = (\Delta\text{CoVaR}_q^{i|j} / \text{VaR}_q^j) \times 100\% \tag{9-3}$$

上述测度的重点在于各上市银行发生损失后对于银行系统的风险溢出，故选取具有较好下尾描述能力的时变 Clayton Copula 模型对相依关系进行刻画。具体而言，结合时变 Copula 模型实现 CoVaR 的动态测度需要完成以下三个步骤。

步骤 1：对单个银行与银行系统的收益率序列建立 AR（p）-GARCH（q,r）-偏 t 模型，得到标准化残差序列，并进行概率积分转化从而得到边缘分布。

步骤 2：用边缘分布拟合时变 Clayton Copula 模型，其中，时变 Clayton Copula 模型采用动态条件相关法得到相依参数动态演化方程，拿出样本区间内每日的时变参数。

步骤 3：计算 q 分位数下银行 i 和 j 标准残差序列所对应的分位数值，分别记为 z_q^i 与 z_q^j，利用 t 期的相关参数与 z_q^j 求解 $z_q^{i|j}$；最后借助 z_q^i 和 $z_q^{i|j}$ 计算得到 t 期的 CoVaR_q^i 与 $\text{CoVaR}_q^{i|j}$，进而可求风险溢出价值 $\Delta\text{CoVaR}_q^{i|j}$。

9.1.2 银行多层网络构建

本章的银行多层网络模型是指以银行为节点，以银行股票收益率间不同类型关联性为边。其中，本章主要考虑 Pearson 相关性、Kendall 秩相关性以及 Tail 相关性三种关联性。因此，本章构建的银行网络模型是三层的。

1. 相关系数

Pearson 相关系数可用于衡量金融资产间的线性相关性，令 r_i 与 r_j 分别为个股 i 和 j 的收益率序列，二者的 Pearson 相关系数表达式为（Pearson，1895）

$$\rho_{ij}=\frac{E\left(r_i r_j\right)-E\left(r_i\right)E(r_j)}{\sqrt{E(r_i^2)-\left[E(r_i)\right]^2}\sqrt{E(r_j^2)-\left[E(r_j)\right]^2}} \tag{9-4}$$

Kendall 相关系数能够度量两种金融资产变动方向的一致性。对于随机变量 $(r_{i,t},r_{j,t})$ 和 $(r_{i,t-1},r_{j,t-1})$，二者的 Kendall 相关系数计算公式为（Sen，1968）

$$\tau=\Pr\left\{\left[(r_{i,t}-r_{i,t-1})\right]\left[(r_{j,t}-r_{j,t-1})\right]>0\right\}-\Pr\left\{\left[(r_{i,t}-r_{i,t-1})\right]\left[(r_{j,t}-r_{j,t-1})\right]<0\right\} \tag{9-5}$$

其中，$\tau\in[1,1]$，$\Pr\left\{\left[(r_{i,t}-r_{i,t-1})\right]\left[(r_{j,t}-r_{j,t-1})\right]>0\right\}$ 为两种资产变化方向一致的概率；$\Pr\left\{\left[(r_{i,t}-r_{i,t-1})\right]\left[(r_{j,t}-r_{j,t-1})\right]<0\right\}$ 为两种资产变化方向相反的概率。

Tail 相关系数可以描述两种金融资产在极端事件下的相关性。引入条件概率 $P[X>x|Y>y]$ 表示当 $Y>y$ 时，$X>x$ 的概率，设随机变量 X、Y 的边缘分布分别为 $F(u)$ 和 $G(u)$，X 和 Y 的上尾相关系数 λ^{up} 和下尾相关系数 λ^{down} 分别为（Joe et al.，2010）

$$\lambda^{\text{up}}=\lim_{u\to 1^-}P[Y>G^{-1}(u)|X>F^{-1}(u)] \tag{9-6}$$

$$\lambda^{\text{down}}=\lim_{u\to 0^+}P[Y<G^{-1}(u)|X<F^{-1}(u)] \tag{9-7}$$

2. 过滤方法

最小生成树方法作为一种常用的数据过滤方法，能够过滤掉部分股价数据的噪声成分，且依然保留较好的市场结构特征（Mantegna，1999）。对于一个具有 n 个节点的无向连通图，如果图中不存在环即任意两点之间有且只有一条路径，称该图为生成树，边数为 $n-1$。因此，生成树是含边数最少的连通图，这也就意味着它保留了网络中最强的连接。在计算得到相关系数矩阵 $C(C=\{c_{ij}\})$ 后，将其进一步依据公式 $d_{ij}=\sqrt{2(1-c_{ij})}$ 转化为距离矩阵 $D(D=\{d_{ij}\})$，容易发现，股价相关系数越大的两机构，彼此在网络中的距离就越接近，此时得到的距离矩阵是全连通矩阵，需使用最小生成树方法对其进行过滤，抽取网络中的重要结构信息并生成最终的银行网络。

3. 结构性指标

本章从网络整体和局部出发，分别选取度中心性和中介中心性两个结构性指标。从全局的角度来看，度中心性能够衡量一个银行在银行系统中通过多种关联性连接的重要性。从局部的角度考察，中介中心性量化了一个银行在任意其他两个银行最短路径上占据中介地位的频率，一个具有高中介中心性的银行对系统中其他银行有着重要的影响，因其“桥梁”身份可以扭曲或阻止通过该银行的信息。

节点 i 在每一层网络中均有个度，其在多层网络中度需要重新定义，其可以被简单地看作每一层节点 i 度的集成。参考 Hmimida 和 Kanawati（2015）的做法，考虑一个类熵集成函数，本章的银行多层网络中节点的度可以表示为

$$d_i^{\mathrm{Mul}} = -\sum_{k=1}^{3} \frac{d_i^k}{d_i^{\mathrm{total}}} \log\left(\frac{d_i^k}{d_i^{\mathrm{total}}}\right) \tag{9-8}$$

其中，$d_i^{\mathrm{total}} = \sum_{i=1}^{k} d_i^k$ 为节点 i 在银行多层网络中的总度；d_i^k 为节点 i 在第 k 层网络中的度。如果节点只在一层中连接，其度为零；如果节点在每一层是相同的连接，其度值最大。因此，度中心性可以很好地刻画节点通过多层连接的程度。

将多层网络映射为一个集成网络，把多层网络中介中心性转化为该集成网络的中介中心性。对于每一对节点 (i, j)，定义它们之间的最短路径为 N_{ij} 并计算通过节点 m 的最短路径 $N_{ij}(m)$，n 为多层网络中节点的个数，则节点 m 的中介中心性，即通过节点 m 的最短路径平均分数可以表达为（Bargigli et al.，2016）

$$b_m^{\mathrm{Mul}} = \frac{1}{(n-1)(n-2)} \sum_{i,j \neq m} \frac{N_{ij}(m)}{N_{ij}} \tag{9-9}$$

9.1.3 模型设定

为研究多层网络视角下银行系统性风险的传染机制，将日频 ΔCoVaR 转化为季度频率以匹配季度中心性指标，建立如下回归模型：

$$\Delta\mathrm{CoVaR}_{i,t} = \alpha_i + \beta X_{i,t} + \gamma_1 M_{i,t}^1 + \gamma_2 M_{i,t}^2 + \mu_{i,t} \tag{9-10}$$

其中，$\Delta\mathrm{CoVaR}_{i,t}$ 为 t 时期银行 i 对银行系统的风险溢出效应；$X_{i,t}$ 为银行多层网络的结构特征（包括节点的度中心性和中介中心性）；$M_{i,t}^1$ 和 $M_{i,t}^2$ 作为模型的控制变量分别用以刻画银行微观层面和宏观经济层面的影响。$M_{i,t}^1$ 和 $M_{i,t}^2$ 的选取参考苏

帆（2017）的做法，$M_{i,t}^{1}$ 包括：净资产收益率（return of equity，Roe）；非利息收入占比（non interest income proportion，Non）；资产规模（size），用银行资产总额的自然能对数值表示；市净率（price-to-book ratio，PB）；资产权益比率（asset-to-equity ratio，AE）。此外，还加入当季同比的 GDP（国内生产总值，gross domestic product）和广义货币供应量的增长率（M2）作为宏观层面的控制变量 $M_{i,t}^{2}$，刻画所有银行面临的共同宏观环境。

9.2 实证研究

9.2.1 样本数据

为分析不同银行的系统性风险溢出程度，综合考虑样本长度和代表性后，提取了 16 家银行 2010 年 8 月 18 日至 2018 年 3 月 30 日前复权收盘价数据，共计 1852 个有效交易日。记收盘价数据为 P_t，并据此计算银行对数收益率 r_t $\left[r_t = \ln(P_t) - \ln(P_{t-1})\right]$，银行系统由沪深 300 银行指数来代表，数据均来源于 Wind 数据库。对各银行以及银行系统收益率进行 ADF 单位根检验、ARCH-LM 检验以及 Q 检验，结果显示，收益率序列均为平稳序列且存在明显的 ARCH 效应和自相关。因此，结合赤池信息准则（Akaike information criterion，AIC）和贝叶斯信息准则（Bayesian information criterion，BIC）判断，选用 AR（1）-GARCH（1,1）-偏 t 模型对收益率序列进行建模。

表 9-1 给出了变量的描述性统计结果，可以看到，ΔCoVaR 的最大值为−0.005 139，最小值为−0.022 405，标准差为 0.003 33，说明在整个银行系统中各上市银行机构的系统性风险溢出存在着明显差异。这一点与现有研究中存在系统重要银行的事实相符。从统计特征来看，网络结构指标度中心性 d^{Mul} 均值为 1.049 451，意味着我国银行网络整体连通程度较大，发生风险后传递的范围较广。中介中心性 b^{Mul} 的最小值为 0，且标准差较大，表明我国银行网络中各银行所在的节点作为网络中其他节点之间中介的重要性差异明显，且大部分银行都无法在银行网络承担起中介的角色。对于银行自身的特征变量而言，银行业整体的净资

产收益率较高而市净率较低,在一定程度上可以认为银行股具有较好的投资价值,银行业发展前景向好。非利息收入占比较小,意味着上市银行仍然依赖于传统业务,转型步伐有待加快。同时,观察到其最大值与最小值差距较大,这可能由于不同类型的上市银行定位不同,非息类业务量差异明显。反映各上市银行资产规模的指标标准差较大,说明大型国有商业银行与股份制银行和城商行间的资产规模存在较大的差距。

表 9-1 变量的描述性统计

变量名	均值	中位数	最大值	最小值	标准差
ΔCoVaR	−0.010 605	−0.009 988	−0.005 139	−0.022 405	0.003 330
d^{Mul}	1.049 451	1.054 920	1.098 612	0.735 622	0.058 813
b^{Mul}	0.080 927	0.044 627	0.521 587	0.000 000	0.101 524
Roe	0.043 950	0.043 673	0.070 720	0.018 071	0.011 551
Non	0.243 983	0.240 628	0.571 700	0.070 219	0.084 442
Size	10.539 430	10.545 840	12.487 250	7.702 974	1.136 944
PB	1.190 890	1.133 850	2.559 667	0.669 667	0.322 261
AE	0.063 625	0.063 369	0.085 648	0.033 144	0.008 405
GDP	0.076 233	0.073 000	0.102 000	0.067 000	0.010 250
M2	0.129 024 4	0.131 333 5	0.195 067	0.085 333	0.023 765 2

9.2.2 模型检验结果

模型中所有变量均通过单位根检验,序列平稳,并且 Hausman 检验结果显示在 1%水平上拒绝建立随机效应模型的原假设,认为应当对样本建立固定效应模型。为消除异方差的干扰,对回归模型的估计全部使用聚类稳健标准误。

表 9-2 给出了固定效应模型的参数估计结果,列(1)、(2)和(3)分别为仅包含度中心性、仅包含中介中心性和二者共同纳入模型的固定效应模型参数估计结果。表 9-2 结果显示,在固定效应模型中,d^{Mul} 始终在 5%水平上显著,而 b^{Mul} 无论是单独进入模型还是与 d^{Mul} 一起纳入模型,均不显著。这一回归结果表明,在银行系统形成的多层网络中各上市银行所在节点的度中心性会对整个银行系统性风险的溢出产生显著影响,而中介中心性的大小对系统性风险溢出则无明显作

用。中介中心性在系统性风险溢出上所表现出的“无效性”意味着在我国银行业系统中通过某些中介银行而形成的银行之间的间接连接无法对系统性风险溢出产生实质性的影响。可能的原因在于冲击在经过二次传递后会被分散，风险得到缓释，初始风险真正作用于间接关联银行的力度不足以带来间接对象系统性风险溢出的变动。在一定程度上这一特性使得我国银行业中单个银行的危机诱发整个银行业系统多米诺骨牌效应式风险传递的概率较小，因为冲击无法在多方间接传递后始终强劲。

表 9-2　固定效应模型的参数估计

	(1)	(2)	(3)
	ΔCoVaR	ΔCoVaR	ΔCoVaR
d^{Mul}	-0.0045^{**}		-0.0050^{**}
	(0.0019)		(0.0019)
b^{Mul}		−0.0023	−0.0026
		(0.0020)	(0.0019)
Roe	-0.0529^{***}	-0.0543^{***}	-0.0527^{***}
	(0.0106)	(0.0112)	(0.0108)
Non	0.0047	0.0044	0.0046
	(0.0046)	(0.0045)	(0.0045)
Size	-0.0023^{*}	-0.0023^{*}	-0.0023^{*}
	(0.0013)	(0.0013)	(0.0013)
PB	-0.5321^{***}	-0.5670^{***}	-0.5453^{***}
	(0.0723)	(0.0697)	(0.0732)
AE	-0.1029^{***}	-0.1019^{***}	-0.0998^{***}
	(0.0331)	(0.0340)	(0.0329)
GDP	0.1950^{***}	0.2001^{***}	0.1969^{***}
	(0.0256)	(0.0240)	(0.0246)
M2	-0.0891^{***}	-0.0893^{***}	-0.0894^{***}
	(0.0072)	(0.0074)	(0.0071)
_CONS	0.0725^{*}	0.0675^{*}	0.0731^{*}
	(0.0414)	(0.0398)	(0.0403)
R^2	0.2643	0.2629	0.2700

注：括号内为参数的稳健标准差，***、**、*分别表示在 1%、5%、10%的水平上显著。

ΔCoVaR 在各个时期均为负值，即表明各银行对于银行业系统始终存在着风险溢出效应，并且表 9-2 显示 d^{Mul} 的参数估计值为负，结合 ΔCoVaR 为负这一事实，节点的度中心性越大，即该节点与不同层的其他节点跨层间的关联度越高，ΔCoVaR 值越小。从银行的角度来看，在多层网络结构下，系统中与其他银行存在越强的多种类型关联性的银行，其在遭遇冲击陷入危机后给整个银行体系带来的损失越大，即对整个银行系统的系统性风险溢出就越大。这一点也与现实相符，系统中那些与众多其他银行关联密切的银行由于与不同类型、不同规模的银行均存在着复杂业务往来，当遭受冲击爆发风险后，很容易通过这种多维度关联将风险由多个渠道直接传递给其他银行，造成大量关联银行受损甚至是第二轮的风险传递，最终将危机蔓延到整个银行业系统。同时，度中心性对系统性风险溢出有显著正向影响这一结论与 Long 等（2017）利用我国沪深 300 二级行业指数研究单层行业网络对股票市场系统性风险贡献度的研究结论一致。一方面，这验证了上述研究结果的稳健性，表明度中心性对于系统性风险的影响不以研究对象的转移而改变。另一方面，多层网络中的度中心性对系统性风险溢出的影响表现出与单层网络相同的特征，进一步说明选取度中心性指标考察其对系统性风险溢出影响的合理性以及可靠性。

对于银行自身的特征变量，观察表 9-2，非利息收入占比 Non 在（1）、（2）、（3）列中均不显著，说明银行的非利息收入占比与系统性风险的溢出无明显关联。从银行业务的角度来理解，非利息收入占比越高，说明银行的业务转型的步伐越快，创新意识越强，而这种业务上的创新伴随着一定程度风险传染渠道的增加，银行将面临更多的外部风险。通过比较各上市银行年报，股份制银行和城商行的非利息收入占比增速明显高于国有商业银行，考虑到上面得到的规模小的银行系统性风险溢出更大这一结论，即使回归系数在固定效应模型中并不显著，仍应关注中小银行的非息业务监管，以达到更全面地防控风险、优化银行业务结构的目的。

银行资产规模 Size 的回归系数在表 9-2 的三列中均在 10%的水平上显著，系数为负，意味着规模较大的银行一定程度上对银行系统性风险的溢出效应较强，但这种影响的效果并不十分明显。此外，Roe 和 AE 的回归系数在表 9-2 中始终在 1%的水平上显著且为负值，意味着盈利能力较强的银行机构在遭受冲击后会给系统带来更大的风险溢出，这一点提醒那些被市场公认具有雄厚实力的银行，在追逐经济利益的同时，也要注重完善风险管理制度，时刻警惕经营过程中各类风险的发生。根据表 9-2，市净率 PB 的回归系数在模型中同样显著为负，高投资价值银行拥有较低的市净率，其对系统性风险的溢出较弱，这一结果肯定了这类银行的风险管理能力。对于刻画宏观经济环境的 GDP 而言，其回归系数显著为正，符合实际意义，经济增速越快，国民经济活力越高，系统性风险爆发的概率越小，经济形势向好使系统性风险的溢出得到减弱。而广义货币供应量增长率 M2 的回归系数显著为负，意味着当投资和中间市场活跃，即投资过热时，系统性风险的溢出会更大。

9.2.3　结果稳健性

为了进一步检验模型的稳健性，将模型的被解释变量换成边际期望损失（marginal expected shortfall，MES），从“自下而上”视角研究系统陷入危机后单个机构对系统的边际贡献。可以看到表 9-3 的稳健性检验结果中，主要变量的显著性水平和系数方向基本不变，验证了上述实证结果的稳健性。

表 9-3　稳健性检验

	（1）	（2）	（3）
	MES	MES	MES
d^{Mul}	−0.0040**		−0.0041**
	（0.0016）		（0.0016）
b^{Mul}		−0.0001	−0.0002
		（0.0025）	（0.0024）
Roe	−0.0331*	−0.0344*	−0.0331*
	（0.0182）	（0.0184）	（0.0182）
Non	0.0015	0.0013	0.0015
	（0.0040）	（0.0041）	（0.0040）
Size	−0.0012	−0.0012	−0.0012
	（0.0011）	（0.0011）	（0.0011）
PB	−0.3503***	−0.3690***	−0.3513***
	（0.1109）	（0.1112）	（0.1121）
AE	−0.0660	−0.0675	−0.0657
	（0.0549）	（0.0548）	（0.0544）
GDP	0.1352***	0.1379***	0.1353***
	（0.0294）	（0.0301）	（0.0296）
M2	−0.0503***	−0.0503***	−0.0503***
	（0.0111）	（0.0111）	（0.0110）
_CONS	0.0392*	0.0347*	0.0392*
	（0.0343）	（0.0351）	（0.0344）
R^2	0.1241	0.1181	0.1241

注：括号内为参数的稳健标准差，***、**、*分别表示在 1%、5%、10%的水平上显著。

9.3 本章小结

本章首先借助时变 Copula-CoVaR 模型测度了 16 家上市银行的风险溢出 ΔCoVaR；然后基于三种不同的相关系数构建我国银行业多层网络，并选取度中心性和中介中心性两个网络结构指标刻画我国银行多层网络的结构特征；最后利用以上两步所得的银行系统性风险溢出 ΔCoVaR 以及多层网络结构指标值并结合其他控制变量建立起面板回归模型，探讨银行网络结构对系统性风险溢出价值的影响。实证结果显示，在多层网络中，度中心性始终对系统性风险的溢出有着显著影响，即银行网络的度中心性越大，系统性风险的溢出就越强，过高的度中心性将会加重银行业系统的脆弱性。而中介中心性对系统性风险溢出则无明显影响，这很大程度上可能是由于我国银行业网络中并不存在明显的中介机构。本章的研究结论对于我国金融监管也有一定的指导性意义。除了单纯地从资产规模角度出发需要关注系统中“大而不能倒”的银行，监管部门的重点还应该放在那些“过度关联而不能倒”的银行，并且银行多层网络结构所捕捉到的更为全面的银行间相关性信息能够帮助监管部门更好地识别这类银行从而实现更完备的系统性风险监管。

第3部分　基于企业网络的系统性风险研究[①]

第2部分基于单层和多层网络视角研究了银行系统性风险特征，本部分进一步研究另一类重要经济主体企业的系统性风险。由第1部分可知，目前基于网络理论研究企业网络结构以及企业系统性风险的比较少，因此有待从信用关联和担保关联等视角构建企业网络模型，进一步研究企业系统性风险。针对此，本部分主要研究如下内容：第10章构建企业内生信用网络模型，揭示企业网络形成的微观机制，进一步基于信用网络模型研究企业系统性风险特征；第11章进一步从企业担保关联视角，构建企业担保网络模型研究企业系统性风险特征。

① 本部分内容主要来自 Ma 等（2018）、李守伟等（2019b）和 Wang 等（2019）的相关研究。

第 10 章　基于信用网络的企业系统性风险研究

研究企业网络结构形成机制，有利于揭示企业复杂关联的微观基础，以及企业的微观行为与宏观性状之间的关系。而现有文献对此只是进行了初步的研究，有待进一步深入研究。针对此，本章通过构建动态企业信用网络模型，研究企业间复杂关联形成的微观基础，其中网络节点代表的是企业，网络节点间边代表企业间信用关系。而本章的企业间信用关系是指在企业间交易中由于延期付款所形成的企业间的借贷关系。相比已有研究，本章创新之处在于：构建的企业网络模型是内生的，即企业间关联是企业在经营过程中根据自身需求，遵循最优交易对手选择机制形成的；该网络模型重现了现实企业系统存在的一些特征，如企业信用网络是无标度网络和企业资产规模分布具有幂率尾部特征等。

本章与同类研究的区别与特色如下。一是，本章的模型设计参考了 Gatti 等（2010）和 Riccetti 等（2013）的研究，但本章的企业间匹配机制与他们的研究有很大的差异。本章中下游企业可以与多个上游企业建立信用关系，而他们的研究中下游企业只与一个上游企业建立信用关系；同时本章是基于产品价格建立匹配机制，而他们的研究中企业间选择是基于与利率相关的概率随机进行的。二是，现有的研究主要是从企业间投入产出、强/弱关系和协同生产等关系视角研究企业网络的形成机制，而本章是基于企业间信用关系研究企业网络的。本章的研究不仅解释了企业网络结构特征，还解释了现实企业系统中企业资产规模、资产增长率的特征。因此，本章构建的企业网络模型更接近现实情况。相关研究丰富了现有的企业网络理论，同时对于维护经济系统平稳运行具有一定的理论意义和实践参考价值。在信用网络模型基础上，本章进一步从网络结构和企业主体行为视角研究企业系统性风险特征。

10.1 企业内生信用网络模型构建

考虑两类企业：上游企业 j（j=1,2,…）和下游企业 i（i=1,2,…）。从以下四个方面给出上下游企业行为更新规则：根据资产净值确定生产规模；下游企业通过信用方式获得上游企业提供的中间产品；预测资金缺口，进行银行借贷；销售产品获得收入，更新资产净值。在模型构建中，企业的生产水平具有双重约束：对于下游企业而言，其生产水平受其自身资产净值和与其交易的上游企业的中间产品供给能力的双重约束；而上游企业的生产水平则受其自身资产净值和下游企业对其中间产品的需求的双重约束。

10.1.1 企业生产规模

将企业系统视为离散演化的系统，在时刻 t 每个企业根据其资产净值确定理想产量。下游企业 i 在 t 时刻由其资产净值 A_{it} 计算的理想产量为（Gatti et al.，2010）

$$Y_{it}^{\text{desired}} = \varphi A_{it}^{\beta} \tag{10-1}$$

其中，Y_{it}^{desired} 为理想产量；$\varphi > 1, 0 < \beta < 1$。对于上游企业可采用同样的方法计算其理想产量。出于简化目的，假设下游企业的生产类型为里昂惕夫生产函数。为此，对每个下游企业而言，其生产函数可表示为

$$Y_{it} = \min(N_{it} / \delta_d, Q_{it} / \gamma) \tag{10-2}$$

其中，$\delta_d > 0, \gamma > 0$；N_{it} 为劳动力；Q_{it} 为中间产品。因此，下游企业的理想产量相对应的中间产品和劳动力的需求可分别表示为

$$Q_{it}^{\text{desired}} = \gamma Y_{it}^{\text{desired}} = \gamma \varphi A_{it}^{\beta} \tag{10-3}$$

$$N_{it}^{\text{desired}} = \delta_d Y_{it}^{\text{desired}} = \delta_d \varphi A_{it}^{\beta} \tag{10-4}$$

根据式（10-1）的方法可以计算出上游企业和下游企业的理想产量，而本章中上游企业和下游企业最终的实际产量是基于此理想产量与企业间匹配机制确定的。在实际产量确定后，根据式（10-2）可以得到下游企业实际产量相对应的中间产品和劳动力的需求。

10.1.2　企业间匹配机制

在初始时刻 t=1，下游企业 i 随机选择 M 个上游企业进行中间产品购买。假设上游企业 j 对于下游企业提供的中间产品价格 p_{jt}^{i} 为

$$p_{jt}^{i} = p_f + \alpha A_{jt}^{-\alpha} + \theta (l_{it})^{\theta} \tag{10-5}$$

其中，p_f 为常数；l_{it} 为下游企业杠杆率；$\alpha > 0$；$\theta > 0$。

下游企业 i 从选择的 M 个上游企业中选择价格最低的购买中间产品，如果从价格最低的上游企业得不到足够的中间产品，其依次向被选择的剩余上游企业中价格最低的购买中间产品，直到中间产品得到满足或者没有可供给的中间产品。如果上游企业 j 所收到的下游企业的中间产品订单总额大于由其自身资产净值所决定的理想产量 φA_{jt}^{β}，上游企业 j 仅能提供数量为 φA_{jt}^{β} 的中间产品。此时，其真实产量等于其理想产量 φA_{jt}^{β}。在这种情况下，上游企业 j 将其潜在交易对象按照资产净值从大到小排列，依次分配其中间产品，直至其产量 φA_{jt}^{β} 被全部分配。相反，如果上游企业 j 所收到的下游企业的中间产品订单总额小于由其自身资产净值所决定的理想产量 φA_{jt}^{β}，其所有潜在交易对象的中间产品需求都能被满足。此时，其真实产量将小于其理想产量。

在 t+1 时刻，企业间匹配机制如下：下游企业 i 随机选择 M 个上游企业，观察它们提供的中间产品价格以及 t 时刻进行交易的上游企业的价格。假设 t 时期建立交易的上游企业个数为 M_0，则在 t+1 时刻下游企业 i 依次从上述 $M+M_0$ 个上游企业中选择价格从低到高的 M 个上游企业购买中间产品，企业间匹配机制同初始时刻。

综上，在企业自身资产净值和中间产品需求/供给的双重约束下，下游企业和上游企业的真实产量可分别表示为

$$Y_{it}^{\text{real}} = \sum_{j \in \Phi_{it}} Q_{jt}^{i} / \gamma \tag{10-6}$$

$$Y_{jt}^{\text{real}} = \sum_{i \in \Phi_{jt}} Q_{jt}^{i} \tag{10-7}$$

其中，Q_{jt}^{i} 为第 i 个下游企业所获得的第 j 个上游企业所提供的中间产品数量；Φ_{it} 为第 i 个下游企业的供应商（上游企业）集合；Φ_{jt} 为第 j 个上游企业的交易对象（下游企业）集合。

同样采用式（10-4）的方法确定上游企业生产的劳动力需要。进而，与实际产量相对应的上、下游企业实际劳动力需求可表示为

$$N_{jt}^{\text{real}} = \delta_u Y_{jt}^{\text{real}}, \quad N_{it}^{\text{real}} = \delta_d Y_{it}^{\text{real}} \tag{10-8}$$

10.1.3 企业资金缺口

在任意模拟时刻企业可能面临资金缺口，假设企业通过银行借款满足自己的资金缺口。对于下游企业其资金缺口来源于劳动力的工资（w）支出和中间产品的应付账款，而上游企业的资金缺口来源于劳动力的工资支出。因此，下游企业和上游企业的资金缺口（银行借款）分别为

$$B_{it} = \max\{0, wN_{it} + \sum_{j\in\Phi_{it}} p_{jt}^i Q_{jt}^i - A_{it}\} \tag{10-9}$$

$$B_{jt} = \max\{0, wN_{jt} - \sum_{i\in\Phi_{jt}} p_{jt}^i Q_{jt}^i - A_{jt}\} \tag{10-10}$$

10.1.4 企业资产净值更新

在任意模拟时刻，下游企业的利润主要来源于最终产品的销售，但同时需支出银行借款本金和利息以及应付账款，具体如下：

$$\pi_{it} = \mu_{it} Y_{it} - (1 + r_{zt}^i) B_{it} - \sum_{j\in\Phi_{it}} p_{jt}^i Q_{jt}^i \tag{10-11}$$

其中，$\mu_{it} \sim (\mu_{\min}, \mu_{\max})$ 为下游企业生产最终产品的价格；$r_{zt}^i = \text{cr} + \theta_1 (l_{it})^{\theta_1}$ 为银行贷款利率，cr 为常数，$\theta_1 > 0$。而上游企业利润来源于中间产品的应收账款，但需支出银行贷款本金和利息，如下：

$$\pi_{jt} = \sum_{i\in\Phi_{jt}} p_{jt}^i Q_{jt}^i - (1 + r_{zt}^j) B_{jt} \tag{10-12}$$

于是，下游企业和上游企业的净资产分别按式（10-13）和式（10-14）进行更新。

$$A_{it+1} = A_{it} + \pi_{it} \tag{10-13}$$

$$A_{jt+1} = A_{jt} + \pi_{jt} - BD_{jt}, BD_{jt} = \sum_{i\in\Phi'_{jt}} p_{jt}^i Q_{it} \tag{10-14}$$

其中，Φ'_{jt} 为从上游企业 j 购买中间产品的违约下游企业集合。假设企业违约条件

为企业净值小于等于零；违约企业被新的企业主体所替代，新企业主体的资产净值为 0~1 的随机数。

10.2　网络模型仿真分析

假设企业系统由 100 家上游企业和 200 家下游企业组成，初始资产净值均取自（0，1）的随机数。参考 Gatti 等（2010）和 Riccetti 等（2013）的研究，上述模型参数设置为：φ=1.2，β=0.8，$\delta_d=\delta_u=\gamma$=0.5，p_f=1，α=0.1，θ=0.05，cr=0.05，θ_1=0.1，$w=0.5$，$M=20$，$(\mu_{\min},\mu_{\max})=(0.5,2.5)$。

10.2.1　企业信用网络结构特征

在上述参数下首先分析企业信用网络结构特征，图 10-1 显示的是在 t=1000 时刻企业信用网络结构，对此进一步采用网络拓扑结构测度指标度分布和网络密度对其进行定量分析。网络节点度表示与该节点连接的边的数目，而度累积分布 P_k 表示的是节点度大于等于 k 的概率。近年来大量的实证研究表明，许多现实中网络的度累积分布都遵循幂率分布，即该网络具有无标度特征，其中幂率指数一般介于 2 ~ 3。事实上，通过前面文献综述可知现实中企业各种网络，如企业的贸易网络、资金流网络、客户-供应商网络、被许可方-许可方网络、战略联盟网络和信用网络，都具有无标度特征（Watanabe et al.，2012；2013；Miura et al.，2012；Mizuno et al.，2014；2016；Golo et al.，2015）。是否本书构建的企业信用网络模型也具有无标度特征呢？图 10-2 揭示了在双对数坐标系下企业信用网络在 t=1000 时刻的网络度累积概率分布，由该图可知企业信用网络度分布服从幂律分布，通过参数估计该幂率分布指数为 3.0700。因此，本书构建的网络模型具有现实企业网络的无标度特征。也意味着企业系统中少数企业具有较多的信用关系，而大多数企业具有较少的信用关系。

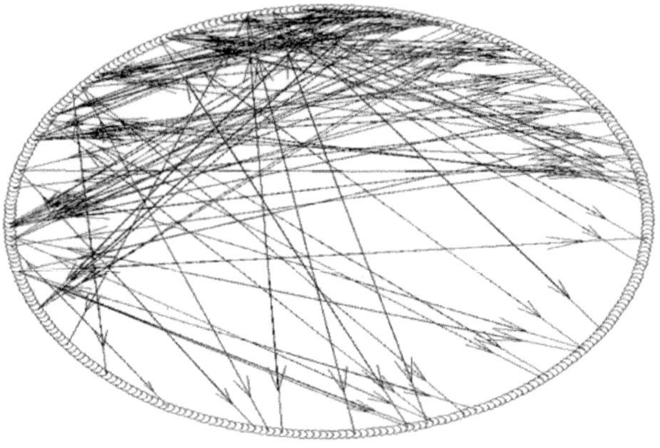

图 10-1 企业信用网络结构图

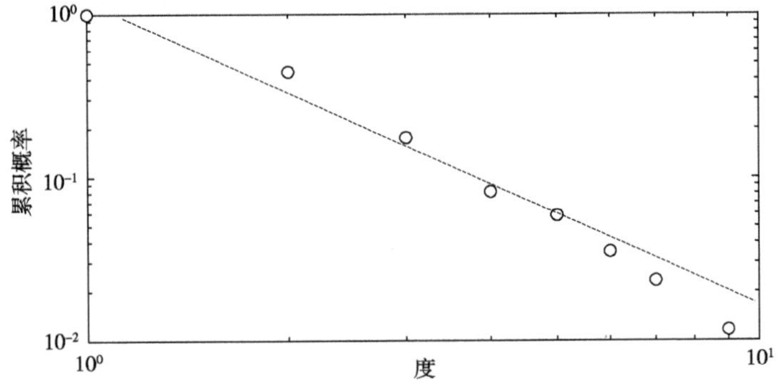

图 10-2 企业信用网络度累积概率分布

我们进一步采用网络密度指标分析企业信用网络特征，其中网络密度是指企业系统中实际信用关联数目与企业系统中最大可能的信用关联数目的比值。Finger 等（2013）和 Lux（2015）研究显示在网络中嵌入较长合并周期能更好地反映网络连接关系。因此，本书也采用合并周期数据分析网络密度，具体计算方法为

$$\upsilon_T = 1 - \prod_{t=1}^{T}(1 - \upsilon_t) \tag{10-15}$$

其中，$1-\upsilon_t$ 为第 t 期企业信用网络中没有发生连接的概率；T 为合并周期。图 10-3 是企业系统演化后 800 期的网络密度（前 200 期视为系统初始化过程），其中合并周期 T 分别为 1，10 和 25。从图中可以看出：合并周期是很有必要的，合并周期为 1 期的密度演变只是提供了当期的上下游企业间交易往来的随机连接，具有偶然性，较长的合并周期则能更好地反映企业系统中的连接关系。合并周期变大，密度也显著增大，密度与合并周期正相关。当合并周期为 10 或者 25 时，随着企业系统不断演化，企业网络密度基本趋于稳定。

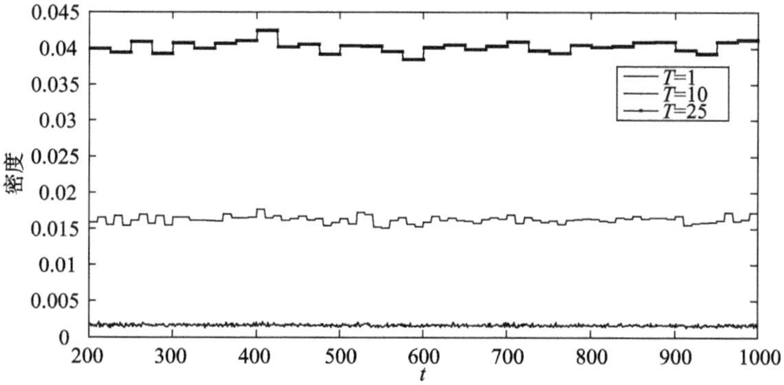

图 10-3　企业系统演化过程中网络密度

10.2.2　企业网络节点行为特征

首先对企业资产规模分布进行研究，图 10-4 为企业系统 t=1000 时刻的资产的累积概率的双对数分布，企业资产规模尾部对应于指数为 1.7926 的幂律分布。事实上，Axtell（2001）和 Fujiwara 等（2004）通过实证研究发现：当企业资产规模超过某一阈值时，其累积分布为幂率分布。为加强和中国实际的对比性，运用中国主板和创业板的上市企业 2011～2013 年实际数据可得到企业资产规模分布，如图 10-5 所示（He et al.，2016）。图 10-5 为在双对数坐标下 2011～2013 年上市企业资产的累积概率分布，虚线分别对应指数为 0.9760、0.9247、0.9388 的幂率分布。由图 10-5 可知，中国上市企业资产规模具有幂率的尾部，而本书所构建的模型重现了这一特性。

企业资产增长率反映了企业资产规模的扩张速度，是衡量企业总体规模变动和成长状况的重要指标。资产增长过快、杠杆过高可能导致泡沫的产生，而资产增长过慢又限制了企业的发展。图 10-6 是企业系统演化后 800 期的企业资产增长率变化过程，可见企业资产增长率随时间演化逐渐呈收敛状，且 600 期以后逐渐趋于稳定。由图 10-7 的企业资产增长率概率密度分布图可知，整个系统演化过程中企业资产增长率近似于均值 μ 为 1、标准差 σ 为 0.0072 的正态分布，且在 95% 的置信区间内均值 $\mu \in (0.9995,1.0005)$，即在整个企业系统运行过程中有 95%的期数企业资产增长率都在（0.9995，1.0005）内，这表明该企业经济系统在演化过程中是趋于稳定的。事实上，类似的结论也在 Tamura 等（2012）和 Ohnishi 等（2009）的研究中出现。

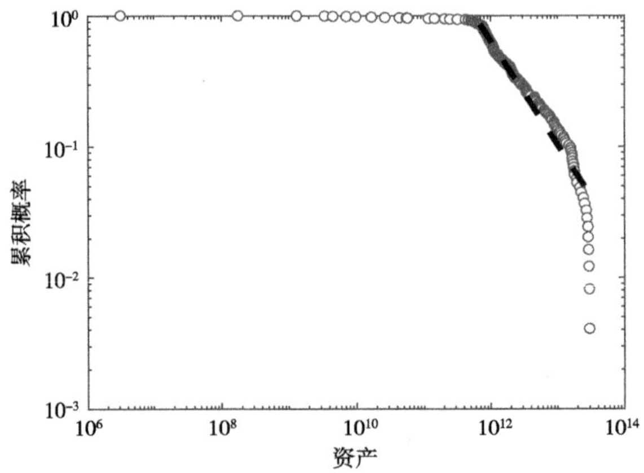

图 10-4　企业资产规模分布

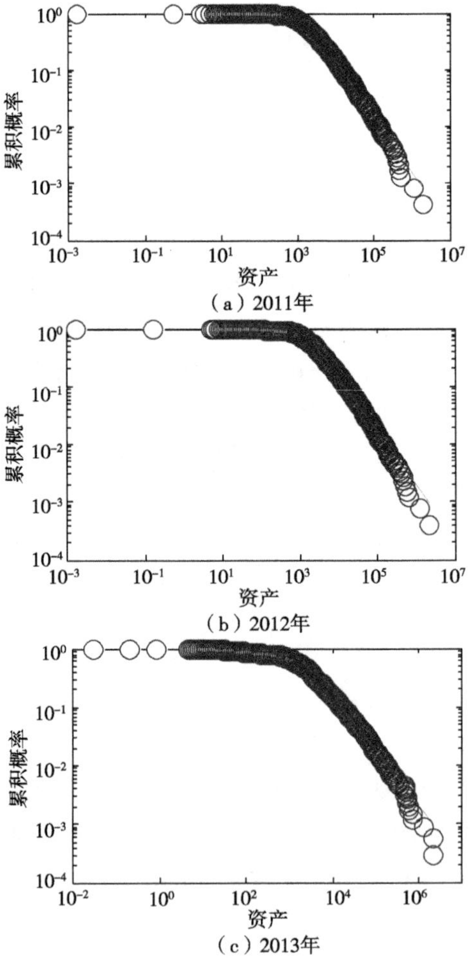

图 10-5　2011～2013 年中国上市企业资产规模分布

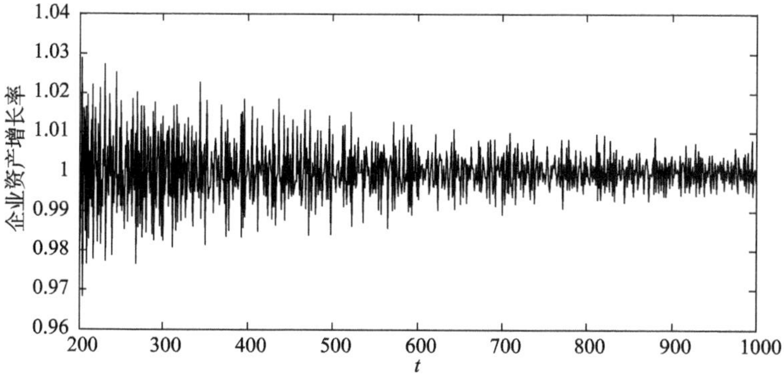

图 10-6　企业资产增长率随时间演化图

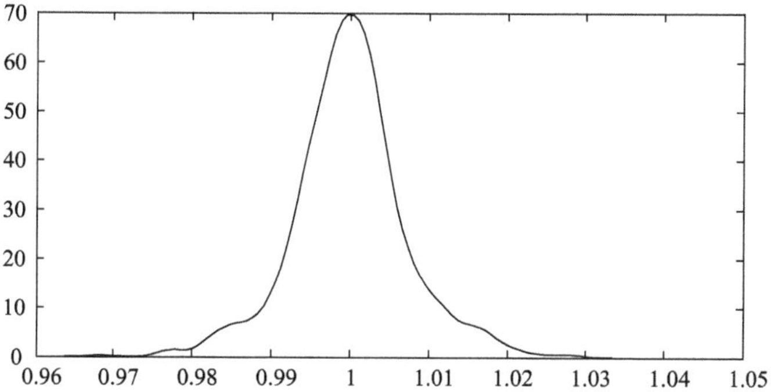

图 10-7　企业资产增长率概率密度分布图

10.2.3　参数敏感性分析

下面通过调整影响网络中节点间连接的参数研究网络结构对参数的敏感性。企业间的联系是通过产品价格连接的，因此选取与上游企业资产相关的产品价格决定参数α、与下游企业杠杆率相关的产品价格决定参数θ以及下游企业随机选择上游企业数目M，通过改变这三个参数的大小，探讨网络结构的稳定性。图 10-8 揭示了不同参数变化对网络结构的影响，其中图 10-8（a）~（c）反映的是上游企业资产相关的产品价格决定参数α的变化，图 10-8（d）~（f）揭示了下游企业杠杆率相关的产品价格决定参数θ的变化，图 10-8（g）~（i）刻画了下游企业随机选择上游企业数目M的变化。由图 10-8 可知，不同参数变化下，企业信用网络始终保持无标度网络的特性，这也表明该企业网络结构始终保持稳定。

企业系统稳定性特指在整个企业系统演化过程中是否出现较大的经济波动从而影响经济系统的正常运行。图 10-9 为不同参数下企业系统演化后 800 期的企业

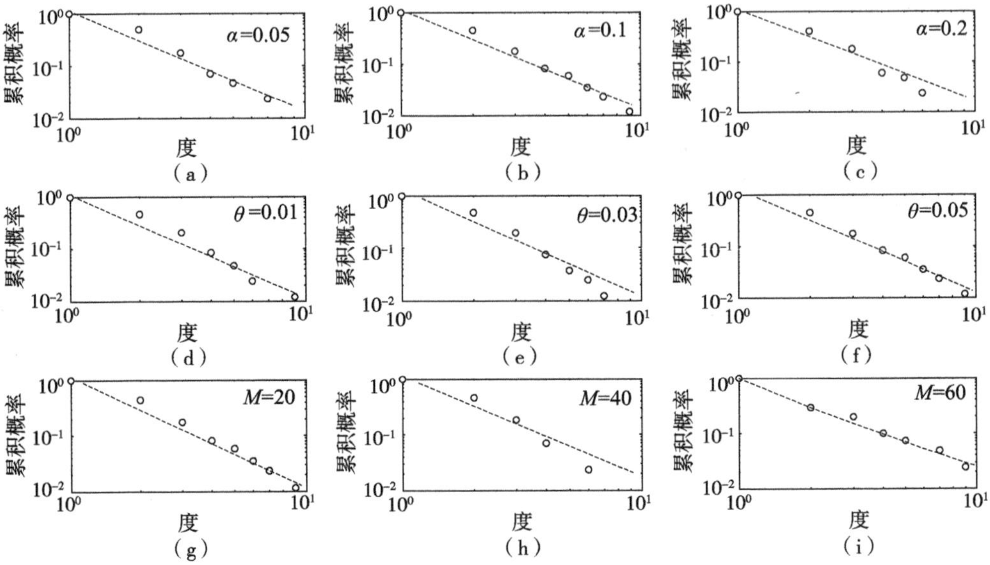

图 10-8　不同参数下企业信用网络度分布

资产增长率随时间的演化过程，与前面网络结构稳定性分析一样，同样选取产品价格决定参数α、θ以及下游企业随机选择上游企业数目 M 这三组变量参数进行分析。由图 10-9 可知，与上游企业资产相关的产品价格决定参数α、与下游企业杠杆率相关的产品价格决定参数θ以及下游企业随机选择上游企业数目 M 这三组参数在合理的范围内变化，企业系统随时间演化过程中企业资产增长率均能逐渐趋于平稳，这也表明该企业经济系统在不同参数影响下都具有一定的稳定性。

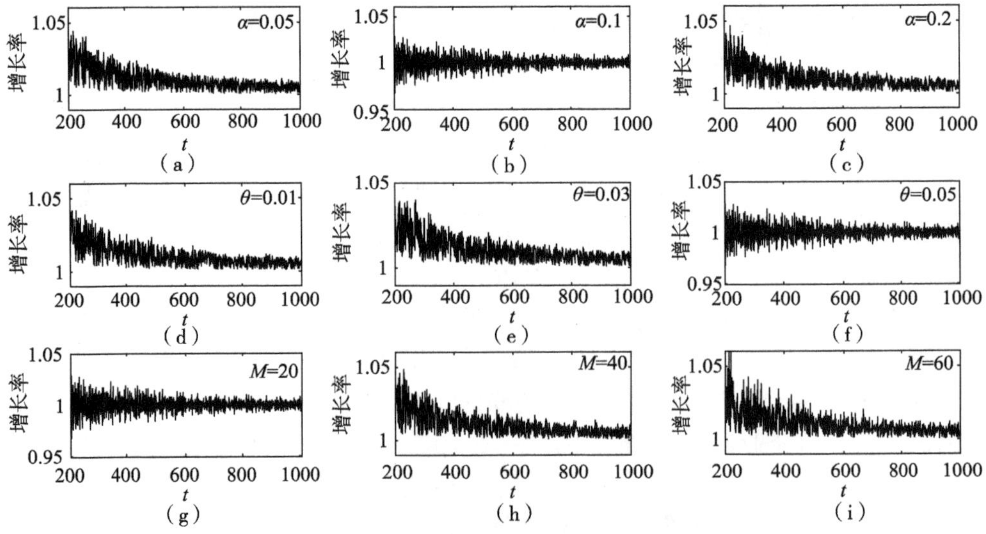

图 10-9　不同参数下企业资产增长率演化过程

10.3　企业系统性风险分析

本节基于上述企业内生信用网络模型进一步研究系统性风险特征。为了分析系统性风险，在上述模型中假设企业实际获得银行贷款规模为其资金缺口乘以 0 ~ 1 的随机系数。企业初始净值设置为 0 ~ 1 的随机数。假设企业净资产小于零发生违约，并被一家新企业所取代，同时设定新加入的企业净资产为 0 ~ 1 的随机数。在仿真分析企业系统性风险时，模拟 10 次并计算平均每期破产企业数，用来度量企业系统性风险。上述模型参数设置为：$\varphi=2, \beta=0.8$，$\delta_d=\delta_u=\gamma=0.5$，$p_f=1, \alpha=0.1$，$\theta=0.05, \mathrm{cr}=0.05$，$\theta_1=0.1, w=0.5$，$M=30, (\mu_{\min}, \mu_{\max})=(0.5, 2.5)$。

10.3.1　企业网络结构与系统性风险

网络节点规模与网络节点异质性属于网络结构研究范畴，网络节点规模的不同可能导致网络结构的改变，网络节点异质性又使得初始状态的网络结构有所差异，因此有必要分别从网络节点规模与网络节点异质性两个维度探究网络结构对系统性风险的影响。选取网络节点规模分别为 150、300、450、600，在每组参数下分别计算平均每期破产企业数，对前 200 期数据进行初始化，仅选取后 800 期数据进行统计，结果如图 10-10 所示。

由图 10-10 可知，随着网络节点规模的扩大，破产企业数显著增加。随着网络节点规模的不断扩大，企业间信用关系变得更加复杂，这增加了企业之间的风险敞口。一家企业可能同时与其他多家企业建立联系。一旦这家企业倒闭，它会将风险迅速蔓延至其他关联企业，甚至引起整个企业系统的崩溃，这表明网络节点的规模对企业的系统性风险具有显著影响。接下来，我们分析网络节点异质性对企业系统性风险的影响。企业同质指企业初始资产净值相同，都为 1；企业异质指企业初始资产净值不同，取自 0 ~ 1 的随机数。

同样地，在企业同质和异质情况下分别计算平均每期破产企业数，结果如图 10-11 所示。由图 10-11 可知，企业同质和异质情况下，破产企业数都表现为先显著减少后趋于平稳，这也表明网络节点的异质性对企业系统性风险并没有显著影响。

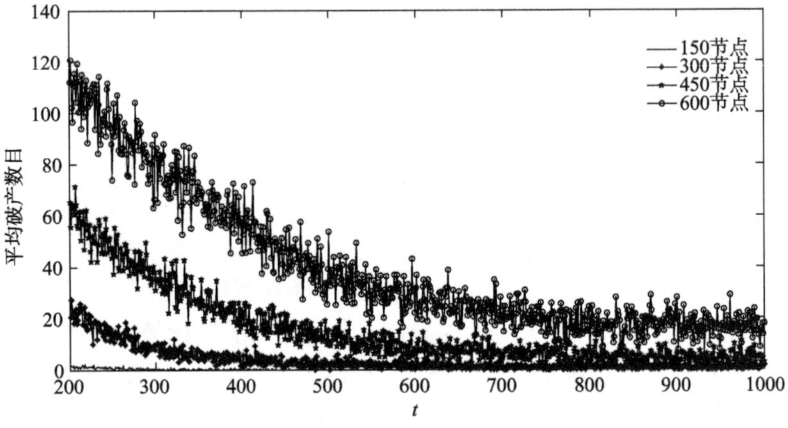

图 10-10　网络规模与系统性风险

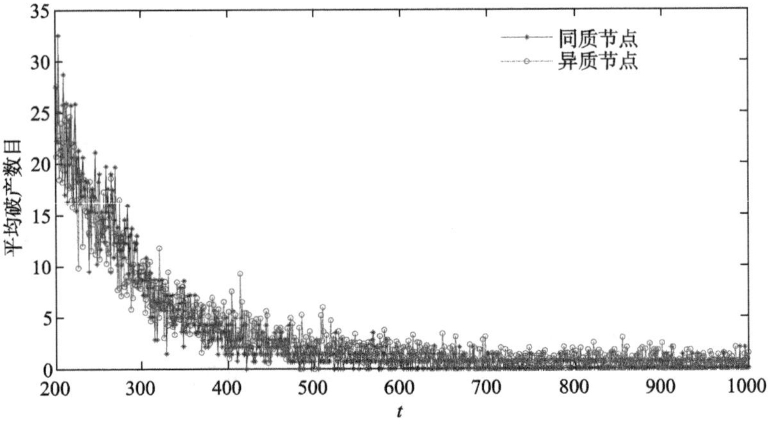

图 10-11　网络异质性与系统性风险

10.3.2　企业主体行为与系统性风险

我们进一步研究企业主体行为对企业系统性风险的影响。企业在生产经营活动中表现出很多主体行为，包括交易对手选择数目、理想产量、劳动力需求、中间产品价格、劳动力工资水平。我们重点关注这六个参数：$M,\varphi,\beta,\delta,P_{\mathrm{f}}$ 和 w，其

中 M 为下游企业选择上游企业的比例。我们主要探讨这些主体行为的演化对企业系统性风险的影响。结果如图 10-12 所示，横坐标分别表示这六种参数的变化范围，纵坐标表示破产企业数 S。

改变参数 M：在上下游交易对手选择过程中，下游企业会选择一定比例 M 的上游企业并观察它们提供的中间产品价格，进而选择价格低的企业进行交易。改变比例 M，一定程度上会影响上下游企业间的交易对手选择，从而可能改变整个企业信用网络的网络结构，进而可能影响整个企业系统性风险。设置交易对手选择比例范围为 10%~60%，由图 10-12（a）可知，随着交易对手选择比例的逐步提高，企业系统性风险也显著增大。这表明随着交易对手选择比例的提升，企业间关联变得更加复杂，这会增加企业整体的系统性风险。

改变参数 φ 和 β：参数 φ 和 β 决定着企业的生产产量，产量过高又出现滞销会严重增加企业的负债，导致企业倒闭，进而可能影响整个企业系统性风险。设置 φ 和 β 的变化范围分别为（1.2，3）和（0.71，0.8）。由图 10-12（b）和（c）可知过高的 φ 和 β 参数值，会导致更高的系统性风险。为了扩大产量，企业必须增加生产成本，这需要更多的银行贷款，一旦企业管理不善，破产的风险也会增加。

改变参数 δ：δ 为劳动力转换系数，即单位产量所需劳动力。劳动力需求直接和企业的生产成本挂钩，增加生产成本可能影响整个企业系统性风险。设置 δ 的变化区间为（0.4，0.6），由图 10-12（d）可知随着 δ 值的增加，企业系统性风险也显著增大。更高的 δ 值意味着单位产量需要更多的劳动力，这会显著增加企业的劳动力成本，进而提高企业系统性风险水平。企业需要提高生产技术水平来降低自身的劳动力成本，以使企业良性运转并拥有较强的竞争力水平。

改变参数 P_f：P_f 为中间产品价格，即上游企业出售给下游企业的产品价格。中间产品价格过高，在给上游企业带来丰厚利润的同时也会增加下游企业的成本，这可能影响整个企业系统性风险水平。设置 P_f 的变化范围为（0.9，1.1），由图 10-12（e）可知，中间产品价格与企业系统性风险存在显著的正相关性。这也意味着中间产品价格的提升，会增加下游企业购买原材料的成本，进而导致更高的系统性风险水平。

改变参数 w：w 为劳动力相关工资系数，过高的劳动力成本会导致企业入不敷出，这可能影响整个企业系统性风险水平。设置 w 的变化区间为（0.4，0.6），由图 10-12（f）可知，随着 w 值的增加，企业系统性风险也显著增大。这也意味着提高劳动力工资水平会增加企业的劳动力成本，进而增加企业整体的系统性风险。

综上所述，企业生产经营活动中的主体行为，包括交易对手选择比例、理想产量、单位产量劳动力需求、中间产品价格、劳动力工资这些因素，所有这些参数的增加都将导致更高的系统性风险。这也意味着企业主体行为对系统性风险有显著影响。

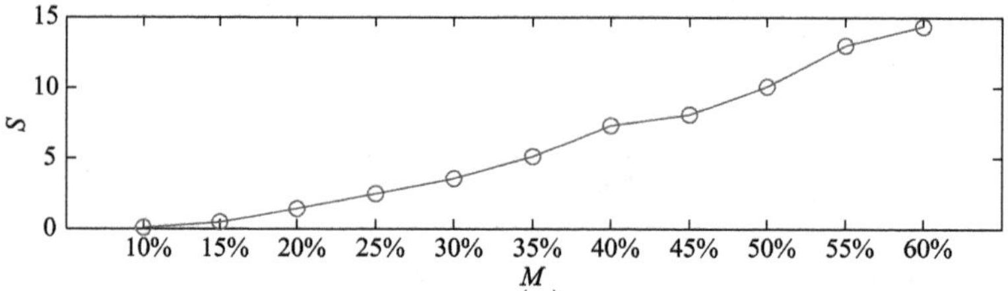

（a）

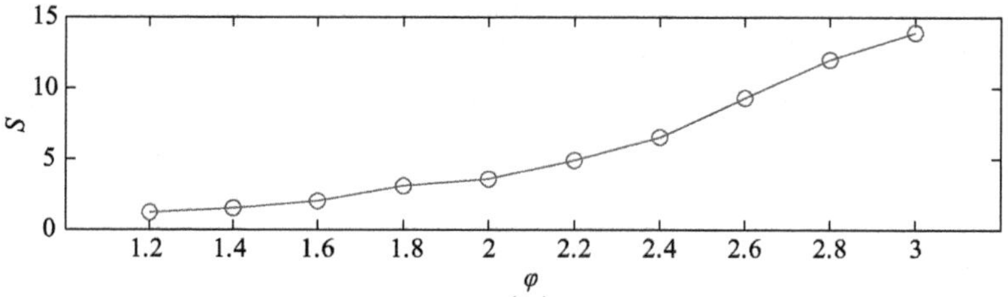

（b）

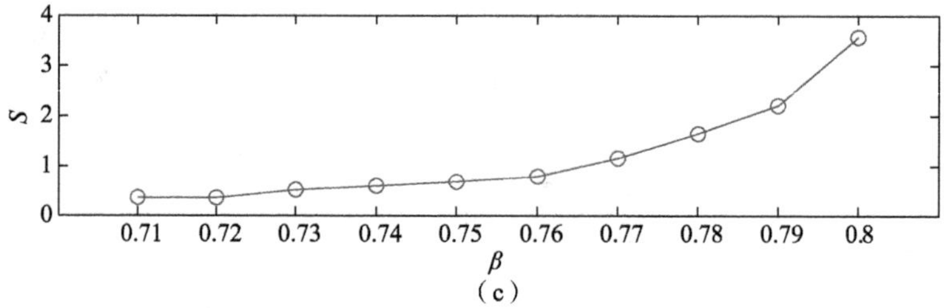

（c）

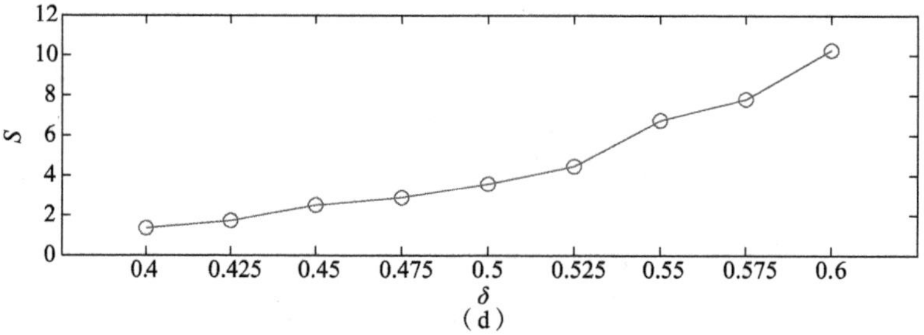

（d）

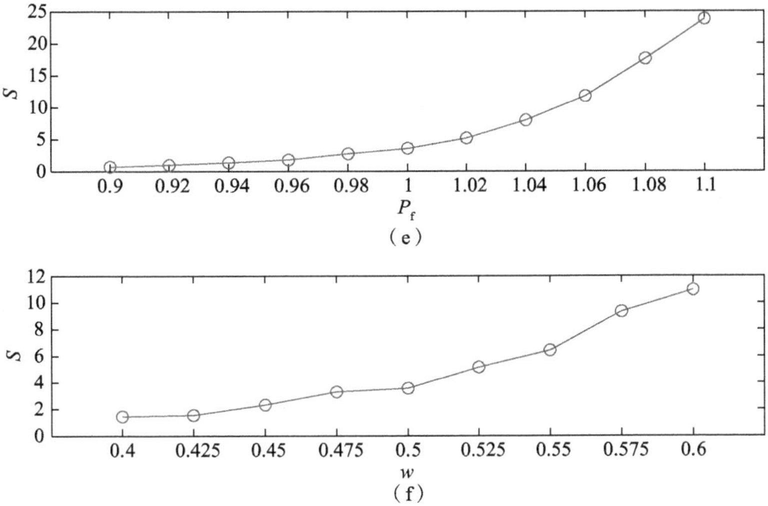

图 10-12　企业主体行为与系统性风险

10.4　本章小结

企业间各种关联使得企业系统形成了网络结构，而研究企业网络结构形成机制，有利于揭示企业复杂关联的微观基础，以及企业的微观行为与宏观性状之间的关系。针对此，本章通过刻画企业主体主要经营行为（上游企业生产中间产品、支付劳务、出售中间产品、向银行贷款；下游企业购买中间产品、向银行贷款、支付劳务、出售最终产品），以及上下游企业间最优交易对手选择机制，构建了企业信用内生网络模型。对网络模型仿真研究的结果表明：①企业信用网络度分布服从幂律分布，该网络具有无标度网络的特性；②较长的合并周期能更好地反映企业系统中的连接关系，且随着合并周期变大，网络密度也显著增大；③企业资产规模分布具有幂律尾部特征，企业资产增长率随时间演化逐渐呈收敛状，且其概率分布近似于正态分布。而上述的结果在现实企业系统中是存在的，因此本章构建的企业信用网络模型在一定程度上揭示了企业复杂关联的微观基础。这对于维护企业经济系统平稳运行具有一定的理论意义和实践参考价值。

本章分别探讨了网络结构和企业主体行为对系统性风险的影响。研究结果表明：在网络结构方面，随着网络节点规模的扩大，企业系统性风险显著增加，而网络节点的异构性对系统性风险没有显著影响。在企业主体行为方面，包括交易对手选择比例、理想产量、单位产量劳动力需求、中间产品价格、劳动力工资等因素，所有这些参数的增加都将导致更高的系统性风险。

第 11 章　基于担保网络的企业系统性风险研究

虽然基于复杂网络理论在企业间商业信用或供应链视角展开的研究已取得了丰硕的成果，但是目前对金融系统稳定有重要影响的企业间信用担保关联视角的相关研究却十分稀少。Golo 等（2015）研究了意大利经济增长率对企业间信用担保网络风险传染的影响机制，发现宏观危机导致几乎所有信用担保关联企业的销售均同时出现负增长。然而，Golo 等（2015）的研究仅从外部宏观冲击方面探讨了企业间信用担保网络风险传染的存在性以及原因，未深入挖掘微观层面的企业间信用担保网络风险传染机制；Cabrales 等（2017）研究了企业间信用担保网络在风险分担和传染之间权衡的最优设计，发现当企业面临异质性风险分布时，企业只与面临同类风险的信用担保企业最优地建立联系。虽然 Cabrales 等（2017）的研究已涉及微观层面的企业间信用担保网络风险传染机制，但由于未将资产价格下跌因素考虑在内，造成企业间信用担保网络风险传染机制缺乏动态性；Niu 等（2018）为了防止或减少危机情况下的系统性风险，研究了企业集团信用担保网络风险的可视化分析工具,但未深入挖掘企业集团信用担保网络风险传染机制。根据以上分析，本章借鉴 Golo 等（2015）和 Cabrales 等（2017）的做法，借助复杂网络理论，根据企业间资产负债表关联关系构建企业间有向、加权信用担保网络。通过引入外部投资价格动态变化模型，构建企业间信用担保网络风险传染动态模型，进而研究企业间信用担保网络风险传染动态机制。本章的贡献有：①通过引入外部投资价格动态变化模型，构建了更加符合实际的企业间信用担保网络风险传染动态模型，深入挖掘了企业间信用担保网络风险传染动态机制。②研究结论有助于丰富企业间信用担保网络风险传染机制的研究成果，并且对维护金融市场稳定具有一定的现实指导意义。

11.1 企业信用担保网络风险传染动态模型

11.1.1 企业资产负债表

本节对企业间资产负债表进行设定，并通过外部投资价格变动描述企业间资产负债表的动态变化机制，构建出企业间信用担保网络风险传染动态模型。

在现实企业系统中，企业资产负债表的科目众多，本章关注企业间信用担保涉及的核心要素，通过有担保应收或有担保应付账款表示企业间信用担保关系，进而构建企业资产负债表。

假设企业系统为离散演化系统，在t时刻，企业n的资产包括外部投资${}_tc_n$、有担保应收账款${}_tr_n$、流动资金${}_tm_n$，满足：

$$ {}_ta_n = {}_tc_n + {}_tr_n + {}_tm_n \tag{11-1}$$

为简化模型，假设外部投资不考虑资产组合且只是一种类型。另外，在t时刻，企业n的负债包括企业借款${}_tb_n$、有担保应付账款${}_tp_n$，满足：

$$ {}_tl_n = {}_tb_n + {}_tp_n \tag{11-2}$$

假设系统中有N家企业，当t=0时，信用担保市场的规模为L，满足：

$$L=\sum_{n=1}^{N} {}_0r_n = \sum_{n=1}^{N} {}_0p_n \tag{11-3}$$

在企业信用担保网络中，用节点表示企业，用有向边表示企业间信用担保关系。$W_{ij}=1$表示企业i与企业j存在信用担保关系，其中，企业i作为债权方，企业j作为债务方。因此，企业间信用担保关系可以用网络邻接矩阵$W=[W_{ij}]$表示。对于企业n，其出度为$k_n^{\text{out}}=\sum_{j=1}^{N}W_{ij}$，即信用担保网络中企业$n$作为债权方的信用担保关系数量，其相应的入度为$k_n^{\text{in}}=\sum_{i=1}^{N}W_{ij}$，即信用担保网络中企业$n$作为债务方的信用担保关系数量。根据企业间信用担保网络结构特点构建各企业资产负债表中信用担保数额，并借鉴 Maeno 等（2013）的处理方式，将企业i向企业j提供的信用担保数额${}_0w_{ij}$表示为

$$ {}_0w_{ij} = \frac{W_{ij}(k_i^{\text{out}}k_j^{\text{in}})^{\delta}}{\sum_{i\neq j} W_{ij}(k_i^{\text{out}}k_j^{\text{in}})^{\delta}} L \tag{11-4} $$

其中，δ 为信用担保数额异质性系数，当 $\delta = 0$ 时，企业间信用担保数额相等，即同质性信用担保数额；当 δ 增大时，信用担保数额异质性系数增强。因此，企业 n 的有担保应收账款与有担保应付账款可分别表示为

$$ {}_0r_n = \sum_{j\neq n} {}_0w_{nj} \tag{11-5} $$

$$ {}_0p_n = \sum_{i\neq n} {}_0w_{in} \tag{11-6} $$

针对外部投资，设企业的外部投资占有担保应收账款的比例为 μ_c。由于债务企业为了获得信用担保，需要出具一定数额的担保品作为抵押，将外部投资作为担保品。那么，有担保应付账款需要的担保品额度为 $\frac{{}_0p_n}{1-\lambda}$。因此，企业 n 的外部投资可表示为

$$ {}_0c_n = \max\left(\mu_c\, {}_0r_n, \frac{{}_0p_n}{1-\lambda}\right) \tag{11-7} $$

其中，λ 为外部投资作为担保品的折扣率。此时，外部投资 ${}_0c_n$ 分为两个部分，分别为作为担保品的外部投资 ${}_0c_n^c$ 和未作为担保品的外部投资 ${}_0c_n^s$ 且满足 ${}_0c_n = {}_0c_n^c + {}_0c_n^s$。

针对流动资金，设流动资金占有担保应付账款的比例为 ϕ^m。那么，企业 n 的流动资金可表示为

$$ {}_0m_n = \phi^m\, {}_0p_n \tag{11-8} $$

针对企业借款，设企业借款占企业负债的比例为 μ_b。那么，企业 n 的借款可表示为

$$ {}_0b_n = \frac{{}_0p_n\mu_b}{1-\mu_b} \tag{11-9} $$

另外，企业 n 的净资产可表示为

$$ {}_0e_n = {}_0a_n - {}_0l_n \tag{11-10} $$

当企业出现资不抵债情况，即净资产小于 0 时，企业将被破产清算。那么，在 t 时刻，企业 n 的破产清算约束条件为

$$ {}_te_n = {}_ta_n - {}_tl_n < 0 \tag{11-11} $$

11.1.2 企业行为动态演化机制

本节通过引入企业外部投资价格动态变化模型，分析企业行为动态演化过程，使得企业间网络动态模型更加符合现实。借鉴 Montagna 和 Kok（2013）的做法，根据几何布朗运动模型构建企业外部投资价格动态变化模型：

$$\frac{\mathrm{d}P_t}{P_t} = r_f\mathrm{d}t + \sigma\mathrm{d}W_t \tag{11-12}$$

其中，P_t 为企业外部投资价格；$\mathrm{d}P_t$ 为企业投资价格在一个周期内的变动；r_f 为无风险利率；$\mathrm{d}t$ 为时间的变动；W_t 为一个标准布朗运动；σ 为外部投资价格波动方差。由于企业大量抛售外部投资，会导致外部投资价格下跌（Bookstaber and Kenett，2016），借鉴 Diamond 和 Kashyap（2016）的做法，可以构建以下模型来阐述外部投资价格受企业抛售外部投资行为影响的变动关系：

$$\tilde{P}_t = \mathrm{e}^{-\beta x}P_t \tag{11-13}$$

其中，x 为抛售的外部投资占企业间总外部投资的比例；β 为抛售外部投资造成的资产价格下跌指数。

设定企业间信用担保利率为 r_g，即债务企业需要在到期日支付给债权企业的有担保应收账款的利息率。另外，企业向银行借款或向社会发行企业债券获得融资。那么，在到期日时需要向银行或债券购买者支付利息。为了便于分析，假定银行借款利率等于企业债券利率为 r_b。因此，企业 n 每年需要支付负债利息为 $(r_g\,{}_tp_n + r_b\,{}_tb_n)$，每年通过信用担保业务获得的收益为 $r_g\,{}_tr_n$。

在企业间信用担保网络中，企业资产负债表必须满足式（11-11）的净资产约束条件，对于不满足的企业，将被破产清算。此时，破产企业通过信用担保市场和外部投资市场抛售资产收回用于偿还债务的资金。为便于分析，本书将企业资产抛售过程描述如下。

首先，企业 n 从信用担保市场中抛售全部有担保应收账款。那么，企业 n 的有担保应收账款和流动资金分别变为

$${}_tr_n^* = 0 \tag{11-14}$$

$${}_tm_n^* = {}_tm_n + \rho\,{}_tr_n \tag{11-15}$$

其中，ρ 为抛售有担保应收账款的折扣率。此时，企业 n 从企业 j 抛售的有担保应

收账款为 ${}_t r_{nj}^* = \frac{{}_t w_{nj}}{{}_t r_{nj}} \rho_t r_n$，两家企业间信用担保关系变为 ${}_t w_{nj}^* = 0$，企业 j 的有担保应付账款为 ${}_t p_j^* = {}_t p_j - {}_t r_{nj}^*$ 且其有担保应付账款可通过自身的流动资金进行偿付，即 ${}_t m_j^* = {}_t m_j - {}_t r_{nj}^*$。另外，由于担保品的存在，企业 j 的外部投资总额不变，但其非担保品的外部投资增加为 ${}_t c_j^{s,*} = {}_t c_j^s + \frac{{}_t r_{nj}^* P_t}{(1-\lambda)P_0}$，作为担保品的外部投资减少为 ${}_t c_j^{c,*} = {}_t c_j^c - \frac{{}_t r_{nj}^* P_t}{(1-\lambda)P_0}$。

之后，企业 n 抛售全部非担保品的外部投资。那么，企业 n 的非担保品的外部投资和流动资金分别变为

$$ {}_t c_n^{s,*} = 0 \tag{11-16} $$

$$ {}_t m_n^{**} = {}_t m_n + \rho_t r_n + {}_t c_n^s \tag{11-17} $$

此时，由于企业 n 抛售全部非担保品的外部投资，导致外部投资价格下跌。由式（11-13）可知，企业 n 抛售的非担保品的外部投资的比例为

$$ x_n = \frac{{}_t c_n^s}{\sum_{n=1}^{N} {}_t c_n} $$

因此，外部投资价格下跌为

$$ \tilde{P}_t(x_n) = \mathrm{e}^{-\beta x_n} P_t $$

这将影响企业 n 的资金回收效率以及与之关联企业的债务偿还率，进而可能诱发整个信用担保网络中企业相继破产。

企业 n 通过以上资产抛售过程收回用于偿还债务的资金，所造成的损失将通过企业间信用担保网络在破产清算过程中传染，引发与之关联企业的资产出现损失，严重时导致关联企业破产，形成破产风险传染的多米诺骨牌效应。本章存在两种风险传染渠道：一是直接风险传染渠道，即由有担保应收或有担保应付账款构成的企业间信用担保网络（Golo et al.，2015；Cabrales et al.，2017；Niu et al.，2018）；二是间接传染渠道，即由外部投资价格变动造成的整体损失（Eckles et al.，2014；Nair et al.，2014；Berry-Stölzle and Xu，2018）。

企业 n 依次对企业借款和有担保应付账款进行债务偿付，具体过程如下。

对于企业 n，在破产清算后，可用资产规模为

$$ {}_t a_n^0 = {}_t m_n^2 + {}_t c_n^{c,2} \tag{11-18} $$

在偿还企业借款之后的可用资产规模为

$$ {}_t a_n^1 = \max({}_t a_n^0 - {}_t b_n^0, 0) \tag{11-19} $$

如果 ${}_t a_n^1 > 0$ ，将继续偿还有担保应付账款；如果 ${}_t a_n^1 \leqslant 0$ ，债务偿还终止，未获得债务偿付的关联企业的资产遭受损失。

假定有担保应付账款无差异，根据比例进行偿付。那么，偿还有担保应付账款之后的可用资产规模为

$$ {}_t a_n^2 = \max({}_t a_n^1 - {}_t p_n^0, 0) \tag{11-20} $$

鉴于企业大量抛售外部投资，会引起外部资产价格下跌，进而降低企业资金的有效回收率、加剧企业损失的范围和强度。因此，在构建的企业间信用担保网络风险传染动态模型中，企业间资产损失以及破产风险传染更为严重，更能反映企业间通过信用担保网络进行风险传染的实际情况。

11.2 模型仿真分析

本节仿真分析在企业间信用担保网络中企业资产遭受内外部冲击时的风险传染动态机制。冲击及破产风险传染过程表现为：当关联企业的资产负债表受到冲击时，如果满足净资产的约束条件，那么企业间处于稳定状态，即不发生破产风险传染；反之，企业将破产，破产风险在信用担保网络中传染，直至没有企业破产。

11.2.1 网络结构与参数设定

鉴于在企业间信用担保网络中，大多数企业关联较少，少数企业关联较多，呈现典型的无标度网络特征。因此，设定企业间信用担保网络为无标度网络（Barabási and Albert, 1999; Fujiwara and Aoyama, 2010; Miura et al., 2012; Tamura et al.，2012；Watanabe et al.，2013；Mizuno et al.，2015；Podobnik et al.，2019）。此网络的平均度为 d_{aver} ，可以生成一个有 $d_{\text{aver}}+1$ 个节点的完全网络，每增加一个新节点都与已存在的节点生成 d_{aver} 条新边。而且，已存在的节点被选择的概率与该节点的度成正比。假设企业系统中企业数目为 200，其他参数设定如表 11-1 所示。本章的冲击有两种，分别为：类型 1——有担保应付账款全部损失；类型 2——外部资产价格按比例下跌。由于所构建的模型中存在随机项，采用蒙特卡洛法进

行仿真实验 100 次。在每次破产实验中，依次使每家企业受到两种类型的冲击，以冲击结果的平均值作为最终结果。使用破产企业数（number of bankrupt firms，NBF）作为衡量企业间风险传染程度的指标。

表 11-1 参数的基准值

参数	描述	基准值	范围
δ	信用担保数额异质性系数	0.8	正数
μ_c	外部投资占有担保应收账款的比例	0.3	正数
λ	外部投资作为担保品的折扣率	0.1	[0，1）
ϕ^m	流动资金占有担保应付账款的比例	0.05	正数
μ_b	企业借款占企业负债的比例	0.2	[0，1]
r_f	无风险利率	0.05	正数
σ	外部资产波动方差	0.25	正数
β	抛售外部投资造成的资产价格下跌指数	1	正数
r_g	企业间信用担保利率	0.055	正数
r_b	银行借款及企业债券利率	0.06	正数
ρ	抛售有担保应付账款的折扣率	0.9	（0，1]
d_{aver}	信用担保网络平均度	8	[0，N]

11.2.2 信用担保网络平均度与企业间风险传染

先分析信用担保网络平均度与企业间风险传染的关系，结果如图 11-1 所示。由图 11-1 可知，随着信用担保网络平均度 d_{aver} 增加，在类型 1 的冲击下，破产企业数呈现上升趋势。在类型 2 的冲击下，破产企业数呈现小幅波动的下降趋势。而且类型 1 的冲击效果始终大于类型 2。这些说明：①在类型 1 的冲击下，信用担保网络平均度加速了企业破产，对破产风险传染具有消极效应，而在类型 2 的冲击下，信用担保网络平均度减缓了企业破产，对破产风险传染具有积极效应。这可以理解为信用担保网络平均度具有两面性，即通过信用担保关系能够分担由于企业外部资产价格按比例下跌所造成的损失，进而降低破产风险的传染概率。然而，有担保应付账款全部损失可能通过信用担保网络直接波及关联企业，进而加速企业破产风险传染。这与 Cabrales 等（2017）的研究结论类似。②企业间内部关联的风险冲击相对于企业间外部风险冲击更为显著。因此，在制定防控企业间破产风险传染的策略时，应关注优化企业间信用担保关联渠道并对关键企业进行监控以及在危机爆发后进行及时救助。

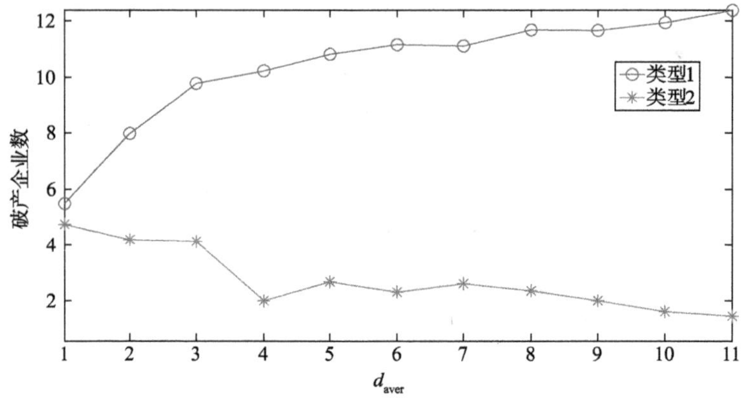

图 11-1 信用担保网络平均度与企业间风险传染

11.2.3 资产价格下跌指数与企业间风险传染

由图 11-2 可知，随着资产价格下跌指数 β 增加，在两种类型的冲击下，破产企业数均呈现先快速上升后小幅波动下降的趋势。而且，类型 1 的冲击效果始终大于类型 2。这些说明：①随着资产价格下跌指数 β 的增加，外部投资的价格出现下跌。在价格下跌初期，企业较为敏感且难以在短时间内对外部投资数额进行调整，使得企业遭受大额损失，进而可能诱发企业破产等一系列连锁反应。但是随着外部投资的价格持续下跌，企业逐步完成对外部投资数额的调整，能够减小外部投资的进一步损失，进而破产企业数持续降低。②同样反映了企业间内部关联在企业破产风险传染过程中的主导作用。

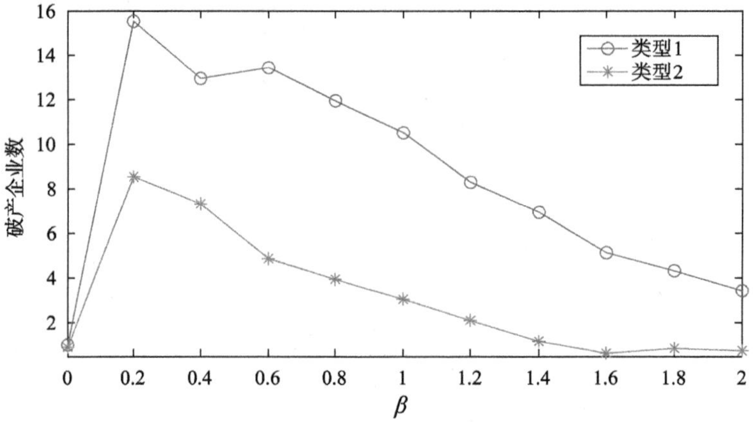

图 11-2 资产价格下跌指数与企业间风险传染

11.2.4　信用担保数额异质性系数与企业间风险传染

由图 11-3 可知，随着信用担保数额异质性系数 δ 增加，在类型 1 的冲击下，破产企业数呈现先上升后趋于平稳的趋势。在类型 2 的冲击下，破产企业数呈现上升的趋势。当信用担保数额异质性系数 δ 小于 1.8 时，类型 1 的冲击效果大于类型 2；当信用担保数额异质性系数 δ 大于 1.8 时，类型 1 的冲击效果小于类型 2。这些说明：①企业间信用担保数额异质性系数越大，越有可能诱发企业间破产风险传染。这是由于企业能够提供的信用担保数额反映了企业的资信水平。一旦被担保企业破产，那么，提供大额担保的企业将蒙受巨额损失。同时，鉴于其在企业担保网络中的重要地位，很有可能影响众多与之关联的企业，进而诱发企业破产连锁反应。②同样反映了企业间内部关联在企业破产风险传染过程中的主导作用，尤其当关键企业出现违约或资产遭受损失时，企业间风险传染程度更高。这同样说明了应高度重视对关键企业的监控以及风险发生后的及时救助。

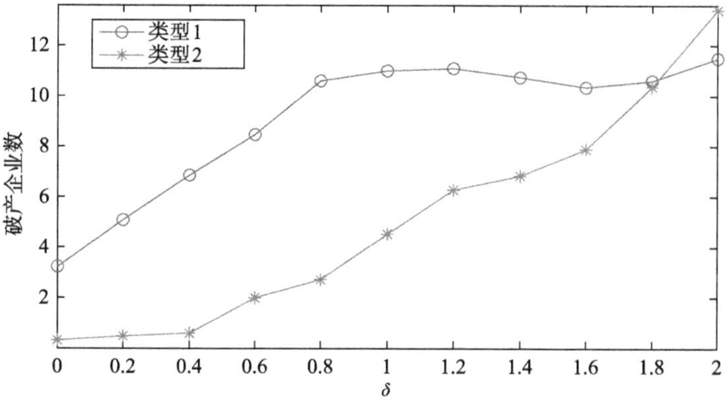

图 11-3　信用担保数额异质性系数与企业间风险传染

11.2.5　不同信用担保因素交互作用下企业间风险传染

图 11-4 揭示了不同因素交互作用下的企业系统性风险，其中，图 11-4（a）、（c）和（e）为有担保应付账款全部损失的冲击所对应的信用担保因素交互作用下企业间风险传染结果；图 11-4（b）、（d）和（f）为外部资产价格按比例下跌的

冲击所对应的信用担保因素交互作用下企业间风险传染结果。由图 11-4(a)和(b)可知，随着信用担保网络平均度 d_{aver} 与资产价格下跌指数 β 增加，在两种类型冲击下，破产企业数均呈现先快速上升后大幅波动下降的趋势。这反映了在资产价格下跌指数 β 与信用担保网络平均度 d_{aver} 交互作用初期，企业对价格变动较为敏感以及对已有的信用担保关系较为依赖。这加剧了企业信用担保网络内部的不稳定性，进而提高了企业破产风险传染的可能性与破产企业数的波动性。然而，随着资产价格下跌指数 β 与信用担保网络平均度 d_{aver} 交互作用逐步推进，企业已基本完成对外部投资额以及信用担保关系的调整，进而维护了企业信用担保网络内部的稳定性，减少了企业破产风险传染的可能性与破产企业数的波动性。

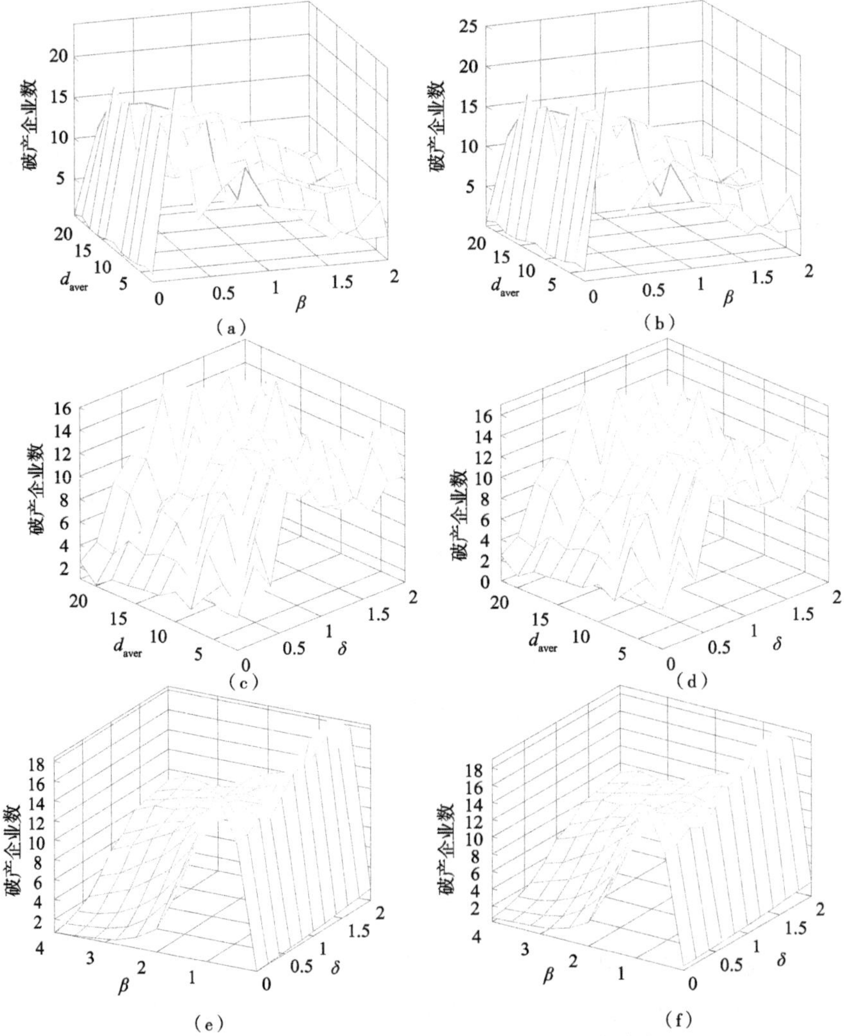

图 11-4　不同因素交互作用下企业间风险传染

由图 11-4（c）和（d）可知，随着信用担保网络平均度 d_{aver} 与信用担保数额异质性系数 δ 增加，在两种类型冲击下，破产企业数均呈现大幅波动的上升趋势。这反映了信用担保网络平均度 d_{aver} 与信用担保数额异质性系数 δ 交互作用时，关键企业在信用担保网络中的地位与关联度得到进一步提升。一旦这类企业遭受冲击发生资产损失或破产，将直接影响与之关联的大量企业，造成信用担保网络内部结构不稳定，进而增加了企业破产风险传染的可能性和破产企业数的波动性。

由图 11-4（e）和（f）可知，随着资产价格下跌指数 β 与信用担保数额异质性系数 δ 增加，在两种类型冲击下，破产企业数均呈现先快速上升后逐步下降的趋势。这同样反映了当资产价格下跌指数 β 与信用担保数额异质性系数 δ 交互作用时，企业在初期对外部投资价格变动较为敏感以及对已有的信用担保关系较为依赖，造成企业破产风险传染的可能性与破产企业数的波动性较大。然而，随着企业基本完成对外部投资额以及信用担保关系的调整，企业破产风险传染的可能性与破产企业数的波动性逐步减少。

另外，对比图 11-4 中两种类型冲击所引发的企业间风险传染效应，同样可以发现类型 1 的冲击效果大于类型 2。这进一步说明了企业间内部关联在企业破产风险传染过程中的主导作用，尤其当关键企业的地位与关联度得到进一步提升时，加剧企业间信用担保网络的不稳定性，更易诱发企业破产风险传染。

11.2.6　参数敏感性分析

通过变换关键参数信用担保网络平均度 d_{aver}、资产价格下跌指数 β、信用担保数额异质性系数 δ，能够进一步研究企业间信用担保网络风险传染程度。本节分析这些参数对企业间信用担保网络风险传染的敏感性，仿真结果如图 11-5 所示。由图 11-5 可知，在不同信用担保参数组合下，破产企业数仍保持原有趋势。这说明本书仿真得到的结论具有一定的稳健性。

另外，由图 11-5 可知，在信用担保网络平均度 d_{aver}、资产价格下跌指数 β 与信用担保数额异质性系数 δ 交互作用下，随着这些参数的增大，受类型 1 冲击所引发的破产企业数的波动性增加。同时，由类型 1 和类型 2 所引发的破产企业数的关系发生了一定程度的变化。这反映了信用担保网络平均度 d_{aver}、资产价格下跌指数 β 与信用担保数额异质性系数 δ 对企业间信用担保网络风险传染的重要影响。

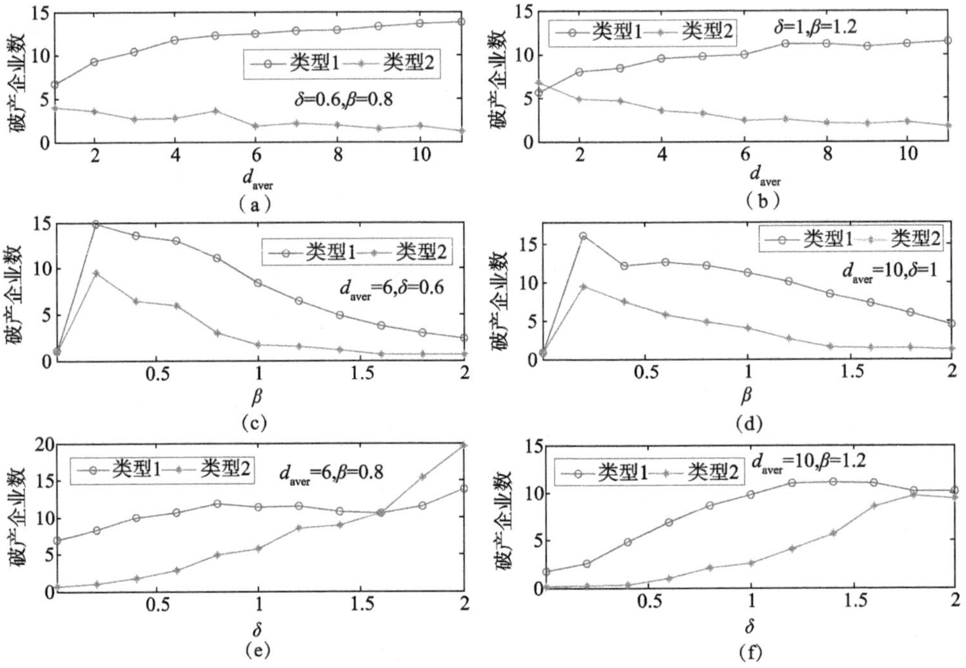

图 11-5　不同参数组合下企业间风险传染

11.3　本 章 小 结

本章根据企业间资产负债表关联关系构建了企业间信用担保网络，并通过引入外部投资价格动态变化模型构建了企业间信用担保网络风险传染动态模型，进而研究了在不同信用担保因素影响下的企业间信用担保网络风险传染动态机制。通过仿真研究得到以下主要结论。企业间信用担保网络平均度具有两面性，即外部资产价格按比例下跌造成的损失可能被关联企业共同分担，进而降低企业破产的可能性。然而，有担保应付账款全部损失也可能直接波及关联企业，加速企业破产风险的传染；随着资产价格下跌指数的增加，外部投资的价格出现下跌，企业在初期较为敏感且难以及时对外部投资数额进行调整，致使企业遭受大额损失。但是随着企业逐步完成对外部投资数额的调整，能够减小外部投资的进一步损失，进而破产企业数持续降低；企业间信用担保数额异质性系数越大，越有可能诱发企业间破产风险传染；在不同信用担保因素交互作用下，企业间破产风险传染波动加剧；企业间内部关联的风险冲击相对于企业间外部风险冲击更为显著，因此，在制定防控企业间破产风险传染的策略时，应关注优化企业间信用担保关联渠道并对关键企业进行监控以及在危机爆发后进行及时救助。

第 4 部分　基于银企网络的系统性风险研究[①]

第 2 部分和第 3 部分分别基于银行网络和企业网络研究了系统性风险特征。而由第 1 部分可知，银行与企业作为两大经济主体，它们之间存在较为复杂的债权债务关系。目前学者采用网络理论对银企系统性风险进行了一定的研究。但是鲜有同时分析银行与企业系统重要性，以及构建多层网络模型研究银企系统性风险的。针对此，本部分基于银企网络研究系统性风险，具体研究内容为：第 12 章基于我国银行与企业实际信贷数据，分析我国银企单层网络结构特征；第 13 章进一步基于银企单层网络研究我国银行与企业的系统重要性；第 14 章通过构建银企多层网络模型，研究我国银企系统性风险。

① 本部分主要内容来自 Li 等（2019b）、李守伟等（2019a）、李守伟和范思齐（2019）的相关研究。

第 12 章 银企单层网络结构实证研究

第 2 部分和第 3 部分分别对银行与企业两大经济主体网络及其系统性风险展开了研究，但是没有将银行与企业纳入同一网络中研究。针对此，本章基于我国银行与企业实际信贷数据，通过银企单层网络模型刻画银企间信贷关系，进而实证分析我国银企间复杂关联性特征。考虑到银企信贷具有期限差异，将银企信贷关系分为短期借贷和长期借贷两种。本章对银企单层网络结构的研究，将有助于揭示我国银行与企业部门的内在关联性，对维护经济金融系统稳定具有一定的现实意义。

12.1 银企单层网络模型

对于银行与企业间信贷关系，可以利用网络模型进行刻画。将银行和企业视为网络节点，银行和企业之间的借贷关系视为节点间边。节点的集合用 V 表示，边的集合用 E 表示，则可以用 $G=(V,E)$ 表示银行与企业的信贷网络，图 12-1 便是该网络的示意图。由于该网络不包含银行间关联和企业间关联，因此该网络是一个二分网络。注意到信贷关系涉及债权者和债务者，而且不同经济主体间信贷规模具有差异，因此该网络是有向加权网络。该网络可以采用邻接矩阵和权重矩阵进行刻画，具体如下。邻接矩阵 A 可以刻画银行与企业间是否存在信贷关联。

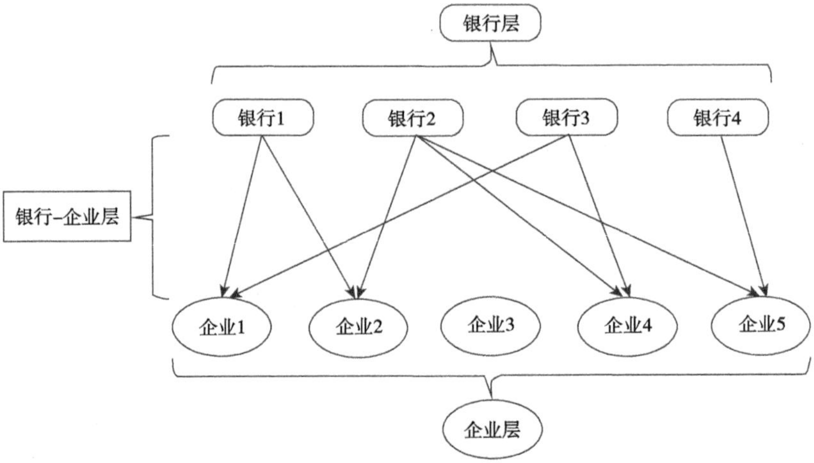

图 12-1 银企单层网络示意图

$$A=\begin{pmatrix} A_{11} & \cdots & A_{1n} \\ \vdots & \ddots & \vdots \\ A_{n1} & \cdots & A_{nn} \end{pmatrix} \tag{12-1}$$

若银行 i 向企业 j 提供贷款，则 $A_{ij}=1$；否则，$A_{ij}=0$。由邻接矩阵的对称性可得 $A_{ij}=A_{ji}$，表示企业向银行借款。因为在双边网络中，同类节点不存在连接，所以当节点 i 和节点 j 同时为企业或银行时，$A_{ij}=0$。

同时定义权重矩阵 C 如下：

$$C=\begin{pmatrix} C_{11} & \cdots & C_{1n} \\ \vdots & \ddots & \vdots \\ C_{n1} & \cdots & C_{nn} \end{pmatrix} \tag{12-2}$$

若银行 i 向企业 j 提供贷款，则 $C_{ij}>0$ 且 C_{ij} 的值等于贷款数额；否则，$C_{ij}=0$。且由邻接矩阵性质可得，$C_{ij}=C_{ji}$。因为在双边网络中，同类节点不存在连接，所以当节点 i 和 j 同时为企业或银行时，$C_{ij}=0$。

12.2 样 本 数 据

本章研究的样本数据来源于国泰安（CSMAR）数据库，样本期限为 2012～

2016 年，表 12-1 统计了样本期限内银行与企业数目。

表 12-1　2012～2016 年银行和企业数目

年份	网络节点	
	银行数目	企业数目
2012	111	438
2013	138	636
2014	152	709
2015	175	773
2016	194	963

本章将借贷数据按照借贷的期限划分为短期(short term，ST)和长期(long term，LT) 两类。其中，短期 (ST) 借贷是指借贷时间小于等于 1 年的情况，而长期(LT)借贷是指借贷时间大于 1 年的情况。表 12-2 和表 12-3 将 2012～2016 年各年份银行和企业的数量分成短期和长期两类，可以发现：在两类借贷中银行和企业数量都在逐年上升。此外，不论是银行还是企业，参与短期借贷的数量都明显多于参与长期借贷的数量，参与短期借贷的银行和企业数量平均都是参与长期借贷数量的 1.9 倍，可见银企之间短期借贷比长期借贷更加普遍。

表 12-2　2012～2016 年短期借贷与长期借贷的银行数目

年份	借贷类型		总数
	短期借贷	长期借贷	
2012	120	51	111
2013	126	64	138
2014	140	71	152
2015	158	89	175
2016	173	95	194

注：总数是指给企业贷款的银行数目，部分银行同时进行了短期贷款和长期贷款。

表 12-3　2012 ~ 2016 年短期借贷与长期借贷的企业数目

年份	借贷类型		总数
	短期借贷	长期借贷	
2012	335	184	438
2013	526	257	636
2014	586	289	709
2015	636	357	773
2016	883	482	963

注：总数是指向银行借款的企业数目，部分企业同时进行短期借款和长期借款。

12.3　网络结构特征实证分析

12.3.1　网络密度

首先分析银企单层网络模型的密度，注意到银企单层网络实际上是一个二分网络，其密度是指银企单层网络中边的数目与银行及企业节点数乘积之比。通过计算可以得到网络密度结果，具体如表 12-4 所示。表 12-4 结果显示，我国银企单层网络密度无论是短期的还是长期的都比较小，因此我国银企单层网络是比较稀疏的。短期的平均密度只有 0.0212，长期的平均密度只有 0.0241。

表 12-4　2012~2016 年银企单层网络密度

年份	借贷类型	
	短期	长期
2012	0.0208	0.0286
2013	0.0229	0.0284
2014	0.0238	0.0258
2015	0.0218	0.0202
2016	0.0164	0.0173

12.3.2　度、强度与资产规模

对于银企单层网络，银行节点度（D_b）是指其债务企业的数目，而企业节点度（D_f）是指其债权银行的数目。图 12-2 揭示了在双对数坐标系下 2016 年银行和企业节点度的互补累积分布函数（complementary cumulative distribution function，CCDF）。对其他年份的借贷数据可进行同样的分析，但得到结果类似。从图 12-2 可以发现：银行和企业的度分布均具有幂律尾部特征。这意味着银行间的贷款行为以及企业间借款行为具有异质性。这可能与银行的资产规模有关，资金实力雄厚的大银行本身占比就小，只有这些大银行才有能力给许多企业同时发放贷款；企业也是如此，实力雄厚的大企业可以得到多家银行的贷款，但是这样的大企业只占总数的很小一部分。

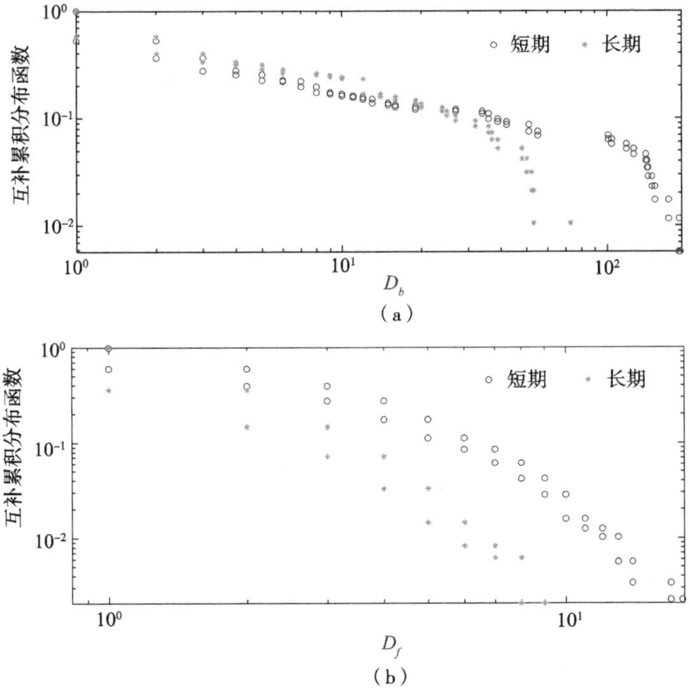

图 12-2　2016 年银行和企业节点度的互补累积分布函数

进一步采用 Spearman 相关系数分析银行和企业的度与强度之间的关系，其中银行的强度是指其总的贷款规模，而企业的强度是指其总的借款规模。表 12-5 是

2012～2016年银行和企业的度与强度之间的Spearman相关系数。表12-5中相关系数表明：不论是短期信贷还是长期信贷，节点的度和强度之间都有显著的正相关关系，这意味着与企业发生借贷关系多的银行发放贷款的总额也很大，而与银行发生借贷关系多的企业获得借款的总额也很大。此外，银行节点的度与强度之间的正相关性要比企业节点更显著。

表12-5 2012～2016年银行和企业的度与强度之间的Spearman相关系数

信贷类型	银行					企业				
	2012	2013	2014	2015	2016	2012	2013	2014	2015	2016
短期	0.8384	0.8365	0.8624	0.8418	0.7813	0.6307	0.7189	0.7247	0.7134	0.7287
长期	0.8535	0.8505	0.8446	0.8116	0.7929	0.5021	0.6428	0.5946	0.6118	0.5223

表12-6和表12-7显示了银行和企业节点的度、强度和资产规模之间的Spearman相关系数，由于缺少相关数据，只计算2014～2016年的结果。从表12-6可知，银行节点度、强度和资产规模之间的Spearman相关系数均在0.6以上，这意味着银行节点度和强度均与银行资产规模有较强的正相关关系。这说明一家银行的规模是这家银行向多少家企业借款以及借款总额的重要因素。而由表12-7可知，企业节点度和强度均与企业资产规模也存在正相关关系，但正相关关系较弱。这可能是因为规模大的企业并不一定需要靠银行借贷的方式来融资，大多规模较大的企业都会选择以上市或发行债券的方式来融资解决资金需求，而规模较小的企业往往达不到上市标准，发行债券的成本也会很高，所以更需要依赖银行信贷的方式来解决资金需求。

表12-6 2014～2016年银行节点度、强度和资产规模之间的Spearman相关系数

信贷类型	度与资产规模			强度与资产规模		
	2014	2015	2016	2014	2015	2016
短期	0.7657	0.8027	0.7644	0.7472	0.7994	0.6733
长期	0.7574	0.8153	0.7788	0.7364	0.7245	0.7018

表12-7 2014～2016年企业节点度、强度和资产规模之间的Spearman相关系数

信贷类型	度与资产规模			强度与资产规模		
	2014	2015	2016	2014	2015	2016
短期	0.1987	0.1263	0.2039	0.4397	0.4041	0.1869
长期	0.2685	0.3225	0.2365	0.5855	0.5498	0.1645

12.3.3　节点中心性

中心性是在网络理论中非常重要的一个概念，最开始是在社会关系网络中使用的，后来逐渐拓展到各种不同的网络分析中。总的来说，一个节点的中心性度量了这个节点的重要程度。本节分析的节点中心性是指特征向量中心性（eigenvector centrality，EC）。图 12-3 为 2016 年短期借贷网络银行节点度（D_b）、强度（S_b）与特征向量中心性（EC_b）的关系，而图 12-4 是相应的企业的结果，并且在所有图中都同时给出了 Pearson 相关系数(ρ)和 Spearman 相关系数(ρ_s)。对于其他年份的或长期借贷网络可进行类似的分析。

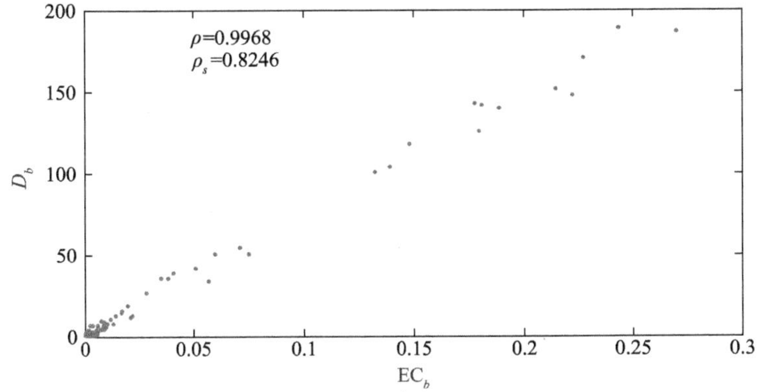

（a）

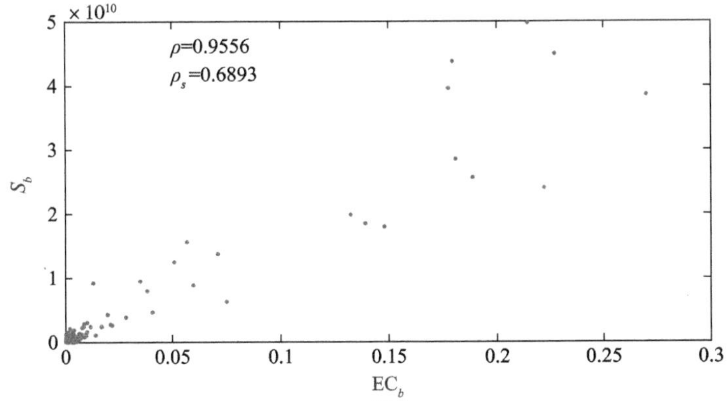

（b）

图 12-3　2016 年短期借贷网络银行节点度、强度与特征向量中心性的关系

从图 12-3 和图 12-4 可知，整体而言，度值较高的银行和企业同样也具有较

高的特征向量中心性,即借贷关系越多的银行和企业往往在网络中的重要性越强;节点的强度和特征向量中心性也具有较强的正相关关系，即借贷总额越高的银行和企业往往在网络中的重要性也越强。这意味着，大银行或企业（用节点强度来衡量）或者连接紧密的银行或企业（用节点的度值来衡量）同时往往也是网络中非常关键的节点（用特征向量中心性来衡量）。因此，在中国的银行信贷市场中，银行的“大而不倒”和“连接紧密而不倒”在一定程度上是等价的。因此，在宏观审慎监管的过程中，我们应该更加关注借贷总额多或者借贷关系多的银行和企业，这些银行和企业在借贷网络中往往起到非常重要的作用。

此外，银行节点的度（或强度）与特征向量中心性的相关系数往往要高于企业节点的度（或强度）与特征向量中心性的相关系数；以及节点强度和特征向量中心性的相关系数往往要低于节点度值和特征向量中心性的相关系数。这说明，在监管的过程中，我们应该更加注重借贷关系较多的银行和企业，并且使用该方法来判别银行的重要性比判别企业的重要性更加有效。

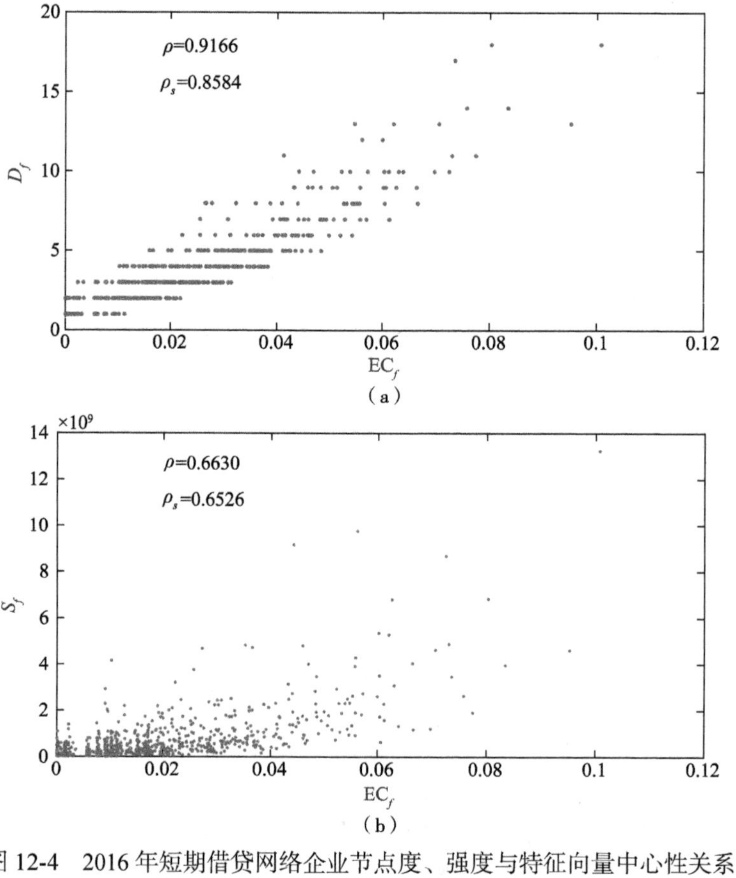

（a）（b）

图 12-4　2016 年短期借贷网络企业节点度、强度与特征向量中心性关系

下面进一步分析短期借贷中比较重要的银行和企业在长期借贷中是否也同样重要。这个分析结果非常关键，因为这意味着政府在进行审慎监管的时候是否需要对不同期限借贷采取不同的措施。也就是说，政府可能需要对某些银行和企业的短期借贷行为严格审查与监管，而对另一些银行和企业的长期借贷行为严格审查与监管。图 12-5 展现了 2016 年两种借贷类型的银行与企业特征向量中心性的关系。同样地，每张图都同时展现了 Pearson 相关系数和 Spearman 相关系数。

从图 12-5（a）可知，银行在两种借贷网络中的特征向量中心性存在一定的正相关关系，即在短期借贷网络中非常重要的银行在长期借贷网络中也非常重要。但是，有很多银行在短期网络的中心性较大，但是在长期网络的中心性却较小。该分析说明，在某些情况下，银行在不同借贷网络的重要性可以非常不同，在短期借贷网络中非常重要的银行在长期借贷网络中并不一定非常重要。从图12-5（b）可以发现，对于企业来说，两种借贷的特征向量中心性的相关关系非常小。也就是说，一家企业如果在短期借贷网络中处于中心位置，并不能说明其在长期借贷网络中的任何情况；企业的重要性更加需要区分是在短期借贷网络中还是在长期借贷网络中。

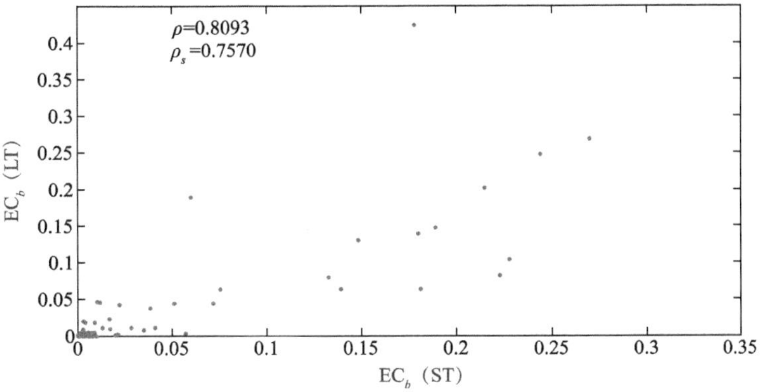

（a）

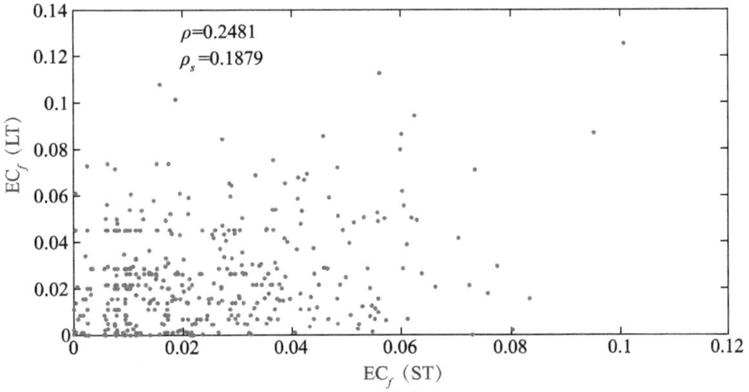

（b）

图 12-5　2016 年两种借贷类型的银行与企业特征向量中心性的关系

12.4 本章小结

本章根据我国银行与企业间借贷数据，通过单层网络模型实证分析我国银行与企业间关联性特征，其中将借贷关系分为短期和长期两类，短期借贷是指借贷期限小于等于1年，而长期借贷是指借贷期限大于1年。基于2012~2016年的样本数据，通过实证分析得到如下结果：我国银企单层网络密度无论是短期的还是长期的都比较小，银企单层网络是比较稀疏的；银行和企业的度分布均具有幂律尾部特征；不论是短期信贷还是长期信贷，节点的度和强度之间都有显著的正相关关系，银行节点的度和强度之间的正相关性要比企业节点更显著；银行节点度和强度均与银行资产规模有较强的正相关关系，企业节点的度和强度均与企业资产规模存在正相关关系，但正相关关系较弱；整体而言度值较高的银行和企业同样也具有较高的特征向量中心性，节点的强度和特征向量中心性也具有较强的正相关关系；银行节点的度（或强度）与特征向量中心性的相关系数往往要高于企业节点的度（或强度）与特征向量中心性的相关系数；在短期借贷网络中非常重要的银行在长期借贷网络中也非常重要，但有很多银行在短期借贷网络的中心性较大，但是在长期借贷网络的中心性却较小；对于企业而言，两种借贷的特征向量中心性的相关关系非常小，一家企业如果在短期借贷网络中处于中心位置，并不能说明其在长期借贷网络中的任何情况。

第 13 章　基于单层网络的银企系统重要性研究

美国次贷危机导致的 2007 ~ 2009 年的全球性金融危机引发了金融机构、监管部门和学界等对系统性风险的重视与研究，同时显示了“大而不能倒”问题的影响范围和程度较金融危机之前大大加深。在此背景下，国际上成立了金融稳定理事会，针对“大而不能倒”问题提出了“系统重要性金融机构”，指那些由于自身规模、复杂性、系统性关联等，一旦无序倒闭将会对更大范围的金融体系和实体经济运行造成显著破坏的金融机构。金融稳定理事会于 2011 年 11 月发布了全球 29 家系统重要性金融机构名单，而其中包含中国银行。识别与监管系统重要性金融机构已成为金融监管领域的重中之重，是防范系统性金融风险与维护经济金融稳定发展的前提与关键。

而银行与企业是构成现代经济金融系统的两大重要的经济主体。随着经济的不断发展，银行与企业间形成了紧密的借贷网络，该网络在带来诸多经济效益的同时也为风险传染提供了重要的媒介。而风险传染可能通过经济主体间错综复杂的关联与作用扩散到整个金融体系与实体经济中，甚至可能演变成金融危机或经济危机。Grilli 等（2015）研究指出一旦遭受冲击，紧密的借贷网络就会助推金融风险扩散蔓延，从而引发系统性风险。2007 年由美国房地产企业价格泡沫破裂而引发的次贷危机以及其后延续的全球性金融危机和欧债危机便是典型的案例。目前我国仍然为以银行为主导的金融体制，银行系统的稳定在很大程度上决定了金融体系的稳定。同时银行信贷是我国企业最主要的资金来源之一，这意味着我国银行与企业在资金链上存在较强的风险关联性。而保持金融稳定，防范系统性金融风险，一直是党和国家经济工作的重中之重。因此，研究我国银行与企业的系统重要性，对防范我国系统性金融风险具有重要的理论与现实意义。

系统重要性金融机构概念提出以来，国内外学者对其进行了较为丰富的研究。但目前主要采用指标评估法、网络模型法和市场模型法等对金融机构或金融市场的系统重要性进行识别。而鲜有基于银行与企业间借贷角度，识别我国银行与企业的系统重要性的研究。针对此，本章在第 12 章研究的基础上，基于 2014 ~ 2016 年我国银行与企业间借贷数据，采用债务排序方法识别我国系统重要性银行与系统重要性企业，为防范我国系统性金融风险提供决策依据。本章的主要贡献在于：第一，从银行与企业借贷视角，识别出作为经济系统中两大经济主体的银行与企业的系统重要性。第二，本章采用债务排序方法识别银行与企业的系统重要性，可以有效地解决指标评估法、网络模型法和市场模型法的相关缺陷。第三，本章研究同时考虑银行与企业两大经济主体，阐述了系统重要性与资产规模以及网络中心性之间的关系，并得到了我国银行与企业系统重要性特征，为监管部门实践提供决策依据。

13.1 研究方法

在特征值中心与 PageRank 等反馈中心思路启发下，Battiston 等（2012）提出了债务排序（DebtRank）模型。该模型旨在量化分析财务困境的传染过程，对于银行与企业借贷网络，债务排序模型可以量化一个网络节点在财务状况恶化后，通过节点间借贷关系对整个借贷网络造成的影响。该节点造成的影响越大，其系统重要性就越大。因此，债务排序模型可以作为节点系统重要性识别方法。本章基于 Battiston 等（2012）和 Aoyama 等（2013）的研究给出银企系统重要性债务排序识别方法。但本章计算银行与企业债务排序水平是将银行与企业视为整体计算的，因此不同于 Aoyama 等（2013）的研究。

假设银行与企业的集合分别为$\boldsymbol{\Phi}$和$\boldsymbol{\Psi}$，相应的数目分别为 B 和 F，β和 f 分别表示银行和企业。$C_{\beta f}$ 表示企业 f 向银行 β 的借贷金额，C_{β} 表示银行 β 的总借出金额，C_f 表示企业 f 的总借入金额。假设节点的财务困境在借贷网络的传染过程中存在三种状态：不传染状态（U）、传染状态（D）和不活动状态（I），并用 $s_i(t)$ 表示节点 i 在 t 阶段的状态。节点状态引入是为了避免无限循环传染，一旦节点的状态不存在传染状态时，财务困境传染结束。在银企借贷网络中，如果企业出现财务困境，其可能通过延迟还款甚至无法偿还贷款等对其债权银行产生影响。针对此，采用相对风险暴露刻画债务企业对其债权银行的影响，具体如式（13-1）所示。而一旦银行陷入财务困境，其将通过提高贷款利率或者要求进一步担保等影响借款企业，可类似采用相对风险暴露刻画此影响，如式（13-2）所示。

$$w_{f\beta}=\frac{C_{\beta f}}{C_{\beta}} \tag{13-1}$$

$$w_{\beta f}=\frac{C_{\beta f}}{C_{f}} \tag{13-2}$$

用 $h_i(t)\in[0,1]$ 表示节点 i 在 t 阶段的财务困境程度，为了量化节点 v（可为银行或者企业）的债务排序，首先设定 $t=0$ 时的 h_i 及 s_i 初始值：

$$h_i(0)=\begin{cases}1, & i=v\\ 0, & i\neq v\end{cases} \tag{13-3}$$

$$s_i(0)=\begin{cases}D, & i=v\\ U, & i\neq v\end{cases} \tag{13-4}$$

从 t=1 开始，按照式（13-5）和式（13-6）的规则计算节点间的财务困境的传染过程。需要注意的是，由于银行间或企业间借贷数据很难获得，本章只考虑了银行与企业间借贷关系，如果式（13-5）的节点 i 和节点 j 同属于银行或企业，显然 $w_{ji}=0$。

$$h_i(t)=\min[1, h_i(t-1)+\sum_{j,s_j(t-1)=D} w_{ji}h_j(t-1)] \tag{13-5}$$

$$s_i(t)=\begin{cases}D, & h_i(t)>0\text{且}s_i(t-1)\neq I\\ I, & s_i(t-1)=D\\ s_i(t-1), & \text{其他}\end{cases} \tag{13-6}$$

式（13-5）意味着 t 时刻节点 i 的财务困境的水平为其更新的财务困境水平与 1 之间的最小值，其中更新的财务困境水平由前一时刻的自身困境水平和其所有处于困境状态的交易对象的影响决定。由式（13-6）可知，一旦节点处于传染状态，在下一时刻其将被移到不活动状态。这意味着如果存在长度为 2 的循环，则此节点不能多次对其他节点产生影响，从而可避免无限次循环。

假设在 T 时刻，银企借贷网络中财务困境传染过程停止，进而可以根据网络中节点的 $h_i(T)$ 结果的加权平均，定义节点 v 的债务排序结果 D_v，具体如下：

$$D_v=\sum_{i\in\Phi\cup\psi,i\neq v} h_i(T)\times\frac{\alpha_i}{\sum_{i'\in\Phi\cup\psi,i'\neq v}\alpha_{i'}} \tag{13-7}$$

其中，α_i 为借贷网络中节点 i 的总资产。显然，式（13-7）刻画的是网络节点 v 在整个银行与企业系统中的债务排序结果。可类似地分析节点 v 在单独的银行层或企业层中的债务排序，具体计算方法如下：

$$D_v^{(\text{bank})} = \sum_{\beta \in \Phi, \beta \neq v} h_\beta(T) \times \frac{\alpha_\beta}{\sum_{\beta' \in \Phi, \beta' \neq v} \alpha_{\beta'}} \tag{13-8}$$

$$D_v^{(\text{firm})} = \sum_{f \in \psi, f \neq v} h_f(T) \times \frac{\alpha_f}{\sum_{f' \in \psi, f' \neq v} \alpha_{f'}} \tag{13-9}$$

13.2 数据与实证结果分析

本章实证研究对象为 2014～2016 年我国的银行与企业间借贷数据，数据来源于国泰安数据库。借贷的银行与企业数目以及借贷笔数如表 13-1 所示。在数据处理过程中，如果数据缺少借贷年限，则删除该笔借贷数据。此外，在计算银行或企业债务排序的时候，需要使用银行或企业的资产数据，对于那些无法获得资产数据的银行或企业，则在债务排序计算中不予考虑。最后，如果一家银行在短期或长期借给同一家企业多笔贷款，在计算节点度的时候记作 1；在计算债务排序的时候，则把相同银企间同一类期限的贷款进行累加。

表 13-1　2014～2016 年银行与企业借贷相关数据

年份 变量	2014 年		2015 年		2016 年	
	短期借贷	长期借贷	短期借贷	长期借贷	短期借贷	长期借贷
银行数目	140	71	158	89	173	95
企业数目	586	289	636	357	883	482
借贷笔数	2545	654	2810	778	3032	853

13.2.1　债务排序与资产规模

“大而不能倒”强调了规模大的金融机构具有较大的系统影响而不能倒闭，意味着规模是决定系统重要性的关键。此外，巴塞尔委员会 2011 年提出规模是评判全球系统重要性银行的指标之一，且其具有最高指标权重，同时规模还应作为国内系统重要性银行的首要评估指标。因此，本节分析资产规模与债务排序之间的关系。针对短期借贷，图 13-1 揭示了 2016 年银行和企业的资产规模与其债务排序结果之间的关系，图 13-1（a）和（b）分别是银行和企业相应的结果。对其他年份的或长期借贷数据可进行同样的分析，但得到的结果类似。

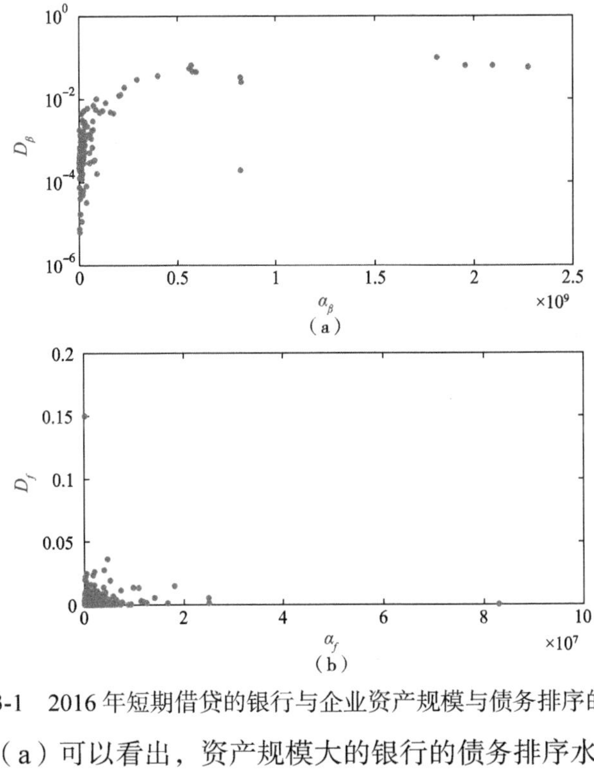

图 13-1　2016 年短期借贷的银行与企业资产规模与债务排序的关系

由图 13-1（a）可以看出，资产规模大的银行的债务排序水平不一定就比资产规模小的银行高，但债务排序水平较高的银行一般具有较大的资产规模。这意味着资产规模并不是构成系统重要性银行的充分条件。实际上，此结论与现实和一些实证研究发现是一致的。如近年来多家金融机构监管失败的教训却表明，规模稍小的金融机构亦能引发一国乃至全球金融经济秩序的不稳定，这类金融机构也是系统重要性的；陆静和胡晓红（2014）基于中国上市银行数据对银行规模与系统重要性关系的研究认为，规模对银行系统重要性具有正的影响但这种作用不是绝对的；Aoyama 等（2013）基于日本银行与企业的数据亦研究发现，资产规模大的银行总体上具有较高的债务排序水平，但此并不总是成立的。

图 13-1（b）揭示了企业资产规模与企业债务排序水平的关系，由此图可以看出，企业并不存在“大而不能倒”的问题，因为企业的资产规模与企业债务排序间并没有明显的关系。资产规模大的企业的债务排序水平并不是很高，而资产规模小的企业可能具有较高的债务排序水平。此外，对银行而言，资产规模与债务排序水平之间的 Pearson 相关系数为 0.8623，而企业的为 0.0441。因此，银行与企业的资产规模与债务排序水平间关系显然存在差异。上述资产规模与债务排序水平之间的关系的结果表明，并不是资产规模大的经济主体必定具有较高的债务排序水平，此原因在于经济主体债务排序水平主要取决于其实际的借贷行为。

13.2.2 债务排序与网络中心性

对于银企借贷网络，识别网络系统重要性节点的比较简单的方法是网络中心性测度，如网络节点度。对于银企借贷网络，银行节点度是指其债务企业的数目，而企业节点度是指其债权银行的数目。下面分析网络度中心性与债务排序水平之间的关系。图 13-2 揭示了 2016 年借贷网络中银行的节点度（Dg_{β}）与其债务排序水平之间的关系，图 13-2（a）和（b）分别是短期借贷和长期借贷的相应结果。由图 13-2 可知，无论是短期借贷还是长期借贷，度大的银行的债务排序水平不一定就比度小的银行的债务排序水平高；但银行节点度与债务排序水平间具有较为显著的线性关系，短期借贷的 Pearson 相关系数为 0.9660，而长期借贷的 Pearson 相关系数为 0.8366。因此，银行系统重要性可以通过与银行发生借贷关系企业的数量来初步估计，特别是对短期借贷而言。

图 13-3 揭示了 2016 年借贷网络中企业的节点度（Dg_f）与其债务排序水平之间的关系，图 13-3（a）和（b）分别是短期借贷和长期借贷的相应结果。由图 13-3 可知，企业的节点度与其债务排序水平间没有明显的关系；节点度小的企业可能比节点度大的企业具有更高的债务排序水平；即使度相同的企业的债务排序水平间也可能出现较大的差异。与银行相比，企业的节点度与其债务排序水平之间 Pearson 相关系数显得更小，短期借贷和长期借贷的 Pearson 相关系数分别为 0.3419 和 0.3931。

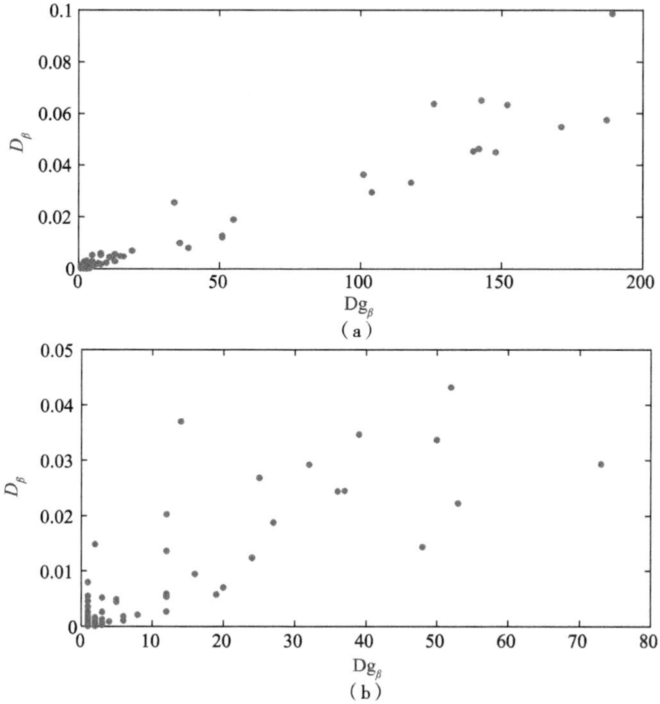

图 13-2　2016 年银行的节点度与其债务排序水平之间的关系

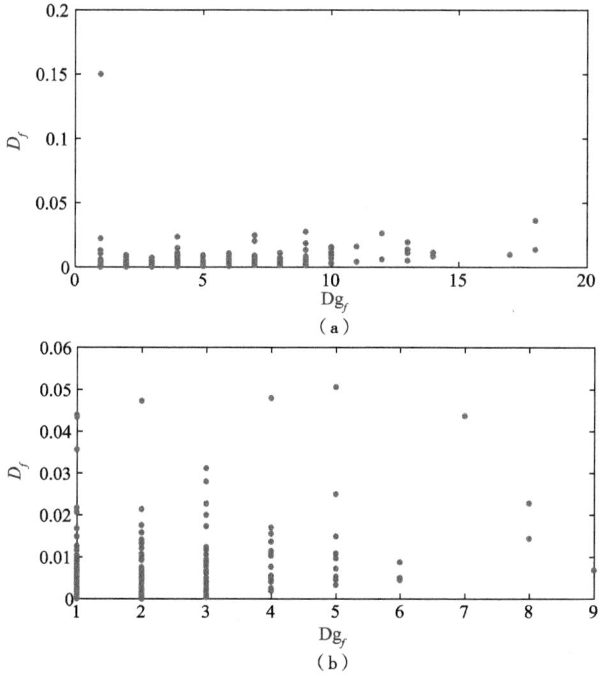

图 13-3　2016 年企业的节点度与其债务排序水平之间的关系

13.2.3 系统重要性银行与企业

1. 短期借贷的系统重要性银行与企业

根据前面的债务排序计算方法，可以得到银行与企业的债务排序水平。债务排序水平越高的银行或企业，其系统重要性就越强。表 13-2 显示了 2016 年短期借贷关系中排名前十的系统重要性银行和企业。对于银行业而言，五家大型国有商业银行有四家位于短期借贷债务排序前五名中，排序前十名中有六家是股份制商业银行。可见，国有商业银行在整个银企借贷网络中的重要程度。

对于企业而言，短期借贷债务排序前十名的企业中，包括了四家国有企业、两家民营企业、四家公众企业。其中，国有企业是指国有资产投资或持股超过 50%的企业；民营企业是指民间资本投资或持股超过 50%的企业；公众企业是指股权结构极其分散的一类企业，没有一个股东持股超过 50%的。若按照主营业务细分，有三家企业涉及化工行业，其余分布在医疗、信息技术和房地产开发等行业。值得注意的是，企业债务排序的前十名中只有一家是房地产开发企业。分析统计数据，有较为明显的几个特征：①国有企业在短期借贷债务排序排名中并没有处于主导地位，民营企业和公众企业在银企借贷体系中的重要性不可忽视，需要引起监管层的重视，防止非国有企业过度举债，杠杆过高。②化工行业有三家企业进入前十名，说明该行业向银行贷款的需求较大，因而在银企借贷网络中居于重要地位。③进一步显示企业资产和债务排序的关系并不是很大，排名第一的建新矿业股份有限责任公司的资产仅是排名第二的新疆中泰化学股份有限公司的 4%，但是债务排序却是其 4.2 倍。

表 13-2 2016 年短期借贷的系统重要性银行与企业

排名	银行			企业		
	银行名称	债务排序	银行类型	企业名称	债务排序	企业类型
1	中国银行	0.099	国有商业银行	建新矿业股份有限责任公司	0.150	民营企业
2	中国民生银行	0.065	股份制商业银行	新疆中泰化学股份有限公司	0.036	国有企业
3	中国农业银行	0.064	国有商业银行	湖北宜化化工股份有限公司	0.027	公众企业
4	中国建设银行	0.063	国有商业银行	江苏中天科技股份有限公司	0.026	公众企业

续表

排名	银行			企业		
	银行名称	债务排序	银行类型	企业名称	债务排序	企业类型
5	中国工商银行	0.058	国有商业银行	兰州长城电工股份有限公司	0.025	国有企业
6	招商银行	0.055	股份制商业银行	航天信息股份有限公司	0.023	国有企业
7	浦发银行	0.046	股份制商业银行	红宝丽集团股份有限公司	0.022	国有企业
8	中信银行	0.045	股份制商业银行	蓝帆医疗股份有限公司	0.020	公众企业
9	兴业银行	0.045	股份制商业银行	吉林亚泰（集团）股份有限公司	0.019	民营企业
10	中国光大银行	0.036	股份制商业银行	鹭燕医药股份有限公司	0.018	公众企业

2. 长期借贷的系统重要性银行与企业

表 13-3 是 2016 年长期借贷排名前十的系统重要性银行与企业。对于银行业而言，五家大型国有商业银行全部位于长期借贷债务排序前十名中，其余五家和短期借贷的一样，都是股份制商业银行。其中，中国交通银行在短期借贷中没有排进前十，但却在长期借贷中排在了第三，说明中国交通银行的长期贷款发放得更多，该银行在长期借贷中的系统重要性值得关注；股份制商业银行中，上海银行在短期借贷中没有排入前十，在长期借贷中则位列第二，仅次于中国银行；而浦发银行在长期借贷排名中则跌出了前十。这说明，在短期借贷中系统重要性大的银行在长期借贷中不一定大。

对于企业而言，长期借贷债务排序前十名的企业中，仅包括两家国有企业，公众企业和民营企业分别占据四家。若按照主营业务细分，公司的主营业务比较分散，有两家化工行业，两家设备制造行业，两家通信行业，两家环境工程行业，一家材料行业，一家房地产行业。比较表 13-2 和表 13-3 可以发现，长期借贷的债务排序排名前十的企业中只有一家也出现在短期借贷的债务排序前十中。和银行一样，在短期借贷网络中系统重要性大的企业在长期借贷中不一定大。

表 13-3 2016 年长期借贷的系统重要性银行与企业

排名	银行			企业		
	银行名称	债务排序	银行类型	企业名称	债务排序	企业类型
1	中国银行	0.043	国有商业银行	长园集团股份有限公司	0.051	国有企业
2	上海银行	0.037	股份制商业银行	合肥合锻智能制造股份有限公司	0.048	公众企业
3	中国交通银行	0.035	国有商业银行	南京埃斯顿自动化股份有限公司	0.047	民营企业
4	中国建设银行	0.034	国有商业银行	武汉农尚环境股份有限公司	0.044	民营企业
5	中国民生银行	0.029	股份制商业银行	江苏中天科技股份有限公司	0.044	公众企业
6	中国农业银行	0.029	国有商业银行	华讯方舟股份有限公司	0.043	民营企业
7	中国光大银行	0.027	股份制商业银行	四川东材科技集团股份有限公司	0.036	公众企业
8	招商银行	0.024	股份制商业银行	福建龙净环保股份有限公司	0.031	公众企业
9	中信银行	0.024	股份制商业银行	湖北双环科技股份有限公司	0.028	国有企业
10	中国工商银行	0.022	国有商业银行	金科地产集团股份有限公司	0.025	民营企业

3. 系统重要性银行与企业的演变

表 13-4 和表 13-5 是 2014～2016 年系统重要性银行和企业的变化情况。对于短期借贷的系统重要性银行，由表 13-4 可知：中国银行在短期借贷上的债务排序连续三年稳居第一，可见中国银行的系统重要程度；除了中国交通银行在 2016 年的短期借贷中没有排入前十，五大国有银行在 2014～2016 年的短期借贷中都排入了前十名；除了中国银行之外，其他银行的排名每年都会有所变动，有些银行会掉出前十，也会有新的银行进入前十，但是总体来说，变化程度不是很大；进入前十名的银行全部为国有商业银行和股份制商业银行，且股份制商业银行里中信银行和兴业银行每年都进入前十，其余股份制商业银行也都有两次进入前十。可见，系统重要性较大的银行几乎没有变化，比较稳定。

同样地，对于长期借贷的系统重要性银行，由表 13-4 可知：长期借贷和短期借贷的排名显著不同，其中在短期借贷稳居第一的中国银行在长期借贷中排名不稳定，在 2015 年甚至没有进入前十；除了中国农业银行和中国银行分别在 2014

年和 2015 年没有进入前十之外，五大国有银行都进入了前十名；和短期借贷不同，长期借贷银行债务排序的排名每年都会发生变化，而且变化幅度较大；一些在短期借贷中没有排入前十的股份制商业银行在长期借贷中排入了前十，如北京银行、上海银行和平安银行。

表 13-4　2014～2016 年系统重要性银行变化

排名	短期借贷			长期借贷		
	2014 年	2015 年	2016 年	2014 年	2015 年	2016 年
1	中国银行	中国银行	中国银行	招商银行	中国交通银行	中国银行
2	中国工商银行	中国工商银行	中国民生银行	中国建设银行	平安银行	上海银行
3	中国农业银行	浦发银行	中国农业银行	中国工商银行	中国建设银行	中国交通银行
4	招商银行	中国建设银行	中国建设银行	中国银行	中信银行	中国建设银行
5	中国光大银行	中国农业银行	中国工商银行	中国民生银行	兴业银行	中国民生银行
6	中国交通银行	兴业银行	招商银行	中国交通银行	中国工商银行	中国农业银行
7	中国建设银行	招商银行	浦发银行	北京银行	招商银行	中国光大银行
8	中信银行	中国交通银行	中信银行	兴业银行	中国农业银行	招商银行
9	兴业银行	中国光大银行	兴业银行	中信银行	中国光大银行	中信银行
10	中国民生银行	中信银行	中国光大银行	中国光大银行	中国民生银行	中国工商银行

由表 13-5 可知，对于短期借贷的系统重要性企业：企业债务排序的排名变化较大，仅有一家企业连续两年排名不发生变化；国有企业在前十名中的数量变化较大，2014 年有五家，2015 年增加到六家，2016 年下降为三家。对于长期借贷的系统重要性企业，与短期借贷一样，企业债务排序的排名变化较大，仅有一家企业连续两年排名不发生变化；和银行债务排序结果类似，企业长期借贷和短期借贷的债务排序结果差异较大；同短期借贷的类似，国有企业在前十名中的数量变化较大，2014 年有六家，2015 年有五家，2016 年只有三家。

表 13-5 2014-2016 年系统重要性企业变化

排名	短期借贷			长期借贷		
	2014 年	2015 年	2016 年	2014 年	2015 年	2016 年
1	中铁高新工业股份有限公司	中国交通建设股份有限公司	建新矿业股份有限责任公司	中铁高新工业股份有限公司	中国交通建设股份有限公司	长园集团股份有限公司
2	中国中材国际工程股份有限公司	东华能源股份有限公司	新疆中泰化学股份有限公司	山西潞安环保能源开发股份有限公司	福耀玻璃工业集团股份有限公司	合肥合锻智能制造股份有限公司
3	厦门厦工机械股份有限公司	中铁高新工业股份有限公司	湖北宜化化工股份有限公司	珠海华发实业股份有限公司	广东宝丽华新能源股份有限公司	南京埃斯顿自动化股份有限公司
4	深圳市爱施德股份有限公司	深圳市爱施德股份有限公司	江苏中天科技股份有限公司	金科地产集团股份有限公司	阳泉煤业（集团）股份有限公司	武汉农尚环境股份有限公司
5	厦门信达股份有限公司	厦门厦工机械股份有限公司	兰州长城电工股份有限公司	阳泉煤业（集团）股份有限公司	北京首都开发股份有限公司	江苏中天科技股份有限公司
6	山东太阳纸业股份有限公司	康佳集团股份有限公司	航天信息股份有限公司	苏州胜利精密制造科技股份有限公司	山西潞安环保能源开发股份有限公司	华讯方舟股份有限公司
7	山推工程机械股份有限公司	山东太阳纸业股份有限公司	红宝丽集团股份有限公司	平顶山天安煤业股份有限公司	平顶山天安煤业股份有限公司	四川东材科技集团股份有限公司
8	哈药集团股份有限公司	中国中材国际工程股份有限公司	蓝帆医疗股份有限公司	山推工程机械股份有限公司	金科地产集团股份有限公司	福建龙净环保股份有限公司
9	东华能源股份有限公司	中粮屯河糖业股份有限公司	吉林亚泰（集团）股份有限公司	康佳集团股份有限公司	苏州胜利精密制造科技股份有限公司	湖北双环科技股份有限公司
10	北京顺鑫农业股份有限公司	哈药集团股份有限公司	鹭燕医药股份有限公司	深圳市皇庭国际企业股份有限公司	深圳市中洲投资控股股份有限公司	金科地产集团股份有限公司

综上所述，不论是银行还是企业，债务排序的相对排名每年都在发生变化，根据债务排序计算模型中涉及的变量，相对排名发生变化的原因可能有以下几点：①银行和企业的总资产发生相对变化；②银行和企业的借贷总额发生变化；③网络结构发生变化，如银行和企业的相邻节点改变。

13.3 本 章 小 结

本章基于我国 2014 ~ 2016 年银行与企业间借贷数据，采用一种新的债务排序模型方法，实证分析了我国系统重要性银行与企业的相关问题，得到如下主要研究结论。

（1）针对“大而不能倒”的问题，本章研究发现：资产规模越大的银行或企业的系统重要性就越大的结论并不总是成立的。对于银行而言，资产规模大的银行的债务排序水平不一定就比资产规模小的银行的高，但债务排序水平较高的银行一般具有较大的资产规模。因此，对银行而言“大而不能倒”是有一定依据的。对于企业而言，企业的资产规模与企业债务排序间并没有明显的关系。因此，监管部门在识别系统重要性银行或企业的过程中，不能简单以经济主体的资产规模为依据。

（2）网络中心性测度指标是识别网络中重要节点的简单直接的方法，而本章研究发现：无论是短期借贷还是长期借贷，度大的银行的债务排序水平不一定就比度小的银行的债务排序水平高；但银行节点度与债务排序水平间具有较为显著的正相关性；企业的节点度与其债务排序水平间没有明显的关系；即使度相同的企业的债务排序水平间也可能出现较大的差异。因此，监管部门不能简单地采用网络中心性测度指标识别系统重要性银行或企业。特别是企业，其系统重要性程度与网络中心性测度之间没有明显的关系。但网络中心性测度指标可以作为系统重要性银行的初步识别手段。

（3）针对我国系统重要性银行与企业，本章研究发现：国有商业银行在整个银企借贷网络中具有十分重要的地位；国有企业系统重要性并没有处于主导地位，民营企业和公众企业在银企借贷体系中的重要性不可忽视；化工行业向银行贷款的需求较大，因而在银企借贷网络中居于重要地位；在短期借贷中重要性大的银行和企业不一定在长期借贷中同样重要；不论是银行还是企业，债务排序的相对排名每年都在发生变化。因此，监管部门应重视国有商业银行的稳定；防止非国有企业过度举债，杠杆过高，这类企业一旦发生信用风险，将会对整个银企借贷网络产生巨大影响，容易引发系统性风险；不应该忽视任何行业的高杠杆企业，尤其应对化工行业的部分企业加强监管，关注这些企业的资产负债表异动，防止该类企业因财务状况恶化而出现违约；应注意银企借贷期限差异，并建立系统重要性银行和企业的动态监控机制。

第 14 章　基于多层网络的银企系统性风险研究

2007 ~ 2009 年的全球性金融危机揭示了金融体系与实体经济之间关系在整个社会经济系统中的重要性，特别是对系统性风险研究。第 13 章基于银行与企业间信贷数据，构建了单层网络研究银企系统的重要性问题，而本章进一步基于该类数据构建银企多层网络模型。其中，基于前面单层网络抽象出银行网络和企业网络，并考虑借贷期限差异构建包含银行网络、企业网络和银企网络的两层网络模型。一层是由短期借贷关系形成的网络，另一层是由长期借贷关系形成的网络。在此基础上采用债务排序方法刻画系统性风险，研究多层网络中银企系统性风险的特征。本章基于我国 2016 年银行与企业间信贷数据展开研究，主要贡献在于：从多层网络理论视角研究了银企系统性风险；同时将债务排序方法扩展到多层网络中；揭示了银行与企业在多层网络中的性质，为监管部门提供决策依据。

14.1　银企多层网络模型

将银行-企业系统视为一个网络，它由银行和企业两类不同的节点组成。根据银企间的信贷数据，容易在银行和企业间得到网络的边。银行和企业之间存在着借贷关系，若还款期不超过一年，则视两者之间存在短期关联。否则，认为它们之间存在着长期关联。值得注意的是，银行-企业系统中银行间和企业间没有边。

根据 de Masi 和 Gallegati（2012）的研究，可以定义银行网络和企业网络。银行网络是联合融资的银行网络，如果两家银行为同一家企业提供资金，它们就会相互联系。同样地，企业网络是共同融资的企业网络，如果两家企业向同一家银行融资，那么它们之间就存在边。因此，可以从银企单层网络中抽象出银行网络和企业网络。

基于企业借款期限的差异，银行-企业系统可以映射为一个包含短期借贷网络和长期借贷网络的多层网络，可用矩阵 $A^{\alpha}(\alpha\in\{s,l\})$ 进行刻画。s 和 l 分别代表短期借款类型和长期借款类型。若两节点之间有边，对应的矩阵元素为 1，否则为 0。A^{s} 描述了银企间、银行间和企业间的关联关系，这些关联均是由短期借款产生的，A^{l} 则描述了长期借款产生的三种关联关系。设 N_b 和 N_f 分别表示银行和企业的数量，且 $N=N_b+N_f$。A^{α} 可以表示为

$$A_{N\times N}^{\alpha}=\begin{pmatrix}\mathrm{BB}_{N_b\times N_b}^{\alpha} & \mathrm{BF}_{N_b\times N_f}^{\alpha}\\ \mathrm{FB}_{N_f\times N_b}^{\alpha} & \mathrm{FF}_{N_f\times N_f}^{\alpha}\end{pmatrix}\tag{14-1}$$

其中，α 层的 A^{α} 包含了银行网络 $\mathrm{BB}_{N_b\times N_b}^{\alpha}$、银企网络 $\mathrm{BF}_{N_b\times N_f}^{\alpha}$、企银网络 $\mathrm{FB}_{N_f\times N_b}^{\alpha}$ 和企业网络 $\mathrm{FF}_{N_f\times N_f}^{\alpha}$ 共四部分。本书并不考虑银企网络中连边的方向，因此 $\mathrm{BF}_{N_b\times N_f}^{\alpha}$ 就是 $\mathrm{FB}_{N_f\times N_b}^{\alpha}$ 的转置。

14.2　多层网络中的债务排序

在银行-企业系统中，银行与企业之间通过信贷关系相互作用（Fujiwara et al., 2009；Aoyama et al., 2013）。由于财务困难，企业可能通过延迟支付利息或无法偿还贷款等方式影响其债权银行。同样，银行对企业也有反向作用。一旦一家银行陷入困境，它可能会通过提高贷款利率或缩短还款期等方式影响其债务企业。此外，上述银行网络和企业网络中还存在间接的银行间和企业间影响。

根据 Aoyama 等（2013）的研究，采用相对暴露来描述银行与企业之间的相互作用。令 C_{bf}^{α} 表示企业 f 从银行 b 处取得的 α 类型信贷金额，则基于 α 类型信用关系的银行 b 对企业 f 的影响 (w_{bf}^{α}) 以及企业 f 对银行 b 的影响 (w_{fb}^{α}) 可以分别表示为

$$w_{bf}^{\alpha}=\frac{C_{bf}^{\alpha}}{\sum_{b}C_{bf}^{\alpha}} \tag{14-2}$$

$$w_{fb}^{\alpha}=\frac{C_{bf}^{\alpha}}{\sum_{f}C_{bf}^{\alpha}} \tag{14-3}$$

类似地，选用两家银行的共同借款企业的相对敞口来量化银行间的影响，并采用两家企业的共同贷款银行的相对敞口来计算企业间的影响。定义 b^i 和 b^j 为两家银行，f^k 和 f^l 为两家企业，$\boldsymbol{\Phi}$ 和 $\boldsymbol{\Psi}$ 分别表示银行的债务企业集合和企业的债权银行集合。采用以下方法量化银行 b^i 对银行 b^j 的影响 $\left(w_{b^ib^j}^{\alpha}\right)$ 以及企业 f^k 对企业 f^l 的影响($w_{f^kf^l}^{\alpha}$)。

$$w_{b^ib^j}^{\alpha}=\sum_{f\in\Phi_i\cap\Phi_j}\frac{C_{b^jf}^{\alpha}}{\sum_{f\in\Phi_i\cap\Phi_j}C_{b^jf}^{\alpha}}\times\frac{C_{b^if}^{\alpha}}{C_{b^if}^{\alpha}+C_{b^jf}^{\alpha}} \tag{14-4}$$

$$w_{f^kf^l}^{\alpha}=\sum_{b\in\Psi_k\cap\Psi_l}\frac{C_{bf^l}^{\alpha}}{\sum_{b\in\Psi_k\cap\Psi_l}C_{bf^l}^{\alpha}}\times\frac{C_{bf^k}^{\alpha}}{C_{bf^l}^{\alpha}+C_{bf^k}^{\alpha}} \tag{14-5}$$

根据式(14-2) ~ 式(14-5), 可以得到节点 i 对节点 j 的影响。若 $1\leqslant i,j\leqslant N_b$ ，则节点 i 和 j 为银行；若 $N_b\leqslant i,j\leqslant N_b+N_j$ ，则节点 i 和 j 为企业。此外，采用 Battiston 等(2012)提出的债务排序算法来估计一个陷入困境的节点的系统性影响。为了计算一个节点的债务排序，为每个节点 i 设置两个状态变量: $h_t^{\alpha}(t)$ 和 $s_t^{\alpha}(t)$ ，$h_t^{\alpha}(t)$ 用于测度 t 时刻的影响程度，且 $h_t^{\alpha}(t)\in[0,1]$ 。$s_t^{\alpha}(t)$ 为一个离散变量，在 t 时刻有三种可能状态：传染状态、不传染状态和不活跃状态。

为计算节点 v 的债务排序，$h_t^{\alpha}(0)$ 和 $s_t^{\alpha}(0)$ 在初始时刻设为：$h_v^{\alpha}(0)=1$ ，$h_i^{\alpha}(0)=0(i\neq v)$ ，$s_i^{\alpha}(0)=D$ 和 $s_v^{\alpha}(0)=U(i\neq v)$ 。在每一步中，节点 v 的风险传染可以表示为

$$h_i^{\alpha}(t)=\min\left\{1,h_i^{\alpha}(t-1)+\sum_{j|s_j^{\alpha}(t-1)=D}W_{ji}^{\alpha}h_j^{\alpha}(t-1)\right\} \tag{14-6}$$

$$s_i^{\alpha}(t)=\begin{cases}D, & h_i^{\alpha}(t)>0,s_i^{\alpha}(t-1)\neq I,s_i^{\alpha}(t-1)\neq D\\ I, & s_i^{\alpha}(t-1)=D\\ s_i^{\alpha}(t-1), & \text{其他}\end{cases} \tag{14-7}$$

在有限时间间隔 T 后，直到所有节点都处于不传染状态或不活跃状态时，风险传染才停止。进一步，我们可以获得一系列的 $h_i^{\alpha}(T)$ ，并且能够计算出节点 v 的

债务排序 $h_i^{\alpha}(T)(i \neq v)$，可表示为

$$\mathrm{DR}_v^{\alpha} = \sum_{i \neq v} h_i^{\alpha}(T) \times \frac{a_i}{\sum_{m \neq v} a_m} \tag{14-8}$$

其中，a_i 为节点 i 的总资产。此外，我们可以对每一种类型的借贷关系的债务排序进行标准化处理，计算出多层网络中节点 v 的债务排序：

$$\mathrm{DR}_v = \frac{\sum_b C_{bf}^s}{\sum_b C_{bf}^s + \sum_b C_{bf}^l} \mathrm{DR}_v^s + \frac{\sum_b C_{bf}^l}{\sum_b C_{bf}^s + \sum_b C_{bf}^l} \mathrm{DR}_v^l \tag{14-9}$$

14.3 数据与结果

14.3.1 样本数据

受限于非上市企业数据的可获得性，本章将研究对象确定为上市企业。至2016 年，我国一共有 3050 家上市企业和 3668 家银行，其中上市银行数量为 22 家。本章的研究数据均来自提供了中国股票市场和上市企业财务报表相关数据的国泰安数据库。大多数银行都是非上市的，因此这部分银行的数据都不可获取。在该数据库中，有 1438 家企业和 470 家银行拥有完整的贷款数据。最终本章选取在 2016 年的 957 家企业和 124 家银行作为样本，其中短期借款数目为 2506 个，长期借款数目为 791 个。

14.3.2 债务排序基本分析

通过计算可以得到银行和企业债务排序范围：

$\mathrm{DR}_b^s \in [0, 0.9329]$，$\mathrm{DR}_b^l \in [0, 0.3422]$，$\mathrm{DR}_b \in [0, 0.8915]$，$\mathrm{DR}_f^s \in [0, 0.9324]$，$\mathrm{DR}_f^l \in [0, 0.3288]$，$\mathrm{DR}_f \in [0, 0.9324]$

此外，在表 14-1 和表 14-2 中列出了在多层网络中债务排序水平排名最高的十家银行和十家企业，按其债务排序水平排名的递减顺序排列。从表 14-1 和表 14-2 可以看出，多层网络中债务排序水平的排名情况与短期网络中的排名较为接近，而与长期网络中的排名有较大差异。原因在于银行和企业之间关联关系的主要来源是短期贷款。特别是对于企业而言，很多企业与银行只有短期的借贷关系，因此表 14-2 中的 DR_f^l 大部分为 0。

表 14-1　多层网络中十家债务排序最高的银行

银行股票代码	DR_b	排序 (DR_b)	DR_b^s	排序 (DR_b^s)	DR_b^l	排序 (DR_b^l)
601988.SH	0.8915	1	0.9329	1	0.3422	1
601288.SH	0.6689	2	0.8110	4	0.3210	2
601939.SH	0.6510	3	0.8149	3	0.2691	4
601166.SH	0.6087	4	0.7382	9	0.1220	19
600016.SH	0.5636	5	0.7898	5	0.2639	5
601398.SH	0.5369	6	0.7608	8	0.2047	8
601818.SH	0.5260	7	0.6989	10	0.1991	10
01658.HK	0.4870	8	0.6121	13	0.0785	31
601328.SH	0.4755	9	0.6477	11	0.2822	3
000001.SZ	0.4748	10	0.6157	12	0.0931	25

表 14-2　多层网络中十家债务排序最高的企业

企业股票代码	DR_f	排序 (DR_f)	DR_f^s	排序 (DR_f^s)	DR_f^l	排序 (DR_f^l)	部门
000688.SZ	0.9324	1	0.9329	1	0	—	采矿业
002165.SZ	0.7372	2	0.8110	2	0	—	制造业
300567.SZ	0.6526	3	0.8149	4	0	—	制造业
001896.SZ	0.6360	4	0.7382	6	0	—	公共事业
002023.SZ	0.6201	5	0.7898	5	0.0823	233	运输业
002842.SZ	0.6151	6	0.7608	8	0	—	制造业
601100.SH	0.6087	7	0.6989	10	0	—	制造业
600488.SH	0.5809	8	0.6121	13	0	—	制造业
600775.SH	0.5798	9	0.6477	15	0	—	信息技术业
300448.SZ	0.5786	10	0.6157	11	0.0479	349	信息技术业

从表 14-1 可以看出，在多层网络中，债务排序最高的十家银行都是上市银行，这十家银行就是排名前十的系统重要性银行。在这十家银行中有四家进入了由金融稳定委员会利用 2016 年底的数据确定的 2017 年全球系统重要性银行名单。这四家银行分别是中国银行、中国建设银行、中国工商银行和中国农业银行，它们的股票代码分别为 601988.SH、601939.SH、601398.SH 和 601288.SH。这意味着我们的方

法也为更好地理解我国银行的作用提供了良好的参考。从表 14-2 可以看出，在多层网络中，有十家企业的债务排名较高，这些企业分别来自五个行业，而非局限于某一特定行业，其中债务排名最高的企业来自采矿业。Poledna 等（2018）同样也发现了奥地利的各个行业中都存在系统重要性企业。但这仅揭示了具有系统重要性企业的行业分布情况，未能从系统性风险的角度体现出多样化的优势。

图 14-1 显示了银行和企业债务排序的累积分布函数（cumulative distribution function，CDF）。由此可以看出，债务排序在短期网络中的分布与在多层网络中的分布非常相似，但与在长期网络中的分布有很大的不同。这意味着债务排序在多层网络中主要来源于银行与企业之间的短期借贷。事实上，这一点在其他文献中也得到过验证。例如，Allen 和 Carletti（2013）发现使用短期债务会导致系统性风险进一步显著增加。此外，与短期债务相比，长期债务有助于降低展期风险（Chen et al.，2012）。这一结果也可以通过对三种网络中债务排序的两两比较得到，如图 14-2 和图 14-3 所示。从图 14-2 可以看出，图 14-2（b）有显著的线性关系。因此，银行债务排序在短期网络和多层网络中的分布是非常相似的。对于企业而言，可以从图 14-3 中得到相同的结论。

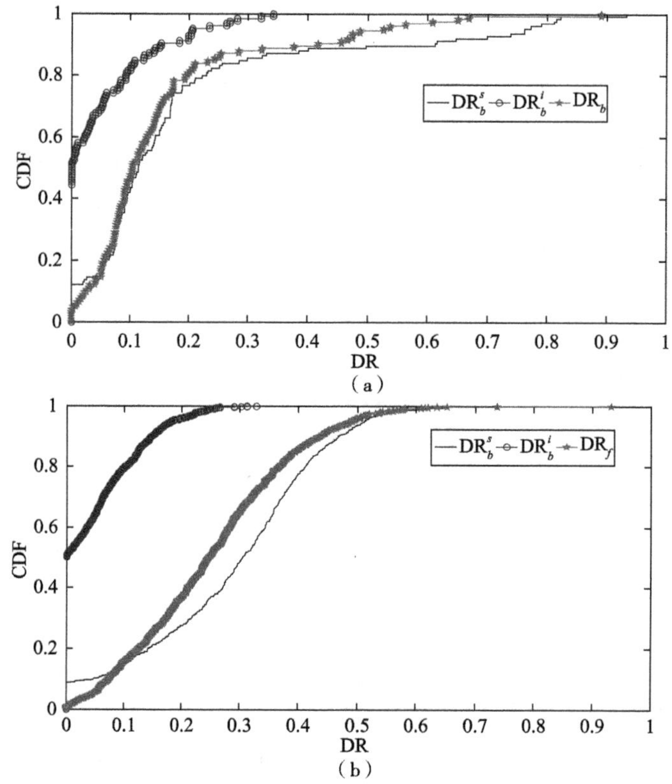

图 14-1　银行和企业债务排序水平的累积分布函数

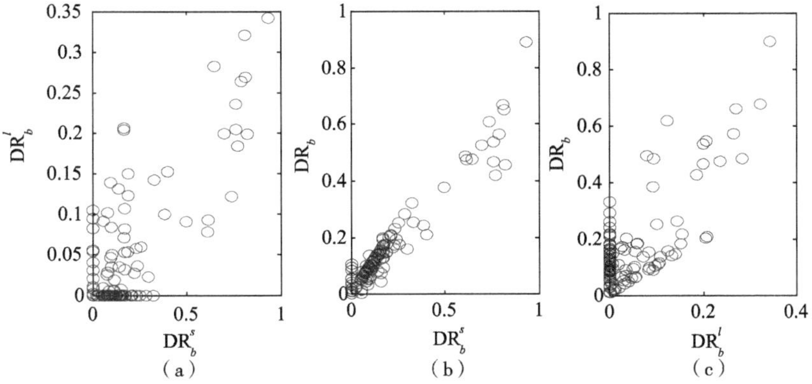

图 14-2　DR_b^s 和 DR_b^l，DR_b^s 和 DR_b 以及 DR_b^l 和 DR_b

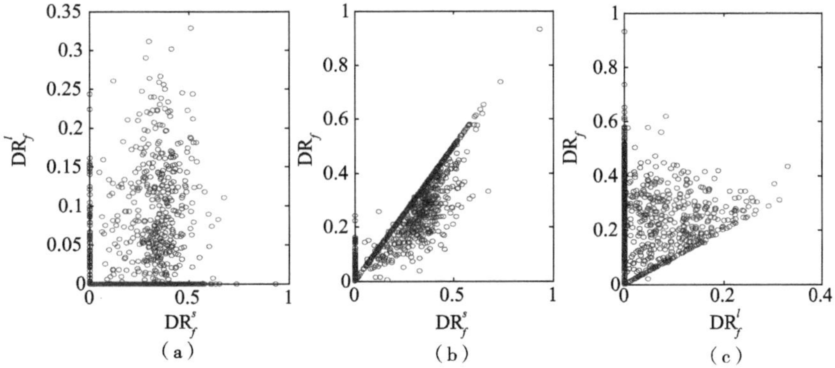

图 14-3　DR_f^s 和 DR_f^l，DR_f^s 和 DR_f 以及 DR_f^l 和 DR_f

图 14-4 显示了短期网络和长期网络中债务排序的差异，图 14-4（a）和图14-4（b）分别是银行和企业的结果。从图 14-4 可以看出，短期网络中的债务排序总体上大于长期网络中的债务排序。其原因是短期借款关联数量远远大于长期借款关联数量。此外，短期贷款形成的复杂联系加剧了危机在银行-企业体系中的蔓延。因此，短期贷款对银企体系的稳定性影响较大。事实上，一些研究发现，在不同的国家，如美国和西班牙，企业更多地采用了短期债务，这一行为主要归咎于信息不对称的存在（García-Teruel and Martínez-Solano，2007；Custódio et al.，2013）。上述结果表明，短期网络与长期网络之间存在着显著的差异。这将导致单层网络系统性风险的估计偏差。这与 Poledna 等（2015）的研究结果一致，他们发现单层网络会低估银行系统的系统性风险。从银企多层网络中也得到了同样的结论。

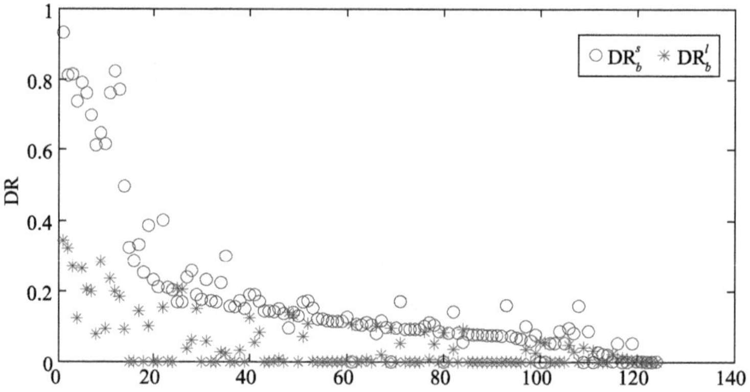

（a）银行

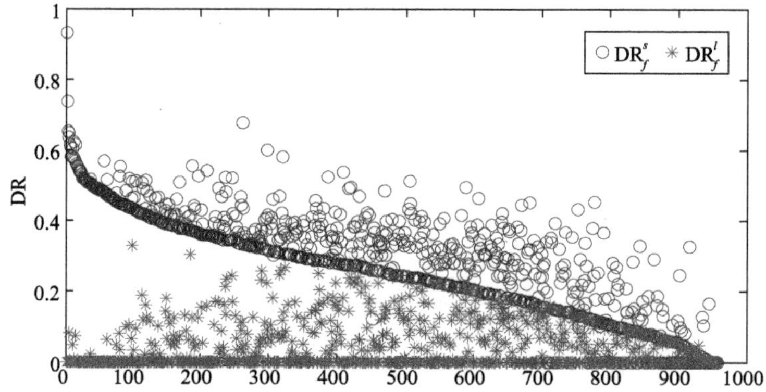

（b）企业

图 14-4　短期网络中的债务排序和长期网络中的债务排序

14.3.3　资产规模、风险和债务排序

银行和企业在金融危机中所扮演的角色通常与其经济状况有关（Laeven et al.，2016；Kamani，2019）。例如，Laeven 等（2016）研究了近期金融危机期间大型银行的系统性风险，确定了银行自身影响风险的具体因素，并发现了系统性风险随着银行规模扩大而增加的有力证据。因此，我们研究了债务排序与资产规模之间的关系。图 14-5 和图 14-6 显示了三种网络中银行和企业的债务排序与总资产的散点图。从图 14-5 可以看到，在所有的网络中，资产规模大的银行都倾向于拥有更高的债务排序，还有一些中等资产规模的银行也拥有较高的债务排序。因此，整体而言资产规模较大的银行更重要。而在图 14-6 中，资产规模较小的企

业往往有较高的债务排序。

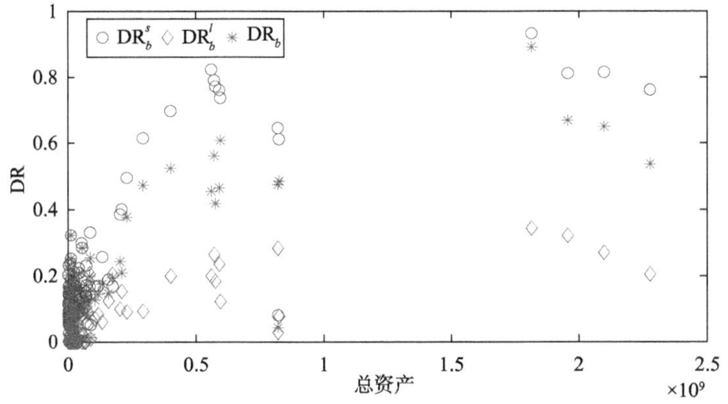

图 14-5　银行总资产与债务排序

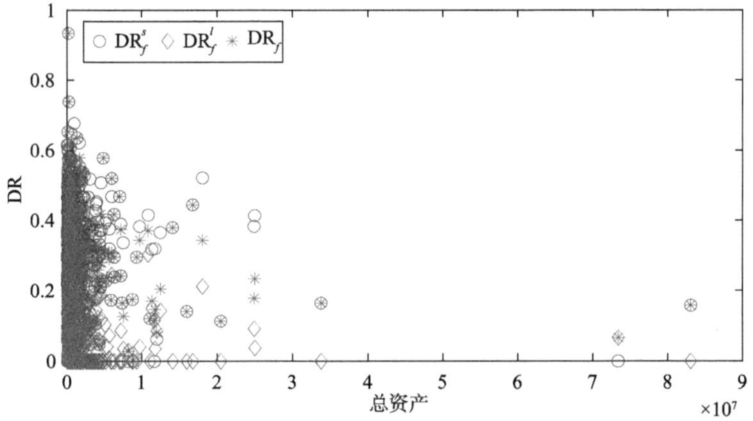

图 14-6　企业总资产与债务排序

进一步分析银行的风险与其债务排序之间的关系。与 Delis 和 Kouretas(2011)的研究相似，采用不良贷款率（non performing loan ratio，NPLR）来衡量银行的风险，其中不良贷款率是信用风险的代理变量。部分不良贷款会给银行带来损失，因此该比率的高值与较高的信用风险相关（Delis and Kouretas，2011）。图 14-7 显示了银行债务排序与银行风险之间的关系。从中可以看出，高风险的银行不一定有高的债务排序，而低风险的银行可能有相对较高的债务排序。这意味着银行债务排序与银行风险之间没有明显的关系。主要原因是银行债务排序主要由经济主体之间的影响决定。

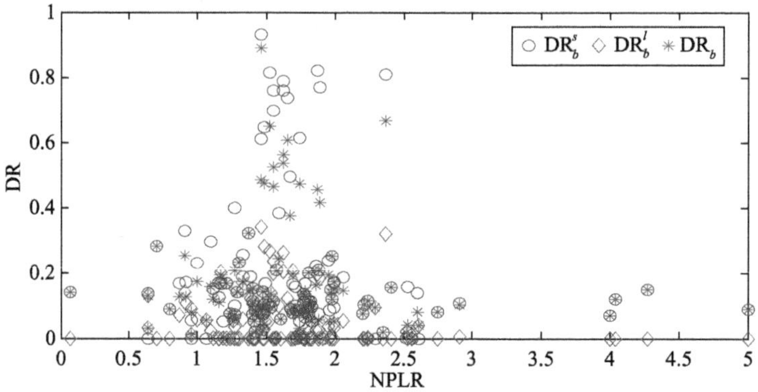

图 14-7　银行风险与债务排序

14.3.4　系统性风险贡献度

根据债务排序的结果，可以计算出企业或银行在网络中的系统性风险贡献度。设 R 为所有企业的债务排序总额与所有银行和企业的债务排序总额之比。通过计算，得到在多层网络中 $R = 92.61\%$。这意味着银企系统中 90%以上的系统性风险是由企业导致的。在短期和长期网络中，R 分别为 92.22%和 88.45%。因此，企业是我国银企体系中系统性风险的主要贡献者。2016 年，我国银行业贷款规模中企业贷款占 66.46%，企业来源于金融部门的贷款比例为 94.61%。因此，企业对整个系统的影响更大。此外，Poledna 等（2018）也发现，在奥地利企业的系统性风险略高于银行。接下来根据中国证券监督管理委员会一级行业分类，分析不同行业企业的差异。计算结果显示，制造业对系统性风险的贡献率最高，在三种类型网络中约为 50%。因此，制造业是所有行业中系统性风险最大的行业。造成这一结果的主要原因是制造业企业有 563 家，占样本企业总数的 58.83%，使得制造业的贷款规模大于其他行业。Silva 等（2018）研究发现，企业债务排序水平高的行业对银行业的风险更大。因此，制造业比其他行业更容易引发系统性风险。根据我们的分析，制造业是具有系统重要性的行业。因此，监管部门在确定具有系统重要性的银行的同时，还应确定具有系统重要性的行业，并加强对它们的监管。

14.4 本章小结

本章构建了包括短期借贷层和长期借贷层的银企多层网络。每一层中不仅包含了银企网络，还包括了银行网络和企业网络。在此基础上，运用债务排序方法分析了银企多层网络中系统性风险。基于 2016 年我国银行与企业信贷数据，通过对在多层网络中债务排序最高的十家银行和十家企业进行分析，发现多层网络中的债务排序与短期借款网络中债务排序相接近。这十家银行均为上市银行，其中四家进入 2017 年全球系统重要性银行名单；十家企业来自五个行业，而不是集中在某一特定行业。进一步研究发现，短期网络中的债务排序分布与多层网络中的债务排序分布非常相似，但与长期网络中的债务排序分布有较大不同；短期网络中的债务排序水平总体上大于长期网络的，短期贷款对银企系统的稳定性影响较大。

对比银行和企业的债务排序与资产规模的关系发现：资产规模大的银行在所有网络中都具有较高的债务排序，部分中等规模的银行也有较高的债务排序；而资产规模小的企业往往有更高的债务排序。银行债务排序水平与银行风险之间不存在明显的关联关系。此外，在中国银企系统中，企业是系统性风险的主要贡献者，制造业在所有行业中对系统性风险的贡献最大。

第 5 部分　总结与展望

本书分为五个部分：第 1 部分是研究基础；第 2 部分基于单层网络和多层网络对银行系统性风险进行了研究；第 3 部分基于信用关联和担保关联视角，研究了企业单层网络中系统性风险特征；第 4 部分根据银行与企业信贷数据，构建了银企单层网络和多层网络模型，研究了银企系统重要性和系统性风险问题；而本部分是全书的前四部分的总结，并对进一步研究进行了展望。

第 15 章　总结与展望

本书共包含五个部分，其中第 1 部分到第 4 部分是本书的核心内容，主要介绍了本书的研究基础，进而基于银行网络、企业网络和银企网络三个层面对系统性风险进行了较为系统的研究。下面对本书的研究内容进行全面总结，并提出未来有待进一步研究的问题，以期推动系统性风险理论与实践研究。

15.1　研究总结

15.1.1　研究基础

1. 金融机构多层网络结构演化研究

基于股票收益率间 Pearson 相关性、Kendall 秩相关性以及 Tail 相关性，构建了金融机构多层网络模型，其中三种相关性分别对应多层网络中 Pearson 层、Kendall 层和 Tail 层。根据 2010 年 10 月至 2018 年 3 月我国上市金融机构的数据，实证分析了金融机构多层网络结构演化特征。实证分析结果表明：Kendall 层和 Tail 层中的平均权重均高于 Pearson 层的平均权重，Pearson 层和 Kendall 层中的平均权重变化趋势比较相似，但 Pearson 层波动幅度明显大于 Kendall 层；Pearson 层与 Kendall 层的边独特性变化趋势非常相似，而 Tail 层的与它们有较大的差别；任意两层的度相关性均为正相关，但随时间波动均较为剧烈；Pearson

层与 Kendall 层的相似性整体上较高，Tail 层与 Pearson 层和 Kendall 层的相似性整体上均较低；多层网络中平均权重、边独特性、度相关性和相似性等结构指标变化趋势与股票行情相关。

2. 企业担保多层网络结构研究

为研究企业担保结构特征，基于多层网络理论构建了包含短期和长期担保关系的两层网络模型，并以 2014 ~ 2016 年中国上市企业担保数据进行了实证研究。研究结果表明：不同年份的多层网络总度服从幂律分布；多层网络度相关性为正向相关；不同年份的短期担保网络和长期担保网络均具有无标度特征；同一年度的短期担保网络和长期担保网络之间的相似度都比较低；相邻两年的同层担保网络结构相对稳定，但网络间相似度随着时间滞后期增加而减少；不同层网络的中介中心度呈现较弱的正相关关系，但一个单层网络的最高中心度节点并不是另外一个单层网络的最高中心度节点；同一层网络的最高中介中心度节点是随着时间变化的。

从担保类型差异进一步研究企业担保类型多层网络结构特征，主要研究连带责任担保、一般担保和保证担保三种担保类型。基于这三种担保类型构建了三层网络，并对此实证研究发现：三层网络都有着无标度性和异配性；其中的一层网络与其他层的网络的结构相似性不大；中介中心性的研究结果表明，某一层网络的中心节点在其余的网络层次中并不一定也是中心节点；除了中心度极高的节点，特征向量中心性与中介中心性具有相同的结果。

15.1.2 基于银行网络的系统性风险研究

1. 基于单层网络的银行系统性风险研究

本书构建了动态的银行单层网络，仿真结果表明：构建的银行网络结构具有小世界和无标度特征，演化过程中银行网络结构保持动态稳定。并进一步分析了银行间市场多渠道风险传染机制，仿真结果表明：银行间市场的网络动态性可以降低银行间市场风险传染效应，增强银行间市场网络的稳定性。银行主体行为对银行间市场风险传染具有复杂影响，提高银行资本金率可以减少银行间市场风险传染效应，提高银行间资产暴露和银行流动性资产比率，银行间市场风险传染效应先降低后增强。在银行间市场网络中，增加银行间市场网络中的节点个数，可以降低银行间市场风险传染效应，而银行间拆借偏好的增加，会使得银行间市场风险传染效应先减少后增大。此外，通过利率随机游走刻画银行间市场利率波动，检验了基于动态网络的银行间市场多渠道风险传染模型的鲁棒性。研究发现失败银行比率不随市场利率波动的增大而显著提高。

2. 基于单层网络的银行系统性风险多元化研究

基于简化的金融市场，通过资产负债表刻画银行和资产之间的联系，构建了描述银行破产边界的数学模型，并以此为基础分别研究了银行个体风险、系统性风险、考虑拆借关系的系统性风险以及同时考虑减价出售和拆借关系的系统性风险之间的区别与联系，进而分析了银行投资组合多元化对不同风险的影响。最后，参考实际金融市场中的参数取值，对构建的模型进行了数值实验，研究结果表明：多元化会使银行的投资组合变得相似从而更容易引发系统性风险，资产减价出售和银行间拆借关系的存在同样会增加银行系统性风险，因而通过减少投资组合多元化和控制银行拆借比例等措施可以在一定程度上降低系统性风险的发生，这对于系统性风险的监管具有较高的参考价值。

3. 基于期限多层网络的银行系统性风险研究

根据银行同业拆借期限的差异，将银行同业拆借分为短期和长期两类。在此基础上，构建了具有任意结构的银行多层网络模型和风险传染模型，进而仿真分析了净资产、拆借规模和网络平均度等因素对系统性风险的影响机制。研究表明：随着银行净资产的增大，系统性风险呈现出非线性递减趋势；系统性风险效应在大部分情况下随着拆借规模的增加而增大，系统性风险长期效应与短期拆借规模间存在负相关性；随着单层网络平均度的增加，系统性风险整体上呈现出递减的趋势。

4. 基于担保多层网络的银行系统性风险研究

根据有担保和无担保两种借贷关系，构建了银行多层网络模型，进而从多层关联和外部资产价格变动两种风险传染渠道，研究了随机、小世界和无标度三种多层网络中银行系统性风险特征。研究结果显示：随着借贷异质性的增加，小世界多层网络和无标度多层网络中破产银行数较少且变动幅度较小，而随机多层网络中破产银行数较多且变动幅度较大；借贷网络平均度的增加使得破产银行数在三种多层网络中均呈现先缓慢增加后又缓慢减小的趋势；在三种多层网络中破产银行数整体上与担保借贷比例之间存在负相关关系；随着外部资产价格下跌指数的增加，破产银行数在三种多层网络中呈现逐步上升的趋势。

5. 多层网络结构对银行系统性风险的影响研究

基于16家上市银行的相关数据,实证研究了我国银行业多层网络结构对系统性风险溢出的影响。首先，利用时变 Copula-CoVaR 模型测度各银行的系统性风险溢出效应；其次，基于银行股票收益率间三种相关性，构建了银行多层网络模型；最后，选取多层网络结构中心性指标，建立了面板回归模型分析多层网络结构对银行系统性风险溢出效应的影响。研究表明：在银行多层网络中，度中心性对系统性风险溢出有着显著的正向影响；而中介中心性则对系统性风险溢出无显著影响。

15.1.3 基于企业网络的系统性风险研究

1. 基于信用网络的企业系统性风险研究

考虑上游企业和下游企业两个部门，通过构建企业内生网络模型研究企业间信用关联内在形成机制及其演化特征。通过对内生网络模型仿真研究，结果表明构建的模型重现了现实企业系统存在的一些特征：企业信用网络度分布服从幂律分布，该网络具有无标度特征；较长的合并周期则能更好地反映企业间信用关系，且随着合并周期的增大，网络密度也显著增大；企业资产规模分布具有幂律尾部特征，企业资产增长率随时间演化逐渐呈收敛状，且其概率分布近似于正态分布。进一步，我们分别探讨了网络结构和企业主体行为对系统性风险的影响。研究结果表明：在网络结构方面，随着网络节点规模的扩大，企业系统性风险显著增加，而网络节点的异构性对系统性风险没有显著影响。在企业主体行为方面，包括交易对手选择比例、理想产量、单位产量劳动力需求、中间产品价格、劳动力工资等参数的增加都将导致更高的系统性风险。

2. 基于担保网络的企业系统性风险研究

通过引入外部投资价格动态变化模型，构建了企业间信用担保网络风险传染动态模型，研究了在不同信用担保因素影响下的企业间信用担保网络风险传染动态机制。研究得到的主要结论有：①企业间信用担保网络平均度具有两面性，即外部资产价格按比例下跌造成的损失可能被关联企业共同分担，进而降低企业破产的可能性。然而，有担保应付账款全部损失也可能直接波及关联企业，加速企业破产风险的传染。②随着资产价格下跌指数的增加，外部投资的价格出现下跌，企业在初期较为敏感且难以及时对外部投资数额进行调整，造成企业遭受大额损失。但是随着企业逐步完成对外部投资数额的调整，能够减少外部投资的进一步损失，进而破产企业数持续降低。③企业间信用担保数额异质性系数越大，越有可能诱发企业间破产风险传染。④在不同信用担保因素交互作用下，企业间破产风险传染波动加剧。⑤企业间内部关联的风险冲击相对于企业间外部风险冲击更为显著，因此，在制定防控企业间破产风险传染的策略时，应关注优化企业间信用担保关联渠道并对关键企业进行监控以及在危机爆发后进行及时救助。

15.1.4 基于银企网络的系统性风险研究

1. 银企单层网络结构研究

根据我国银行与企业间借贷数据，通过单层网络模型实证分析我国银行与企业间的关联性特征，其中将借贷关系分为短期和长期两类，短期是指借贷期限小于等于 1 年，长期是指借贷期限大于 1 年。基于 2012 ~ 2016 年的样本数据，通过实证分析得到如下结论。①我国银企单层网络密度无论是短期的还是长期的都比较小，银企单层网络是比较稀疏的。②银行和企业的度分布均具有幂律尾部特征；不论是短期信贷还是长期信贷，节点的度和强度之间都有显著的正相关关系，银行节点的度和强度之间的正相关性要比企业节点更显著；银行节点度和强度均与银行资产规模有较强的正相关关系，企业节点的度和强度均与企业资产规模存在正相关关系，但正相关关系较弱。③整体而言度值较高的银行和企业同样也具有较高的特征向量中心性，节点的强度和特征向量中心性也具有较强的正相关关系；银行节点的度（或强度）与特征向量中心性的相关系数往往高于企业节点的度（或强度）与特征向量中心性的相关系数。④在短期借贷网络中非常重要的银行在长期借贷网络中也非常重要，但有很多银行在短期借贷网络的中心性较大，但是在长期借贷网络的中心性却较小；对于企业而言，两种借贷的特征向量中心性的相关关系非常小，一家企业如果在短期借贷网络中处于中心位置，并不能说明其在长期借贷网络中的任何情况。

2. 基于单层网络的银企系统重要性研究

系统重要性机构是宏观审慎监管的重要对象。针对此，基于我国 2014 ~ 2016 年银行与企业的借贷数据，采用债务排序方法实证分析了我国银行与企业的系统重要性。研究发现：①资产规模越大的银行或企业的系统重要性就越大的结论并不总是成立的；②度大的银行的系统重要性程度不一定就比度小的银行的系统重要性程度高，但银行节点度与系统重要性程度间具有较为显著的正相关性，而企业的节点度与其系统重要性程度间没有明显的关系；③国有商业银行在整个银企借贷网络中具有十分重要的地位，但国有企业并没有处于主导地位；④银行与企业的系统重要性程度在短期借贷和长期借贷中存在差异，而且会随时间演变。因此，不能简单依据银行和企业资产规模与网络中心性识别其系统重要性程度，并应建立对系统重要性银行和企业的动态监控机制。

3. 基于多层网络的银企系统性风险研究

构建了包括短期借贷层和长期借贷层的银企多层网络，其中每一层包含了银企网络、银行网络和企业网络。在此基础上，运用债务排序方法分析了银企多层网络中的系统性风险。基于 2016 年我国银行与企业信贷数据，通过对多层网络中债务排序最高的十家银行和十家企业进行分析，发现多层网络中的债务排序与短期借款网络中的债务排序相接近。这十家银行均为上市银行，其中四家进入 2017 年全球系统重要性银行名单；十家企业来自五个行业，而不是集中在某一特定行业。进一步研究发现，短期网络中的债务排序分布与多层网络中的债务排序分布非常相似，但与长期网络中的债务排序分布有较大的不同；短期网络中的债务排序水平总体上大于长期网络的，短期贷款对银企系统的稳定性影响较大。对银行和企业的债务排序与资产规模关系的研究发现：资产规模大的银行在所有网络中都具有较高的债务排序，部分中等规模的银行也有较高的债务排序；而资产规模小的企业往往有更高的债务排序。银行债务排序水平与银行风险之间不存在明显的关联关系。此外，还发现，在中国银企系统中，企业是系统性风险的主要贡献者，制造业在所有行业中对系统性风险的贡献最大。

15.2 研 究 展 望

本书基于单层网络和多层网络，对银行系统性风险、企业系统性风险和银企系统性风险进行了较为系统的研究，但以下问题有待进一步深入研究。

（1）网络理论研究已由单层网络转向多层网络，但此领域的研究尚处于初步阶段。因此，有待进一步基于现实经济金融系统中实际数据挖掘经济主体间多层网络结构特征。同时应构建多层网络模型揭示现实中多层网络结构形成的微观机制。

（2）本书解释了企业信用网络形成机制，其是网络理论研究的主要内容之一。而且其是进一步研究相关现实问题的基础，如基于网络理论构建企业演化系统研究经济制度和经济政策等的作用，是需要进一步研究的方向。本书构建的模型，在一些方面可以根据实际情况进一步改进，如下游企业选择上游企业是基于价格最低原则，对此可以考虑企业间关系的黏性。

（3）本书深入挖掘了企业信用担保网络风险传染动态机制，丰富了企业信用担保网络风险传染的研究成果。然而，企业间内部关联在企业破产风险传染过程中发挥了主导作用。这在一定程度上说明直接从外生网络研究企业信用担保网络风险传染机制可能无法全面揭示其本质，应进一步结合企业信用担保内生网络研究其风险传染动态机制。

（4）本书仅采用了贷款数据来研究银企多层网络中的系统性风险，未来还可以进一步将其与其他数据相结合。例如，可以尝试将银行信用违约互换纳入债务排序方法中。

（5）系统性风险是个复杂现象，一旦发生将不仅涉及银行与企业的经济主体，还涉及如金融监管部门等其他类型经济主体。因此，有待纳入更多类型的经济主体研究系统性风险现象。

参考文献

巴曙松，左伟，朱元倩. 2014. 中国银行间支付网络及其结构特征[J]. 系统工程，（11）：1-10.

陈蓉，陈妙琼. 2012. 金融资产的动态非线性相关：一个新的模型[J]. 管理评论，24（2）：12-23.

邓超，陈学军. 2016. 基于多主体建模分析的银行间网络系统性风险研究[J]. 中国管理科学，24（1）：67-75.

董纪昌，焦丹晓，孙熙隆. 2016. 基于社会网络分析的全球跨国并购研究[J]. 管理评论，28（10）：202-213.

方意，郑子文. 2016. 系统性风险在银行间的传染路径研究——基于持有共同资产网络模型[J]. 国际金融研究，350（6）：61-72.

龚晨，何建敏，李守伟. 2018. 银行多层网络与系统性风险研究进展[J]. 现代经济探讨，（11）：64-68.

苟文均，袁鹰，漆鑫. 2016. 债务杠杆与系统性风险传染机制——基于 CCA 模型的分析[J]. 金融研究，（3）：74-91.

何建敏，李守伟. 2016. 金融网络理论与金融风险传染研究述评[J]. 东南经管评论，1：46-63.

侯明扬. 2008. 基于复杂网络的银行危机传染研究[D]. 青岛：青岛大学.

胡海波，王林. 2005. 幂律分布研究简史[J]. 物理，34（12）：889-896.

吉艳冰，王伟，赵亚伟. 2014. 基于复杂网络理论的担保网络研究[J]. 复杂系统与复杂性科学，11（2）：17-23.

李丹丹，马静. 2017. 双层社会网络上的舆情传播动力学分析[J]. 系统工程理论与实践，37（10）：2672-2679.

李江，李红刚. 2016. 基于流动性配置的银行系统性风险研究[J]. 系统工程理论与实践，36（5）：1128-1135.

李守伟，范思齐. 2019. 基于债务视角的银行与企业系统重要性研究[R]. 南京：东南大学金融复杂性与风险管理研究中心工作论文.

李守伟，范思齐，张杰. 2019a. 我国银行与企业单层网络结构研究[R]. 南京：东南大学金融复杂性与风险管理研究中心工作论文.
李守伟，何建敏. 2012. 不同网络结构下银行间传染风险研究[J]. 管理工程学报，26（4）：71-76.
李守伟，何建敏，隋新，等.2015.基于网络理论的银行业系统性风险研究[M]. 北京：科学出版社.
李守伟，马钱挺，隋新，等. 2019b. 企业信用内生网络模型及其演化研究[J]. 中国管理科学，27（2）：53-60.
李守伟，王磊，龚晨. 2020. 复杂金融系统的研究方法——多层网络理论[J]. 系统科学学报，28（1）：40-44.
李守伟，文世航，王磊. 2018. 基于多层网络视角的企业担保结构研究[J]. 复杂系统与复杂性科学，15（4）：10-16，49.
李守伟，文世航，王磊，等. 2019c. 多层网络视角下金融机构关联性的演化特征研究[J]. 中国管理科学，https://doi.org/10.16381/j.cnki.issn1003-207x.2019.0002.
李守伟，吴超群，王磊，等. 2019d. 银行多层网络模型与系统性风险研究[R]. 南京：东南大学金融复杂性与风险管理研究中心工作论文.
李守伟，解一苇，杨坤，等. 2019e. 商业银行多层网络结构对系统性风险影响研究[J]. 东南大学学报（哲学社会科学版），21（4）：77-84.
李政，梁琪，涂晓枫. 2016. 我国上市金融机构关联性研究——基于网络分析法[J]. 金融研究，（8）：95-110.
刘军. 2009. 整体网分析讲义:UCINET 软件实用指南[M]. 上海：上海人民出版社.
刘权辉，王伟，唐明. 2016. 多层耦合网络传播综述[J]. 复杂系统与复杂性科学，13（1）：48-57.
陆静，胡晓红. 2014. 基于规模视角的系统重要性银行研究[J]. 系统工程理论与实践，34（8）：1952-1962.
吕一博，程露，苏敬勤. 2013. “资源导向”下企业集群网络演进的多主体仿真研究[J]. 系统工程学报，28（1）：8-18.
马钱挺，何建敏，李守伟，等. 2018. 基于内生网络的银行系统性风险研究[J]. 大连理工大学学报 （社会科学版），（2）：32-39.
沙浩伟，曾勇. 2014. 交叉持股，网络位置与公司绩效的实证研究[J]. 管理科学，27（1）：131-142.
石建军. 2009. 复杂网络的点强度相关研究及其复杂网络在生物领域的应用研究[D]. 扬州：扬州大学.
苏帆. 2017. 系统性金融风险测度及其网络传染机制研究[D]. 武汉：中南财经政法大学.
隋聪，迟国泰，王宗尧. 2014. 网络结构与银行系统性风险[J]. 管理科学学报，17（4）：57-70.

隋聪，于洁晶，宗计川. 2017. 银行间债务违约诱发资产减价出售——基于债务与资产关联的风险叠加传染研究[J]. 系统工程理论与实践，37（11）：2753-2764.

万阳松. 2007. 银行间市场风险传染机制与免疫策略研究[D]. 上海：上海交通大学.

汪小帆，李翔，陈关荣. 2006. 复杂网络理论及其应用[M]. 北京：清华大学出版社.

吴宜勇，胡日东，袁正中. 2017. 共同资产持有的网络风险传染与政府救助[J]. 金融论坛，（8）：35-45.

谢赤，边慧东，王纲金. 2017. 牛熊市视角下股票关联网络动态拓扑结构研究——以上证 50 指数为例[J]. 复杂系统与复杂性科学，1：66-74.

谢逢洁，崔文田. 2016. 加权快递网络鲁棒性分析及优化[J]. 系统工程理论与实践，36（9）：2391-2399.

姚鸿，王超，何建敏，等. 2019. 银行投资组合多元化与系统性风险的关系研究[J]. 中国管理科学，27（2）：9-18.

张峰，杨育，贾建国，等. 2012. 企业协同生产网络的拓扑特性分析[J]. 重庆大学学报，35（6）：21-27.

张乐才. 2011. 企业资金担保链：风险消释，风险传染与风险共享——基于浙江的案例研究[J]. 经济理论与经济管理，（10）：57-65.

张燕，徐福缘. 2010. 基于复杂网络的企业关系网演变研究[J]. 科技与管理，12（5）：70-74.

张吟，朱淑媛，张瑞，等. 2016. 基于投资组合关联的金融系统性风险影响因素研究?[J]. 北京师范大学学报（自然科学版），52（4）：425-429.

张泽旭，李鹏翔，郭菊娥. 2012. 担保链危机的传染机制[J]. 系统工程，4：25-31.

章忠志. 2006. 复杂网络的演化模型研究[D]. 大连：大连理工大学.

Adrian T，Brunnermeier M K. 2011. CoVaR[R]. National Bureau of Economic Research Working Paper No. 17454.

Albert R，Barabási A L. 2000. Topology of evolving networks：Local events and universality[J]. Physical Review Letters，85：5234-5237.

Albert R，Barabási A L. 2002. Statistical mechanics of complex networks[J]. Reviews of Modern Physics，74（1）：47.

Aldasoro I，Alves I. 2018. Multiplex interbank networks and systemic importance：An application to European data[J]. Journal of Financial Stability，35：17-37 .

Aldasoro I，Faia E. 2016. Systemic loops and liquidity regulation[J]. Journal of Financial Stability，27：1-16.

Aleksiejuk A，Holyst J A，Kossinets G. 2002. Self-organized criticality in a model of collective bank bankruptcies[J]. International Journal of Modern Physics C，13（3）：333-341.

Allen F，Carletti E. 2013. What is systemic risk?[J]. Journal of Money，Credit and Banking，45（s1）：121-127.

Allen F，Gale D. 2000. Financial contagion[J]. Journal of Political Economy，108（1）：1-33.

Andrade J S，Herrmann H J，Andrade R F S，et al. 2005. Apollonian networks：Simultaneously scale-free，small world，euclidean，space filling，and with matching graphs [J]. Physical Review Letters，94：018702.

Aoyama H. 2014. Systemic Risk in Japanese Credit Network[M]. Econophysics of Agent-Based Models. Berlin：Springer International Publishing：219-228.

Aoyama H，Battiston S，Fujiwara Y. 2013. DebtRank Analysis of the Japanese Credit Network[R]. DPRIETI Discussion Paper Series 13-E-087.

Axtell R L. 2001. Zipf distribution of US firm sizes[J]. Science，293（5536）：1818-1820.

Barabási A L，Albert R. 1999. Emergence of scaling in random networks[J]. Science，286（5439）：509-512.

Barabási A L. 2002. Linked：The New Science of Networks[M]. Cambridge：Perseus.

Barabási A L. 2005. Network theory：The emergence of the creative enterprise[J]. Science，308（5722）：639-641.

Barabási A L，Ravasz E，Vicsek T. 2001. Deterministic scale-free networks[J]. Physica A：Statistical Mechanics and its Applications，299（3）：559-564.

Bargigli L，di Iasio G，Infante L，et al. 2015. The multiplex structure of interbank networks[J]. Quantitative Finance，15（4）：673-691.

Bargigli L，di Iasio G，Infante L，et al. 2016. Interbank Markets and Multiplex Networks：Centrality Measures and Statistical Null Models[M]. Interconnected Networks. Cham：Springer：179-194.

Barrat A，Weigt M. 2000. On the properties of small-world network models[J]. The European Physical Journal B：Condensed Matter and Complex Systems，13（3）：547-560.

Barro D，Basso A. 2010. Credit contagion in a network of firms with spatial interaction[J]. European Journal of Operational Research，205（2）：459-468.

Barucca P，Lillo F. 2018.The organization of the interbank network and how ECB unconventional measures affected the e-MID overnight market[J]. Computational Management Science，15（1）：33-53.

Battiston F，Nicosia V，Latora V. 2014. Structural measures for multiplex networks[J]. Physical Review E Statistical Nonlinear and Soft Matter Physics，89（3）：032804.

Battiston F，Nicosia V，Latora V. 2017. The new challenges of multiplex networks：Measures and models[J]. European Physical Journal Special Topics，226（3）：401-416.

Battiston S，Gatti D D，Gallegati M，et al. 2007. Credit chains and bankruptcy propagation in production networks[J]. Journal of Economic Dynamics and Control，31（6）：2061-2084.

Battiston S，Puliga M，Kaushik R，et al. 2012. DebtRank：Too central to fail? Financial networks， the fed and systemic risk[J]. Scientific Reports，2：541.

Beale N，Rand D G，Battey H，et al. 2011. Individual versus systemic risk and the regulator's dilemma[J]. Proceedings of the National Academy of Sciences，108（31）：12647-12652.

Becher C，Millard S，Soramäki K. 2008. The network topology of CHAPS sterling[J]. Bank of England Quarterly Bulletin，（355）：1-27.

Berlingerio M，Coscia M，Giannotti F，et al. 2011. Foundations of multidimensional network analysis[C]// International Conference on Advances in Social Networks Analysis and Mining. IEEE：485-489.

Berry-Stölzle T R，Xu J. 2018. Enterprise risk management and the cost of capital[J]. Journal of Risk and Insurance，85（1）：159-201.

Bianconi G. 2013. Statistical mechanics of multiplex networks：Entropy and overlap[J]. Physical Review E Statistical Nonlinear and Soft Matter Physics，87（6）：062806.

Bianconi G，Barabas A. 2001. Competition and multiscaling in evolving networks[J]. European Physical Letters，54：436-442.

Biely C，Dragosits K，Thurner S. 2007. The prisoner's dilemma on co-evolving networks under perfect rationality[J]. Physica D，228（1）：40-48.

Boccaletti S，Bianconi G，Criado R，et al. 2014. The structure and dynamics of multilayer networks[J]. Physics Reports，544（1）：1-122.

Boguná M，Pastor-Satorras R，Vespignani A. 2004. Cut-offs and finite size effects in scale-free networks[J]. The European Physical Journal B-Condensed Matter and Complex Systems，38（2）：205-209.

Boissay F. 2006. Credit Chains and the Propagation of Financial Distress[R]. ECB Working Paper No. 573.

Bookstaber R，Kenett D Y. 2016. Looking deeper，seeing more：A multilayer map of the financial system[J]. OFR Brief，16（6）：1-12.

Boss M，Elsinger H，Summer M，et al. 2004. Network topology of the interbank market[J]. Quantitative Finance，4（6）：677-684.

Brummitt C D，Kobayashi T. 2015. Cascades in multiplex financial networks with debts of different seniority[J]. Physical Review E Statistical Nonlinear and Soft Matter Physics，91（6）：062813.

Buldyrev S V，Parshani R，Paul G，et al. 2010. Catastrophic cascade of failures in interdependent networks[J]. Nature，464（7291）：1025-1028.

Cabrales A，Gottardi P，Vega-Redondo F. 2017. Risk sharing and contagion in networks[J]. The Review of Financial Studies，30（9）：3086-3127.

Caccioli F，Catanach T A，Farmer J D. 2012. Heterogeneity，correlations and financial contagion[J]. Advances in Complex Systems，15（2）：1250058.

Caccioli F, Farmer J D, Foti N, et al. 2015. Overlapping portfolios, contagion, and financial stability[J]. Journal of Economic Dynamics and Control, 51: 50-63.

Caccioli F, Shrestha M, Moore C, et al. 2014. Stability analysis of financial contagion due to overlapping portfolios[J]. Journal of Banking and Finance, 46: 233-245.

Cajueiro D O, Tabak B M. 2008. The role of banks in the Brazilian Interbank Market: Does bank type matter?[J]. Physica A: Statistical Mechanics and its Applications, 387 (27): 6825-6836.

Cao Y, Han J. 2016. A simple contagion model of collective risk-averse behavior on inter-enterprise network[C]. Proceedings of the 2016 8th International Conference on Information Management and Engineering. ACM: 47-51.

Capponi A, Chen P C. 2015. Systemic risk mitigation in financial networks[J]. Journal of Economic Dynamics and Control, 58: 152-166.

Cassar A, Duffy N. 2002. Contagion of Financial Crises under Local and Global Networks[M]. Agent-Based Methods in Economics and Finance. Boston: Springer: 111-131.

Catullo E, Gallegati M, Palestrini A. 2015. Towards a credit network based early warning indicator for crises[J]. Journal of Economic Dynamics and Control, 50: 78-97.

Chen H, Xu Y, Yang J. 2012. Systematic Risk, Debt Maturity, and the Term Structure of Credit Spreads[R]. National Bureau of Economic Research.

Chen Q, Shi D. 2004. The modeling of scale-free networks[J]. Physica A: Statistical Mechanics and its Applications, 335 (1): 240-248.

Chen X, Ghate A. 2011. Financial Contagion on Power Law Networks[R]. University of Washington Working Paper.

Cherubini U, Luciano E, Vecchiato W. 2004. Copula Methods in Finance[M]. New York: John Wiley & Sons.

Cifuentes R, Ferrucci G, Shin H S. 2005. Liquidity risk and contagion[J]. Journal of the European Economic Association, 3 (2-3): 556-566.

Clauset A, Shalizi C R, Newman M E J. 2009. Power-law distributions in empirical data[J]. SIAM Review, 51 (4): 661-703.

Comellas F, Ferti G, Raspaud A. 2004. Recursive graphs with small-world scale-free properties[J]. Physical Review E, 69: 037104.

Comellas F, Ozon J, Peters J G. 2000. Deterministic small-world communication networks[J]. Information Process Letter, 76: 83-90.

Comellas F, Samples M. 2002. Deterministic small-world networks[J]. Physica A: Statistical Mechanics and its Applications, 309: 231-235.

Corso G. 2004. Families and clustering in a natural numbers network [J]. Physical Review E, 69: 036106.

Craig B, von Peter G. 2014. Interbank tiering and money center banks[J]. Journal of Financial Intermediation, 23（3）: 322-347.

Criado R, Flores J, Amo A G D. 2012. A mathematical model for networks with structures in the mesoscale[J]. International Journal of Computer Mathematics, 89（3）: 291-309.

Custódio C, Ferreira M A, Laureano L. 2013. Why are US firms using more short-term debt?[J]. Journal of Financial Economics, 108（1）: 182-212.

de Masi G, Fujiwara Y, Gallegati M, et al. 2011. An analysis of the Japanese credit network[J]. Evolutionary and Institutional Economics Review, 7（2）: 209-232.

de Masi G, Gallegati M. 2012. Bank-firms topology in Italy[J]. Empirical Economics, 43（2）: 851-866.

Degryse H, Nguyen G. 2004. Interbank Exposure: An Empirical Examination of Systemic Risk in the Belgian Banking System[R]. Center Discussion Paper No. 2004-04.

Delis M D, Kouretas G P. 2011. Interest rates and bank risk-taking[J]. Journal of Banking and Finance, 35（4）: 840-855.

Diamond D W, Kashyap A K. 2016. Liquidity requirements, liquidity choice, and financial stability[J]. Handbook of Macroeconomics, 2: 2263-2303.

Dorogovtsev S N, Goltsev A V, Mendes J F F. 2002. Pseudo fractal scale-free web[J]. Physical Review E, 65: 066122.

Dorogovtsev S N, Mendes J, Samukhin A N. 2000. Structure of growing networks with preferential linking[J]. Physical Review Letters, 85（21）: 4633-4636.

Duffy J, Karadimitropoulou A, Parravano M. 2019. Financial contagion in the laboratory: Does network structure matter?[J]. Journal of Money, Credit and Banking, 51（5）: 1097-1136.

Eboli M. 2004. Systemic Risk in Financial Networks: A Graph Theoretic Approach[R]. Universita di Chieti Pescara Working Paper.

Eckles D L, Hoyt R E, Miller S M. 2014. Reprint of: The impact of enterprise risk management on the marginal cost of reducing risk: Evidence from the insurance industry[J]. Journal of Banking and Finance, 49: 409-423.

Eisenberg L, Noe T H. 2001. Systemic risk in financial systems[J]. Management Science, 47（2）: 236-249.

Erdős P, Rényi A. 1959. On random graphs[J]. Publicationes Mathematicae Debrecen, 6（290-297）: 156.

Erdős P, Rényi A. 1960. On the evolution of random graphs[J]. Mathematical Institute of the Hungarian Academy of Science, 5: 17-61.

Erdős P, Rényi A. 1961.On the strength of connectedness of a random graph[J]. Acta Mathematica

Hungarica，12（1-2）：261-267.

Feinstein Z. 2017. Financial contagion and asset liquidation strategies[J]. Operations Research Letters，45（2）：109-114.

Finger K，Fricke D，Lux T. 2013. Network analysis of the e-MID overnight money market：The informational value of different aggregation levels for intrinsic dynamic processes[J]. Computational Management Science，10（2-3）：187-211.

Finger K，Lux T. 2014. Friendship between Banks：An Application of an Actor-oriented Model of Network Formation on Interbank Credit Relations[R]. Kiel Working Paper.

Fu F，Hauert C，Nowak M A，et al. 2008. Reputation-based partner choice promotes cooperation in social networks[J]. Physical Review E，78（2）：026117.

Fujiwara Y，Aoyama H. 2010. Large-scale structure of a nation-wide production network[J]. The European Physical Journal B，77（4）：565-580.

Fujiwara Y，Aoyama H，Ikeda Y，et al. 2009. Structure and temporal change of the credit network between banks and large firms in Japan[J]. Economics：The Open Access，Open Assessment E-Journal，3（7）：1-18.

Fujiwara Y，Di Guilmi C，Aoyama H，et al. 2004. Do Pareto–Zipf and Gibrat laws hold true? An analysis with European firms[J]. Physica A：Statistical Mechanics and its Applications，335（1）：197-216.

Gai P，Haldane A，Kapadia S. 2011. Complexity，concentration and contagion[J]. Journal of Monetary Economics，58（5）：453-470.

Gao J，Buldyrev S V，Havlin S，et al. 2014. From a single network to a network of networks[J]. National Science Review，1（3）：346-356.

García-Teruel P J，Martínez-Solano P. 2007. Short-term debt in Spanish SMEs[J]. International Small Business Journal，25（6）：579-602.

Garlaschelli D，Loffredo M I. 2004. Patterns of link reciprocity in directed networks[J]. Physical Review Letters，93（26）：1-4.

Gatti D D，Gallegati M，Greenwald B，et al. 2010 The financial accelerator in an evolving credit network[J]. Journal of Economic Dynamics and Control，34（9）：1627-1650.

Georg C P. 2011. Basel III and Systemic Risk Regulation-What Way Forward [R]. Graduate School "Global Financial Markets-Stability and Change" Working Papers.

Georg C P. 2013. The effect of the interbank network structure on contagion and common shocks[J]. Journal of Banking and Finance，37（7）：2216-2228.

Golo N，Kelman G，Bree D S，et al. 2015. Many-to-one contagion of economic growth rate across trade credit network of firms[J]. arXiv preprint arXiv：1506.01734.

Goto H ，Takayasu H ，Takayasu M . 2017. Estimating risk propagation between interacting firms on inter-firm complex network[J]. Plos One，12（10）：e0185712.

Greenwood R，Landier A，Thesmar D. 2015. Vulnerable banks[J]. Journal of Financial Economics，115（3）：471-485.

Grilli R，Tedeschi G，Gallegati M. 2015. Markets connectivity and financial contagion[J]. Journal of Economic Interaction and Coordination，10（2）：287-304.

Gupta S，Anderson R M，May R M. 1989. Network of sexual contacts：Implications for the pattern of spread of HIV[J]. AIDS，3：807-817.

Haldane A G. 2009. Rethinking the Financial Network [R]. Speech Delivered at the Financial Student Association，Amsterdam，April.

He J，Sui X，Li S. 2016. An endogenous model of the credit network[J]. Physica A：Statistical Mechanics and its Applications，441：1-14.

Henriet F，Hallegatte S，Tabourier L. 2012. Firm-network characteristics and economic robustness to natural disasters[J]. Journal of Economic Dynamics and Control，36（1）：150-167.

Hmimida M，Kanawati R. 2015. Community detection in multiplex networks：A seed-centric approach[J]. NHM，10（1）：71-85.

Hou Y，Xiong Y，Wang X，et al. 2014. The effects of a trust mechanism on a dynamic supply chain network[J]. Expert Systems with Applications，41（6）：3060-3068.

Inaoka H，Takayasu H，Shimizu T，et al. 2004. Self-similarity of banking network[J]. Physica A：Statistical Mechanics and its Applications，339（3）：621-634.

Iori G，de Masi G，Precup O V，et al. 2008. A network analysis of the Italian overnight money market[J]. Journal of Economic Dynamics and Control，32（1）：259-278.

Iori G，Jafarey S. 2001. Criticality in a model of banking crises[J]. Physica A：Statistical Mechanics and its Applications，299（1）：205-212.

Iori G，Jafarey S，Padilla F G. 2003. Interbank Lending and Systemic Risk King's College[R]. Department of Mathematics Working Paper.

Iori G，Jafarey S，Padilla F G. 2006. Systemic risk on the interbank market [J]. Journal of Economic Behavior and Organization，61（4）：525-542.

Iori G，Reno R，de Masi G，et al. 2007. Trading strategies in the Italian interbank market[J]. Physica A：Statistical Mechanics and its Applications，376：467-479.

Iyetomi H，Matsuura Y. 2014. Community structure of a bank-firm credit network in Japan[C]. APS Meeting Abstracts，1：17008.

Joe H，Li H，Nikoloulopoulos A K. 2010. Tail dependence functions and vine copulas[J]. Journal of Multivariate Analysis，101（1）：252-270.

Jung S，Kim S，Kahng B. 2002. Geometric fractal growth model for scale-free networks[J]. Physical Review E，65：056101.

Kamani E F.2019.The effect of non-traditional banking activities on systemic risk：Does bank size matter?[J]. Finance Research Letters，30：297-305.

Kanno M. 2015. The network structure and systemic risk in the Japanese interbank market[J]. Japan and the World Economy，36：102-112.

Kasturirangan R. 1999. Multiple scales in small-world graphs[J]. arXiv preprint cond-mat/9904055.

Kleinberg J M. 1999. Hubs，authorities，and communities[J]. ACM Computing Surveys （CSUR），31（4）：5.

Kleinberg J M. 2000. Navigation in a small world[J]. Nature，406（6798）：845.

Krapivsky P L，Redner S，Leyvraz F. 2000. Connectivity of growing random networks[J]. Physical Review Letters，85：4629-4632.

Krapivsky P L，Redner S. 2001. Organization of growing random networks[J]. Physical Review E，63：066123.

Krapivsky P L，Redner S. 2005. Network growth by copying[J]. Physical Review E，71（3）：36118.

Krause A，Giansante S. 2012. Interbank lending and the spread of bank failures：A network model of systemic risk[J]. Journal of Economic Behavior and Organization，83（3）：583-608.

Kwon O，Yun S，Han S H，et al.2018. Network topology and systemically important firms in the interfirm credit network[J]. Computational Economics，51（4）：847-864.

Ladley D. 2013. Contagion and risk-sharing on the inter-bank market[J]. Journal of Economic Dynamics and Control，37（7）：1384-1400.

Laeven L，Ratnovski L，Tong H. 2016. Bank size，capital，and systemic risk：Some international evidence[J]. Journal of Banking and Finance，69：S25-S34.

Langfield S，Liu Z，Ota T. 2014. Mapping the UK interbank system[J]. Journal of Banking and Finance，45（8）：288-303.

Latora V，Marchiori M. 2004. How the science of complex networks can help developing strategies against terrorism[J]. Chaos，Solitons and Fractals，20（1）：69-75.

Leitner H，Pavlik C，Sheppard E. 2002. Networks，Governance，and the Politics of Scale：Inter - Urban Networks and the European Union[M]. London：Blackwell Publishers Ltd.

Lenzu S，Tedeschi G. 2012. Systemic risk on different interbank network topologies[J]. Physica A：Statistical Mechanics and its Applications，391（18）：4331-4341.

León C，Berndsen R，Renneboog L. 2014. Financial stability and interacting networks of financial institutions and market infrastructures[J]. Social Science Electronic Publishing，2014-011.

Leonidov A V，Rumyantsev E L. 2016. Default contagion risks in Russian interbank market[J]. Physica A：Statistical Mechanics and its Applications，451：36-48.

Li S，He J. 2012. Fitness model for tiered structure in the interbank market[J]. Complexity，17（5）：

37-43.

Li S，Liu M，Wang L，et al. 2019a. Bank multiplex networks and systemic risk[J]. Physica A：Statistical Mechanics and its Applications，533：122039.

Li S，Liu Y，Wu C. 2019b. Systemic risk in bank-firm multiplex networks[J]. Finance Research Letters，DOI：10.1016/j.frl.2019.07.005.

Li S，Sui X. 2016. Contagion risk in endogenous financial networks[J]. Chaos，Solitons and Fractals，91：591-597.

Li S，Wen S. 2017. Multiplex networks of the guarantee market：Evidence from China[J]. Complexity，2017：1-7.

Li S，Zhang M. 2016. Money-center structures in dynamic banking systems[J]. The European Physical Journal B，89（10）：226.

Li W，Zhang X M，Hu G. 2007. How scale-free networks and large-scale collective cooperation emerge in complex homogeneous social systems[J]. Physical Review E，6（4）：045102.

Liu Y，Zhang L，Chen X，et al. 2013. Cautious strategy update promotes cooperation in spatial prisoner's dilemma game[J]. Physica A：Statistical Mechanics and its Applications，392（17）：3640-3647.

Long H，Zhang J，Tang N. 2017. Does network topology influence systemic risk contribution? A perspective from the industry indices in Chinese stock market[J]. Plos One，12（7）：e0180382.

Lublóy A. 2006. Topology of the Hungarian Large-value Transfer System[R]. MNB Occasional Papers.

L ü tkebohmert E，Xiao Y. 2016. Collateralized Borrowing and Default Risk[M]. Advanced Modeling in Mathematical Finance. Cham：Springer：167-187.

Lux T. 2015. Emergence of a core-periphery structure in a simple dynamic model of the interbank market[J]. Journal of Economic Dynamics and Control，52：A11-A23.

Lux T. 2016. A model of the topology of the bank–firm credit network and its role as channel of contagion[J]. Journal of Economic Dynamics and Control，66：36-53.

Ma Q，He J，Li S. 2018. Endogenous network of firms and systemic risk[J]. Physica A：Statistical Mechanics and its Applications，492：2273-2280.

Maeno Y，Nishiguchi K，Morinaga S，et al. 2013. Optimal portfolio for a robust financial system[J]. Papers，8896（3）：42-47.

Mantegna R N. 1999. Hierarchical structure in financial markets[J]. The European Physical Journal B-Condensed Matter and Complex Systems，11（1）：193-197.

Markowitz H. 1952. Portfolio selection[J]. The Journal of Finance，7（1）：77-91.

Marotta L，Miccichè S，Fujiwara Y，et al. 2015. Bank-firm credit network in Japan：An analysis of a bipartite network[J]. PloS One，10（5）：e0123079.

Martínez-Jaramillo S，Alexandrova-Kabadjova B，Bravo-Benitez B，et al. 2014. An empirical study of the Mexican banking system's network and its implications for systemic risk[J]. Journal of Economic Dynamics and Control，40：242-265.

Martínez-Jaramillo S，Pérez O P，Embriz F A，et al. 2010. Systemic risk，financial contagion and financial fragility[J]. Journal of Economic Dynamics and Control，34（11）：2358-2374.

May R M，Arinaminpathy N. 2010. Systemic risk：The dynamics of model banking systems[J]. Journal of the Royal Society Interface，7（46）：823-838.

Miranda R，Tabak B. 2013. Contagion Risk within Firm-bank Bivariate Networks[R]. Central Bank of Brazil，Research Department.

Miura W，Takayasu H，Takayasu M. 2012. The origin of asymmetric behavior of money flow in the business firm network[J]. The European Physical Journal Special Topics，212（1）：65-75.

Mizuno T，Ohnishi T，Watanabe T. 2016. Structure of global buyer-supplier networks and its implications for conflict minerals regulations[J]. EPJ Data Science，5（1）：1-15.

Mizuno T，Souma W，Watanabe T. 2014. The structure and evolution of buyer-supplier networks[J]. PloS One，9（7）：e100712.

Mizuno T，Souma W，Watanabe T. 2015. Buyer-Supplier Networks and Aggregate Volatility[M]. The Economics of Interfirm Networks. Tokyo：Springer：15-37.

Molina-Borboa J L，Martínez-Jaramillo S，López-Gallo F，et al. 2015. A multiplex network analysis of the Mexican banking system：Link persistence，overlap and waiting times[J]. Journal of Network Theory in Finance，1：99-138.

Montagna M，Kok C. 2013. Multi-layered Interbank Model for Assessing Systemic Risk[R]. Kiel Working Paper.

Morris R G. 2012. Transport on coupled spatial networks[J]. Physical Review Letters，109（12）：128703.

Müller J. 2006. Interbank credit lines as a channel of contagion [J]. Journal of Financial Services Research，29（1）：37-60.

Musmeci N，Nicosia V，Aste T，et al. 2017. The multiplex dependency structure of financial markets[J]. Complexity，2017：1-12.

Nair A，Rustambekov E，McShane M，et al. 2014. Enterprise risk management as a dynamic capability：A test of its effectiveness during a crisis[J]. Managerial and Decision Economics，35（8）：555-566.

Newman M E J，Forrest S，Balthrop J. 2002. Email networks and the spread of computer viruses[J]. Physical Review E，66：035101.

Newman M. 2003. The structure and function of complex network[J]. SIAM Review，45（2）：167-256.

Newman M，Watts D J. 1999. Renormalization group analysis of the small-world network model[J]. Physics Letters A，263（4-6）：341-346.

Nicosia V，Bianconi G，Latora V，et al. 2014. Nonlinear growth and condensation in multiplex networks[J]. Physical Review E Statistical Nonlinear and Soft Matter Physics，90（4）：042807.

Nicosia V，Latora V. 2015. Measuring and modeling correlations in multiplex networks.[J]. Physical Review E Statistical Nonlinear and Soft Matter Physics，92（3）：032805.

Nier E，Yang J，Yorulmazer T，et al. 2007. Network models and financial stability[J]. Journal of Economic Dynamics and Control，31（6）：2033-2060.

Niu Z，Cheng D，Zhang L，et al. 2018. Visual analytics for networked-guarantee loans risk management[C]//Pacific Visualization Symposium （PacificVis），IEEE：160-169.

Ohnishi T，Takayasu H，Takayasu M. 2009. Hubs and authorities on Japanese interfirm network：Characterization of nodes in very large directed networks[J]. Progress of Theoretical Physics Supplement，179：157-166.

Ohnishi T，Takayasu H，Takayasu M. 2010. Network motifs in an inter-firm network[J]. Journal of Economic Interaction and Coordination，5（2）：171-180.

Pacheco J M，Traulsen A，Nowak M A. 2006. Coevolution of strategy and structure in complex networks with dynamical linking [J]. Physical Review Letters，97（25）：258103.

Pacheco J M，Traulsen A，Ohtsuki H，et al. 2008. Repeated games and direct reciprocity under active linking [J]. Journal of Theoretical Biology，250（4）：723-731.

Pastor-Satorras R，Vespignani A. 2002. Epidemic dynamics in finite size scale-free networks[J]. Physical Review E，65（3）：035108.

Pearson K. 1895. Note on regression and inheritance in the case of two parents[J]. Proceedings of the Royal Society of London，58：240-242.

Peralta G，Crisóstomo R. 2016. Financial Contagion with Spillover Effects：A Multiplex Network Approach[R]. ESRB Working Paper Series No.32.

Pichler A，Poledna S，Thurner S. 2018. Systemic-risk-efficient asset allocation：Minimization of systemic risk as a network optimization problem[J]. arXiv preprint arXiv：1801.10515.

Podobnik B，Gabor A M，Kirbis I S. 2019. Scale-free growth of human society based on cooperation and altruistic punishment[J]. Physica A：Statistical Mechanics and its Applications，513：613-619.

Poledna S，Hinteregger A，Thurner S. 2018. Identifying systemically important companies by using the credit network of an entire nation[J]. Entropy，20（10）：792.

Poledna S，Molina-Borboa J L，Martínez-Jaramillo S，et al. 2015. The multi-layer network nature of systemic risk and its implications for the costs of financial crises[J]. Journal of Financial Stability，20：70-81.

Price D K. 1965. The Scientific Estate[M]. Boston: Harvard University Press.

Raddant M. 2014. Structure in the Italian overnight loan market[J]. Journal of International Money and Finance，41：197-213.

Ravasz E，Barabási A L. 2003. Hierarchical organization in complex networks [J]. Physical Review E，67（2）：26112.

Ravasz E，Somera A L，Mongru D A，et al. 2002. Hierarchical organization of modularity in metabolic networks[J]. Science，297（5586）：1551-1555.

Ren J，Wu X，Wang W X，et al. 2006. Interplay between evolutionary game and network structure：The coevolution of social net，cooperation and wealth[J]. arXiv preprint physics/0605250.

Riccetti L，Russo A，Gallegati M. 2013. Leveraged network-based financial accelerator[J]. Journal of Economic Dynamics and Control，37（8）：1626-1640.

Santos E，Cont R. 2010. The Brazilian Interbank Network Structure and Systemic Risk[R]. Central Bank of Brazil，Research Department.

Sen P K. 1968. Estimates of the regression coefficient based on Kendall's tau[J]. Journal of the American statistical association，63（324）：1379-1389.

Serrano M Á，Boguñá M. 2003. Topology of the world trade web[J]. Physical Review E，68（1）：015101.

Silva T C，da Silva Alexandre M，Tabak B M. 2018. Bank lending and systemic risk：A financial-real sector network approach with feedback[J]. Journal of Financial Stability，38：98-118.

Silva T C，de Souza S R S，Tabak B M. 2016. Network structure analysis of the Brazilian interbank market[J]. Emerging Markets Review，26：130-152.

Soramäki K，Bech M L，Arnold J，et al. 2007. The topology of interbank payment flows[J]. Physica A：Statistical Mechanics and its Applications，379（1）：317-333.

Souma W，Fujiwara Y，Aoyama H. 2003. Complex networks and economics[J]. Physica A：Statistical Mechanics and its Applications，324（1-2）：396-401.

Tabak B M，Cajueiro D O，Serra T R. 2009. Topological properties of bank networks：The case of Brazil [J]. International Journal of Modern Physics C，20（8）：1121-1143.

Tabak B M，Takami M，Rocha J M C，et al. 2014. Directed clustering coefficient as a measure of systemic risk in complex banking networks[J]. Physica A：Statistical Mechanics and its Applications，394：211-216.

Tamura K，Miura W，Takayasu M，et al. 2012. Estimation of flux between interacting nodes on huge inter-firm networks[C]. International Journal of Modern Physics：Conference Series. World Scientific Publishing Company，16：93-104.

Tasca P，Battiston S，Deghi A. 2017. Portfolio diversification and systemic risk in interbank networks[J]. Journal of Economic Dynamics and Control，82：96-124.

Thurner S，Poledna S. 2013. DebtRank-transparency：Controlling systemic risk in financial networks[J]. Scientific Reports，(3)：10-17.

Upper C，Worms A. 2004. Estimating bilateral exposures in the German interbank market：Is there a danger of contagion? [J]. European Economic Review，48 (4)：827-849.

van Lelyveld I. 2014. Finding the core：Network structure in interbank markets[J]. Journal of Banking and Finance，49：27-40.

Visheratin A A，Trofimenko T B，Mukhina K D，et al. 2017. A multi-layer model for diffusion of urgent information in mobile networks[J]. Journal of Computational Science，20：129-142.

Wagner W. 2010. Diversification at financial institutions and systemic crises[J]. Journal of Financial Intermediation，19 (3)：373-386.

Wang L，Li S，Wu C. 2019. Risk contagion in inter-firm credit guarantee network[J]. Physica A：Statistical Mechanics and its Applications，526：120842.

Wang L，Liu S，Pan L，et al. 2016. Building and analyzing of enterprise network：A case study on China automobile supply network[J]. International Journal of Web Services Research (IJWSR)，13 (3)：64-87.

Watanabe H，Takayasu H，Takayasu M. 2012. Biased diffusion on the Japanese inter-firm trading network：Estimation of sales from the network structure[J]. New Journal of Physics，14 (4)：043034.

Watanabe H，Takayasu H，Takayasu M. 2013. Relations between allometric scalings and fluctuations in complex systems：The case of Japanese firms[J]. Physica A：Statistical Mechanics and its Applications，392 (4)：741-756.

Watts D J. 2004. The "new" science of networks[J]. Annual Review of Sociology，30：243-270.

Watts D J，Strogatz S H. 1998. Collective dynamics of "small-world" networks[J]. Nature，393 (6684)：440-442.

Webber L，Willison M. 2011. Systemic Capital Requirements[R]. Bank of England Working Paper No. 436.

Xiao W J，Parhami B. 2006. Cayley graphs as models of deterministic small-world networks[J]. Information Process Letter，97：115-117.

Xu T，He J，Li S. 2016. Multi-channel contagion in dynamic interbank market network[J]. Advances in Complex Systems，19 (6-7)：1650011.

Yan G，Fu Z Q，Ren J，et al. 2007. Collective synchronization induced by epidemic dynamics on complex networks with communities[J]. Physical Review E，75 (1)：016108.

Yook S H，Jeong H，Barabási A. 2001. Weighted evolving networks[J]. Physical Review Letters，86：5835-5838.

Zimmermann M G，Eguiluz V M. 2005. Cooperation，social networks，and the emergence of leadership in a prisoner's dilemma with adaptive local interactions[J]. Physical Review E，72（5）：056118.

Zimmermann M G，Eguiluz V M，Miguel M S. 2004. Coevolution of dynamical states and interactions in dynamic networks[J]. Physical Review E，69（6）：065102.